构建普惠优质的
学前教育公共服务体系

——镇江学前教育体制改革的探索与实践

江苏省镇江市教育局　21世纪教育研究院◎著

教育科学出版社
·北 京·

序　一

在教育改革的实践中，一再出现这样的现象：在大致相同的制度和政策环境中，总有一些地方不甘平庸，有所作为，做出不同凡响的业绩。事实上，中国的改革开放，正是在这样一个个自下而上的探索中，形成了地区之间的不同发展态势，进而形成共同繁荣的局面。

2010年，镇江被确定为国家学前教育体制改革试点地区，承担了"明确政府职责，完善学前教育体制机制，构建学前教育公共服务体系"的改革任务。苏南"五虎"之一的镇江不负重托，在学前教育体制改革上做出了创新性的业绩。学前教育对于促进儿童成长和进步以及人力资源的开发具有奠基性作用，其价值和意义越来越被世界所重视。国家在2010年提出实施学前教育三年行动计划，在2011年颁布《中国儿童发展纲要（2011—2020年）》，要求加快发展3—6岁儿童学前教育，提供"广覆盖、保基本"的学前教育公共服务。2014年年底，国家开始实施第二期学前教育三年行动计划，这也体现了中央政府对发展学前教育的高度重视。学前教育体制机制的创新，核心价值是政府主导、社会参与，将学前教育纳入公共服务体系，提供普惠性的学前教育公共服务。当然，在现实的制度制约中，每一个实质性的改革都必然是"带着镣铐跳舞"，意味着改变和突破原有的利益格局，在限制中突破和升华。镇江探索建立以政府主导、社会参与、公办民办并举、多元投入等为主要特征的学前教育模式，构建布局合理、充满活力、质量优良、人民满意的学前教育体系，在全省乃至全国都产生了一定影响。

镇江党政领导、教育部门成为这一改革的首要驱动力，这昭示了在现实生活中，最为可贵也最为稀缺的改革家精神、教育家精神。镇江的锐意进取和改革，在本质上是一种政府治理能力的现代化。这种良政善治代表的"新苏南模式"，体现了政府治理改革和教育改革的新特点和新趋势。苏南的经济社会发展素有"强政府"的特征。"新苏南模式"的政府职能转变基于两点：一是基于民本思路，将政府职能从经济职能向社会职能转变，将改善民生和扩大公共服务作为政府的最主要职责；二是基于从"强政府"到"服务型政府""责任型政府""法治型政府"的转变，培育和催生经济社会发展的新动力。镇江以市级政府为统筹主导，形成了"五为主"的学前教育公共服务体系，即学前教育事业以公益性为主、办学体制以公办为主、经费投入以公共投入为主、师资队伍以在编幼儿教师为主、管理以教育行政部门为主。同时，镇江大力发展民办普惠性幼儿园，体现了市场力量与政府力量的和谐发展。

苏南是小城镇模式的发源地。在新型城镇化的道路上，探索城乡一体化协调发展，是苏南当下的经济社会发展和教育改革的重要任务。镇江学前教育改革对此也提供了有益经验，即必须充实乡镇一级的城市化功能。乡镇连接城市、辐射乡村，是带动地区城镇化发展最活跃、最具能动性和最重要的载体。只有拓展乡镇一级的社会服务功能，在城镇与农村之间合理配置土地、资金等生产要素和教育、医疗、社保、文化等各类资源，才能促进城乡经济社会一体化的协调发展。镇江学前教育改革的重要背景，就是在城乡一体化发展的统一规划下，重视解决乡镇商业、教育、医疗、购物等民生问题，追求城乡之间、区域之间的相对公平和均衡的教育服务，从而使农民在乡镇享受到现代文明带来的便利。

有效的改革有赖于先进理念的引领。镇江学前教育改革的理念是以人为本、民本务实，这意味着对教育普惠性和均衡性的不懈追求。从各地普及学前教育的实践看，打造一批重点幼儿园、示范幼儿园并不难，难的是建设一大批面向大众的普惠性幼儿园，这在农村地区尤为重要和困难，为此需要创新的思维和理念。解决这些难题，不可能囿于常规，必须变通、变革，用创新的办法突破困境，进而走向体制机制创新，开始教育综合改革进程。镇江做出了多种改革探索，如充分调动各方资源、促进公办幼儿园和民办幼儿园之间的协调发展、为弱势群体提供优质均衡的服务、探索用人事代理解决用人机制问题、实行管办评分离等，这些都是典型的制度创新。

有效的教育改革同时意味着治理理念和治理方式的变革。改革不是对原有体制机制的细枝末节进行修补，而是对束缚发展的因素进行根本性变革。镇江学前教育体制改革的路径经历了三个不同的阶段。起初的1.0版是任务驱动型，其目的是扩资源、调结构。2.0版是问题驱动型，其目的是建队伍、保运转。3.0版是创新驱动型，其目的是建机制、提质量。综合而言，镇江学前教育体制改革获得了境界的升华，将学前教育体制改革作为教育综合改革的组成部分，通过体制改革促进教育发展，探索教育治理现代化、教育综合改革的新方向。

镇江学前教育取得了令人瞩目的发展成就。在整体推进教育现代化建设的进程中，镇江根据"城乡一体、公民一体、家园一体、保教一体、玩乐一体"的五大改革原则，建立了"规划引领、经费保障、师资提升、科学管理"的四大支撑，极大地促进了学前教育的发展。2014年，镇江市的学前三年毛入园率达99%以上，超过OECD组织中的发达国家的平均水平，也在全国遥遥领先。财政性学前教育经费占同级财政性教育经费的比例达5%以上，新增经费向学前教育倾斜，这在实际上已经将学前教育全面纳入了国民教育体系，达到了中等发达国家的办学水平。师生比、幼儿教师年均在职培训次数和学时等指标，也远优于全国平均水平。镇江市出现了新的教育气象和改革氛围。

镇江教育改革实践对于较发达城市政府转变职能、强化公共服务能力和意识具有可资借鉴的重要意义，推动了强政府作用与较为发达的市场作用的有机结合，提供了在新常态下政府职能转变的"中国坐标"。苏南未来现代化模式的关键，依然是重塑政府、市场与社会的关系，创造一种在政府有效能力的作用下，促进社会自主发展的"强政府、大社会"模式。镇江教育改革和学前教育的发展，今后需要继续努力的是大力发展农村学前教育，重视幼儿园课程建设、幼儿教师专业发展，内涵式提升教育质量，进一步发挥市场力量和市民的社会参与，尊重家长的多元选择，深入开展管办评分离、第三方评价、购买服务等政府治理方式的改革，从而在教育发展、教育公平、教育品质和教育治理四个维度上都达到较高的水平，实现教育现代化。

　　镇江学前教育改革的成功探索并不是偶然的。为什么会是镇江？这是一个值得继续深入思索的问题。镇江教育会不会如同镇江香醋和肴肉那样，成为镇江闻名遐迩的闪亮名片呢？对此，我们有许多期盼和祝愿。

杨东平

21 世纪教育研究院院长

国家教育咨询委员会委员

2016 年 1 月

序　二

实事求是地说，镇江是苏南五市中体量最小、发展起步略晚的城市。在2010年之前，镇江的学前教育发展水平与其经济社会整体发展水平相当，没有显现出特别的地方。但是，令人惊讶的是最近几年，镇江学前教育实现了突变和飞跃。在这样一个城市中，学前教育发展呈现出崭新的面貌，无论是政府投入的水平、学前教育公共服务体系的发展程度、幼儿教师队伍的建设水平、学前教育的质量，还是学前教育的体制机制的完善程度，在江苏省都是名列前茅。可以说，镇江是我国学前教育发展的后起之秀，是学前教育体制机制改革的典范。镇江学前教育呈现出一派生机勃勃的景象，各辖市（区）出现"比、学、赶、超"的态势，广大学前教育工作者有创新发展的动力，整个社会呈现出关心、支持和爱护学前教育的风尚。这些成绩的取得不是偶然的，而是镇江市各级政府齐心协力抓学前教育的结果，更是国家学前教育体制改革试点的现实成果。我有幸被镇江市人民政府聘任为镇江市学前教育体制改革顾问，虽然没有做多少实质性的工作，但却生动见证了镇江学前教育改革发展的历程，见证了镇江学前教育的奋力前行。

回顾镇江学前教育的发展历程，其最核心的经验是让政府真正走向学前教育事业的前台。各级政府真正认识到，发展学前教育是政府的重要责任。各级政府履职尽责，努力创新，发奋有为。不同政府部门之间通力合作，把学前教育事业当作共同的事业。这样，学前教育体制机制就有了良好的基础。缺少了这个基础，学前教育事业无法持续稳定地发展。我觉得镇江市至少有三方面经验值得总结。

一、满怀使命意识，各级政府责任的全面落实

学前教育是关系到儿童终身发展的大事，是涉及千家万户的民生事项，更是关系到国家和民族未来的伟大事业。学前教育是否进入政府视野，是否进入政府主要领导的工作视野，是否真正被纳入政府的职能范围，直接影响到学前教育事业发展的水平和质量。对学前教育事业充满使命意识的政府，才能真正托举这个事业并促进其健康持续发展。因此，一个文明社会的政府，都应有一个基本的承诺——对儿童的承诺，让儿童接受有质量的公益普惠的教育，让儿童度过美好的童年时光，以"学前教育事业以公益性为主，办学体制以公办为主，经费投入以公共投入为主，师资队伍以在编幼儿教师为主，管理以教育行政部门为主"的"五为主"为改革方向。镇江市党政领导在关键时刻、关键场合亮出态度，彰显立场，表明自己对学前教育的理解和认识，以及对学前教育体制改革的信心和决心。政府从一系列的调查研究到几个关键性的政策措施出台，从申报国家学前教育体制机制改革试点地区到对各级党委政府的要求和监督，不断彰显其振兴学前教育的决心和勇气，尤其是实现学前教育跨越式发展的胆略和魄力。这种上行下效的示范作用，大力推动了各级政府去重视学前教育、倾斜学前教育、投入学前教育。这是政府责任的最具体和最现实的表现。

学前教育体制机制的纵向架构就是不同层级的政府之间学前教育职责的合理分割和协同配合。在镇江市党政领导的垂范带动下，各级政府明确了各自发展学前教育的责任，通过政府责任状、纳入考核体系等方式，层层落实政府责任，涌现了一批积极有为、创新体制机制、大力发展学前教育的先进典型。本书案例中有很多具有启发意义的经验，体现了基层政府在发展学前教育过程中的创新和奉献。在镇江，从城市新建小区配套幼儿园到乡镇中心幼儿园和偏僻山村幼儿园，各地都能感受到政府的力量、干部的作为、条件和环境的改变、教育质量的提升。在发展学前教育事业的问题上，各级政府责任清晰，配合默契，不再推诿，不再懈怠，而是用行动让人民群众感受到学前教育事业的发展

和改变，感受到改革开放带来的实际利益，感受到政府的决心和意志，真正把学前教育办成人民群众满意的教育。值得称赞的是，市人大、政协也主导介入，助力呐喊护航，将发展学前教育当作调查研究和视察督查的重要内容，有力地监督和促进了各级政府管理学前教育的责任意识和履职能力。

二、聚焦共同事业，不同政府部门之间协同管理

学前教育机制的横向架构就是政府不同职能部门之间的协作与配合。学前教育事业的复杂性决定了其必须采用政府多部门协同配合、分工协作的管理模式。这是我国学前教育事业发展的重要经验。仅依靠教育行政部门，无法全面落实政府责任，无力推动学前教育事业的健康发展。《国务院关于当前发展学前教育的若干意见》《幼儿园管理条例》等一系列文件和法规都强调政府各部门要分工协作，共同管理学前教育。无论是财政、人社、编办、规划、国土、住建等部门，还是卫计、公安、民政、物价、政法等部门，都要厘清自己对学前教育的责任，积极配合和支持教育行政部门，大力发展和科学管理学前教育，要有学前教育中的任何事件都不能由单一责任主体承担的意识。镇江市在这方面有非常好的经验。市政府协调会议就是政府各部门认清责任、协同管理的重要机制。多个政府文件对各职能部门的责任划分和要求规定是清晰的，也是在实践中得到了有效履行的。各政府职能部门高质量履行职责，是学前教育事业健康发展的关键所在。政府的学前教育督导、各部门的联合执法等举措，大大提高了学前教育管理的科学性和有效性。

三、坚守整体立场，学前教育不同领域协调兼顾

政府的纵向管理和横向管理构成了体制机制的主要坐标。政府管理的核心事项是扩大学前教育资源，增加儿童受教育的机会，增加学前教育投入，改善儿童生活和学习的环境与条件，扩充和提升师资队伍数量和质量，提高学前教育质量。这是学前教育发展必须关注的层面。入园率不是说明学前教育发展的唯一指标，我们必须从以上各个层面整体把握学前教育事业的发展。镇江市坚

持整体发展观，努力在这些方面实现新的突破。我们高兴地看到，几年来，镇江学前教育实现了全方位发展，入园率创新高，成了江苏省学前教育发展的新标杆，在全国处于领先地位，儿童的受教育权得到充分保证。这也从一个侧面说明了政府投入的程度和水平，说明了学前教育资源得到了有效扩大。

镇江市在发展学前教育中坚持"五为主"的方针，强化了政府在发展学前教育中的作用，这对高起点、有质量的学前教育公共服务体系的建立具有重要意义。正是由于政府的投入，幼儿教师队伍才能得到稳定，幼儿教师的地位待遇才能得到基本保障。镇江市在幼儿教师队伍招聘、幼儿教师待遇落实，尤其是在公办幼儿园在编和非在编幼儿教师同工同酬的逐步落实以及提高民办幼儿园教师待遇等方面，都有很多积极有效的举措。这是确保学前教育质量不断提升的关键所在。镇江市开展了幼儿园课程改革，实施了幼儿园课程游戏化项目，全面推进幼儿园课程建设和实践，形成了一些很好的管理举措，大大调动了教育工作者投身质量工程的积极性、主动性和创造性，涌现了很多幼儿园课程改革和建设的典型，受到了省内外同行的关注。

镇江学前教育发展的成绩是显著的，积累的经验是丰富的，充分体现了国家学前教育体制机制改革项目的成效。同时，镇江学前教育在发展的过程中还有很多深层次的问题和困难需要积极面对并努力解决。学前教育的发展需要长期的努力，政府在发展学前教育中的作用需要进一步深入强化，一系列确保学前教育体制机制运行的政策和措施需要不断充实和完善。让推动学前教育发展真正成为政府的自觉行动，还需要我们长期不懈地努力和坚守，坚持加大并保持政府对学前教育的投入，让儿童意识融入政府意识和公众意识之中。而从儿童立场来关注和推动学前教育事业发展则需要良好的社会文化营造。期待镇江学前教育不断为儿童撑起蔚蓝和幸福的天空。

虞永平
南京师范大学教育科学学院党委书记
中国学前教育研究会理事长

2016 年 5 月

前　言

　　学前教育是基础教育的起始阶段，肩负着启蒙和奠基的重要任务。在我国，学前教育是教育体系中最薄弱的一个环节。学前教育的这种发展状况在很大程度上也影响了儿童身心的全面发展和国民素质的整体提高。为了进一步加强和改进学前教育工作，提高各类幼教机构的保教质量，近年来，国家先后出台了诸多促进学前教育发展的政策、措施和意见，为我国学前教育改革和发展指明了奋斗目标和努力方向。

　　2010年10月，镇江被国务院办公厅公布列为国家教育体制改革试点地区，成为专项改革"建立健全体制机制，加快学前教育发展"中"明确政府职责，完善学前教育体制机制，构建学前教育公共服务体系"的试点市。但是，问题也随之而来，什么是学前教育公共服务体系？或者说，学前教育公共服务体系的共性和属性是什么？其中，公共财政如何投入？用什么方式投入？如何建、办、管？

　　从1985年颁布的《中共中央关于教育体制改革的决定》提出"地方要鼓励和指导国营企业、社会团体和个人办学"，到2003年国务院办公厅转发教育部等部门（单位）印发的《关于幼儿教育改革与发展的指导意见》明确提出"今后五年（2003—2007年）幼儿教育改革的总目标是：形成以公办幼儿园为骨干和示范，以社会力量兴办幼儿园为主体，公办与民办、正规与非正规教育相结合的发展格局"结束，我国的学前教育体制经过了十八年的改革与探索，社会力量兴办幼儿园已经在整个学前教育体制中具有举足轻重的地位，成为占主体地位的一种体制形式。"推向市场"几乎成为幼儿园体制改革的同义词。在个别地方甚至出现了谁将幼儿园推出得越彻底、公共资金从学前教育撤回得越干净，谁的思想就越解放，谁就是"改革先锋"的乱象。①
长期以来，我国将学前教育视为准公共产品，过于依赖市场机制和社会力量，
从而造成政府责任不明确、财政投入严重不足，进而加剧了学前教育的非均
衡发展，带来了儿童入园率低、教育资源分配不均衡、儿童"入园难"和
"入园贵"、教育质量低等人民群众反映强烈、社会关注度高的民生问题。

学前教育究竟是一种什么性质的事业？我国在关于学前教育的政策中早
有明确规定，"幼儿教育是社会主义教育事业的一个重要组成部分"，是一项
"具有社会公共福利性质的工作"，"对提高民族素质具有深远意义"。在市场
经济背景下，以往政策中对学前教育性质和定位的这些表述是否应该改变？
在市场经济条件下，政府还应不应承担发展学前教育的责任？国家财政还有
没有必要投向学前教育？②2010 年，《国务院关于当前发展学前教育的若干意
见》明确指出："发展学前教育，必须坚持公益性和普惠性，努力构建覆盖城
乡、布局合理的学前教育公共服务体系，保障适龄儿童接受基本的、有质量
的学前教育；必须坚持政府主导，社会参与，公办民办并举，落实各级政府
责任，充分调动各方面积极性。"

推进学前教育体制改革，归根结底是为了创新发展举措，办好人民满意
的学前教育。为此，镇江在全面谋划学前教育率先发展、科学发展的基础上，
坚持以问题、难点为改革动力和切入点，坚持将学前教育纳入教育整体发展
规划，创新探索明确"五为主"的政府职责、完善"五个一体"的体制机
制、构建"广覆盖、保基本、有质量"的学前教育公共服务体系。这既是落
实《国家中长期教育改革和发展规划纲要（2010—2020 年）》（以下简称
《规划纲要》）、加快实现全面教育现代化的重大举措，也是深入推进国家教
育体制改革试点、着力打造"幸福镇江、幸福教育"的必由之路。

自试点工作开展以来，镇江坚持公益性、普惠性和优质多元发展的原则，
构建"五为主"（学前教育事业以公益性为主、办学体制以公办为主、经费投
入以公共投入为主、师资队伍以在编幼儿教师为主、管理以教育行政部门为
主）的发展格局，坚持"五个一体"的体制机制改革（市级统筹、县镇共建

---

①② 蔡迎旗. 幼儿教育财政投入与政策 [M]. 北京：教育科学出版社，2007：2.

的"县镇一体"管理体制，公办为主、社会参与、公办民办并举的"公民一体"办园体制，政府主导、教育部门主管、相关部门协同的"纵横一体"工作机制，尊重儿童、儿童为先的"玩乐一体"保教工作机制，幼儿园、家长、社会三结合的"家园一体"督导评价机制），坚持以公平和均衡为基本价值取向，强化"规划引领、经费保障、师资提升、科学管理"重点保障的"四大支撑"，推出旨在提升百姓学前教育满意度、幸福感的"六心工程"（孩子入园省心、家长托园放心、教师工作专心、幼儿成长开心、社会择园遂心、扶贫助困暖心），坚持整体设计、分层推进和分步实施发展路径，即2011—2012年，扩资源、调结构；2012—2014年，保运转、建队伍；2015年及之后建机制、提质量，确保在2015年、2020年两大重要时间节点如期完成改革任务。

镇江人认准"普惠优质的学前教育是人生幸福的起点"这一最朴素的道理，为将蓝图变为现实，着力借助国家学前教育体制改革试点地区的高端平台解决发展问题。改革伊始，学前教育体制改革就连续被列为镇江市委、市政府民生幸福工程的重点任务，成为党委、政府关注和改善民生的出发点与落脚点。循着学前教育改革发展的总要求，镇江坚持真心改、有序改、创新改，逐一破解儿童"入园难"、资金投入"保障难"、园长管理"独立难"、幼儿教师"进编难"、非在编幼儿教师"待遇难"、民办幼儿园"生存难"等难题。政府主导、教育部门主管、相关部门配合的工作机制建立起来了，攻克办园人、财、物难题的政策一项项出台了，蕴藏在人们心里的办园积极性一点点被调动起来了，镇江学前教育事业真正步入了健康发展的快车道。2015年4月，镇江顺利通过国家教育体制改革领导小组办公室对体制改革工作的中期评估。评估组组长、国家教育行政学院副院长李文长以"镇江实事求是的汇报是非常有价值的经验介绍"，肯定了镇江学前教育体制改革在顶层设计、园舍建设、经费保障、队伍建设、科学管理等方面走出的一条具有镇江特色的学前教育新路。在收官"十二五"、规划"十三五"的继往开来之际，镇江需要通过系统梳理五年来改革的经验、问题及成效，更好地为进一步构建布局合理、充满活力、质量优良、人民满意的"五为主"学前教育公共服务体系谋划更科学完善的路径及策略。

镇江是"一座美得让你吃醋的城市"，漂亮崭新的幼儿园又为三千年的古城增添了新色彩。2015 年 9 月，在镇江市中小学教师队伍建设大会上，市委书记夏锦文用"国家学前教育体制改革试点取得阶段性成果，成为镇江教改的一个闪亮名片"高度评价了镇江学前教育体制改革工作。近年来，教育部、省政府以及省相关部门领导先后多次来到镇江进行专题调研，国家级、省级媒体多次集中报道镇江学前教育体制改革发展思路以及取得的初步成果。镇江连续 4 次在江苏省学前教育改革发展现场推进会上做经验交流发言。2012 年，镇江承办了江苏省学前教育改革发展现场推进会。2013 年，镇江市教育局被评为江苏省"国家教育体制改革先进集体"，相关案例入选第三届全国教育改革创新典型案例推选活动候选名单。2014 年，江苏省贯彻《3—6 岁儿童学习与发展指南》（以下简称《指南》）现场推进会在镇江召开，学前教育体制改革被江苏省教育厅评为取得明显成效的项目，首届全国网络媒体到镇江进行专题采风。2015 年，镇江市教育局的"创新办园机制，推动学前教育优质均衡发展"案例入选第四届全国教育改革创新典型案例推选活动候选名单。镇江以其特有的价值成为学前教育体制改革的样板。

本书忠实记录了镇江学前教育体制改革的历程，撷取体制改革过程中飞扬的几朵浪花，通过文件、事件充分反映改革者的勇气和智慧、艰辛和泪水。和人民群众与日俱增的需求相比，取得的成绩是微不足道的。因此，镇江学前教育体制改革永远在路上。我们必须始终以只争朝夕的精神，以更高水平谋划、更大魄力行动、更优成效惠民，加速推进学前教育事业率先发展、科学发展、优质均衡发展。

"船的力量在帆桨，人的力量在理想。"我们相信，在党和政府的热切关心下，在社会各界的积极支持下，尤其是在广大学前教育工作者辛勤劳动、勇于奉献的实践中，伴随着"幸福起点工程"的深入实施，镇江学前教育事业的发展必将迎来崭新的春天。

江苏省镇江市教育局

目　　录

引　言　镇江为什么持之以恒抓学前教育？ ……………………… 1

第一章　五为主：镇江学前教育战略的形成 ………………………… 4
　　第一节　扩资源、调结构：镇江模式 1.0 版 ………………… 5
　　第二节　保运转、建队伍：镇江模式 2.0 版 ……………… 14
　　第三节　建机制、提质量：镇江模式 3.0 版 ……………… 37

第二章　政府主导：镇江学前教育的管理体制 ………………… 54
　　第一节　以县为主：学前教育管理体制的中国现状 ……… 55
　　第二节　县镇共建：学前教育管理体制的镇江选择 ……… 59
　　第三节　省级统筹：学前教育管理体制的未来走向 ……… 79

第三章　财政为主：镇江学前教育的经费保障 ………………… 85
　　第一节　投入不足：学前教育经费投入的中国困境 ……… 85
　　第二节　"五有"标准：学前教育经费投入的镇江对策 …… 95
　　第三节　突破瓶颈：学前教育经费投入的有益经验 …… 107

第四章　公平发展：镇江学前教育的师资建设 ……………… 118
　　第一节　立足实际：幼儿教师概况分析 ………………… 118
　　第二节　在编为主：幼儿教师聘用管理 ………………… 123
　　第三节　政府兜底：幼儿教师待遇保障 ………………… 137

第四节　层级研训：幼儿教师专业发展 ………………………… 140

第五章　儿童本位：镇江学前教育的课程实施 ………………… 155
　第一节　科学规范：行政部门的职能定位 …………………… 155
　第二节　外援内聚：课程质量的提升路径 …………………… 161
　第三节　儿童为先，重视儿童的当下生活 …………………… 168

第六章　普惠优质：镇江学前教育的区县探索 ………………… 190
　第一节　丹阳市：以县为主，分级管理 ……………………… 195
　第二节　句容市：公益普惠，城乡均衡 ……………………… 209
　第三节　扬中市：全面落实，质量为先 ……………………… 219
　第四节　丹徒区：独立建制，教师平等 ……………………… 230
　第五节　京口区：体制多元，优质均衡 ……………………… 241
　第六节　润州区：普惠优质，公民办协同 …………………… 254
　第七节　镇江新区：政府搭台，社会参与 …………………… 266

结语　继往开来：在改革中共享发展成果 ……………………… 277

镇江学前教育体制改革大事记（2010 年 3 月—2016 年 2 月）………… 291

后记 …………………………………………………………………… 306

引　言
镇江为什么持之以恒抓学前教育？

镇江，历史悠久，通江达海，自古就是经济富庶、人文昌盛之地。作为此地的地方政府，我们面临的最根本挑战是，我们无法跟在别人后面模仿，我们必须不断问自己：下一步该怎么走？镇江经济的持续发展，已经让其顺利进入"一万美元俱乐部"。我们是一直沿着过去走过的路，一路向前，奔向"二万美元俱乐部""三万美元俱乐部"？还是实现转型，走一条新型发展之路？

很多人会说，当然要转型，转型才能持续发展，转型才能更有效率、有质量地走向"二万美元俱乐部""三万美元俱乐部"。但是，如果细致思考并落实为实际的转型方案的话，此问题并不简单。

首先，转型不能停下来"转"，而是要在保证稳定增长的前提下，在保证民众收入稳定增长的前提下，实现转型。转型与增长，从长期看，目标一致；但在短期内，还是存在着矛盾。转型与增长之间的取舍要平衡好。

其次，转型的道路在哪里？不仅是镇江，苏州、无锡、常州、南京等地区都在努力回答这个问题。走出江苏，广东、浙江也面临同样的问题。党的十八大以来，党中央、国务院的战略部署已经提出了总体方向，深化改革，依法治国，建立服务型政府，踏踏实实抓小康……新型发展道路，不仅是产业政策升级，还包括收入分配、公共服务、社会保障等民生政策升级。民生政策升级是升级消费、服务城镇化进程的前提。

经过多年探索，镇江根据总体方向，不断规划发展道路，转型之路已不断清晰。学前教育是我们落实"踏踏实实抓小康"总体战略、启动新型发展战略的重要组成部分之一。我们希望，发展学前教育、解决儿童"入园难""入园贵"的问题，让民众生活在镇江感到方便和幸福。宜居城市，离不开可靠、方便、高质量的学前教育。

然而，发展学前教育又是一项非常复杂的事业，既要保证学前教育的高质量，又要保证民众负担得起；既要发展公办幼儿园，又要保证民办幼儿园的发展空间；既要让教育部门常抓不懈，又要让多个部门互相协调，把娃娃的事当作最大的事情来做。令人可喜的是，镇江在公共服务制度改革方面有着丰富的经验和探索的热情。20世纪90年代，镇江承担了国家职工医疗制度保障改革项目并取得了丰富经验。2010年，镇江承担了国家"建立健全体制机制，加快学前教育发展"的改革试点任务，着力探索政府主导、社会参与、公办民办并举、多元投入的办园体制，构建布局合理、充满活力、质量优良、人民满意的学前教育体系，不断加强学前教育的统筹规划、经费投入、日常监管和评估督导，不断提升各类幼儿园的办园水平。

"水犹知政善，山亦见人情。"从老百姓生活需要出发，思考向服务型政府转型的路径，是我们在探索过程中的基本出发点。这些年来，我们取得了一些成绩，在省内也有了一定的影响，但需要总结和回顾。我们希望借助反思的过程，开启回顾和自我对话的旅程，也希望引起业界同行、公众、学术界的关注和评论，为我们下一步"走好、走顺、走扎实"奠定基础。

我们的回顾和总结分六个部分，即战略形成、管理体制、经费保障、师资建设、课程实施、区县探索。战略形成部分，主要介绍镇江市在规划学前教育五年行动计划时的思考，说明实施方案的技术设计。管理体制部分，主要说明政府在举办公办幼儿园时在既管制市场又保护市场、既扩大政府影响又约束政府行为之间的思考和取舍，同时介绍政府内部不同部门和不同层级政府之间的激励、协调和信息传递机制，该机制的建立是政府向服务型政府转型、进行自身建设的体现。后面四个部分着重介绍镇江市在探索财政为主、公平发展、儿童本位、普惠优质等方面的改革探索。

回顾已经走过的道路，我们有成长的欣慰，也有剖析自己的"痛感"以及认识自己后的"敞亮"，这就是"痛并快乐着"的"酣畅淋漓"。在面对学前教育这样一个事无巨细、涉及千家万户且成本高昂的公共服务，热情、专业、耐心，一个都不能少。和义务教育阶段相比，学前教育没有考试，需要用更复杂的评估体系才能实现对其教育质量的监测。学前教育公办民办共存，多样化的办学体制必然要求有更加复杂的投入、收费和激励机制设计，即更加复杂的行政管理技术。学前教育将儿童发展作为主要、核心的政策目标，保证为儿童提供健康的生活环境也是其发展的重要战略。这些都要求学前教育行政部门和园所具备细致、规范的社会沟通能力、社会教育能力。过去几年，我们在国家学前教育体制改革试点项目的框架下进行了初步探索。希望镇江学前教育发展走过的道路能够激发更多的政策制定者、研究者对学前教育在小康社会建设中的角色和作用的思考，帮助我们不断完善镇江市宜居城市建设的蓝图。

第一章
五为主：镇江学前教育战略的形成

　　总结镇江已经走过的路，要完成两次"翻译"：一次"翻译"是用学术化的概念，将镇江的经验和实践表达出来，属于总结、归纳和表征的过程，该过程相对容易；另一次"翻译"是用学术体系去解构镇江的经验，说明在整个公共服务供给改革的过程中，镇江在哪里，已经做了什么，还没有做什么。后者需要"解剖"。"解剖"对学者来说，需要其具有丰富的知识准备和分析工具。对"被解剖者"来说，接受自己的完美结构固然高兴，但是接受"医生"的诊断，并不是一件容易的事情。事实上，因为害怕查出病而不去体检的人有很多。因此，回顾过去几年，对镇江来说，是一个全面的"体检"过程；对决策者来说，是不断总结经验、实现决策科学化的前提。

　　从"翻译"的层面来看，镇江学前教育战略的形成过程实际上是从"两主导"走向"五为主"的过程。所谓"两主导"，是指以政府投入为主、以公办幼儿园为主；所谓"五为主"，是指学前教育事业以公益性为主、办学体制以公办为主、经费投入以公共投入为主、师资队伍以在编幼儿教师为主、管理以教育行政部门为主。从"解剖"的层面来看，镇江学前教育战略的形成过程恰恰是政府在实现学前教育政府主导的同时与市场共舞、与民众对话的过程。

第一节　扩资源、调结构：镇江模式 1.0 版

镇江地处江苏省西南部，位于长江下游南岸、长江三角洲顶端。"十一五"以来，伴随着镇江经济社会的不断发展跨越，镇江教育于 2009 年提前一年完成了"十一五"规划指标，所有辖市（区）均以全优的成绩通过了江苏省县域教育现代化建设水平评估，镇江与苏州、无锡、常州、南京同步跃上基本实现教育现代化的崭新平台。

作为国民教育体系的重要组成部分，学前教育在镇江教育不断"率先当强"的进程中也取得了长足进步，6 个辖市（区）先后获"江苏省幼儿教育先进县（市、区）"称号，其中扬中市被推荐为"全国幼儿教育先进市"。截至 2010 年年底，镇江市公办幼儿园数占比达 64%，在公办幼儿园入学儿童数占比达 72%，全市学前三年毛入学率达 96.5%，优质学前教育资源覆盖率达 61%，开展 0—3 岁儿童早教活动的园所数占比达 85.9%，受指导率达 25%，初步实现"广覆盖、保基本"的学前教育服务要求，基本形成以政府办园为主、社会参与、公办民办并举、覆盖 0—6 岁儿童的学前教育事业发展格局。基于此，镇江在 2010 年已基本普及了学前教育。

一、镇江模式 1.0 版面临的核心问题

2011 年，教育部制定了实施学前教育三步走的发展战略，即从儿童"有园上"到"上得起"，再到"有质量"。总体上看，镇江在 2010 年已基本普及了学前教育，解决了儿童"有园上"的问题，但还存在公益性、普惠性的问题，如优质资源相对短缺、财政投入不足、师资数量不足、质量不佳。因此，镇江下一步改革的重点是解决"上得起"以及"有质量"的问题。

1. 政府发展学前教育的职能不明确，政策制度不配套

在原有学前教育管理体制下，省、市各级政府及相关部门发展学前教育的相关法规政策制度不够健全，学前教育的地位及性质不够明确，学前教育

的管理体制、办园体制及机制均不够完善。

2. 区域间、园际间发展不均衡

区域间、公办民办幼儿园之间、城乡村办幼儿园之间的发展差距较大，主要表现为办园条件、师资配备、管理及质量水平不平衡。同时，学前教育资源存在结构性短缺。经测算，"十二五"期间，全市至少需新建60所、改扩建40所幼儿园。

3. 学前教育财政投入未预算

由于未明确学前教育的性质和地位，在"十一五"期间，财政对学前教育的投入只是针对部分园舍建设的应急性投入，财政无预算不单列、无标准无比例，不能满足学龄前儿童规模的迅速扩张和学前教育质量发展的需要，公益性、普惠性的民办幼儿园在低水平状态下运行，成本核算不明。据对10所幼儿园的抽样统计，2010年，镇江在办园实践中实际形成的预算内生均公用经费（不含人员、基建、大型修缮、设备设施投入）累计不超过70元，仅占生均经费的5.19%。从支出结构来看，人员支出超过60%，用于设备购置和幼儿园建设的支出只有15%左右，严重制约了幼儿园的可持续发展。财政性学前教育经费在同级财政性教育经费中占比较低。

4. 幼儿园教职工数量亟须补充，幼儿教师师资结构不合理，队伍不稳定

2010年，如按每班30人、每班两名教师和1名保育员的配置标准计算，全市需要2242个班级、幼儿教师4484人，尚缺专任幼儿教师900多人、保育员1300多人，专职保健教师、保安几乎为零。队伍结构不合理，在编幼儿教师仅占幼儿教师总数的32%。绝大多数幼教工作者待遇较低。其中，公办幼儿园在编教职工工资、奖金、福利在财政保障中只占60%，非在编幼儿教师工资完全由幼儿园自筹，其工资低于镇江2010年城市居民人均可支配收入2.3万元的标准，仅略高于镇江就业人员月最低工资标准1140元。非在编教职工聘、管、培管理缺位，工资低，流动性大，导致保教队伍在整体上数量不足、专业素养不高。

二、申请"国家学前教育体制改革试点地区"的决策

随着我国人均国内生产总值的不断提升和城镇化进程不断加速，人民群众的民生需求不断增长。满足人民群众不断增长的民生需要，已经不是哪个部门能够推动的事情。于是，通过体制改革试点的方式，发现合适的体制机制，使其具有推广和推动制度改革的模板价值，是我国政府推动综合改革的重要方式之一。2010 年，国务院推出教育体制改革试点计划。尽管镇江的学前教育事业发展有了一定的基础，在协调政府各个部门、推动民生事业发展方面也有了一些经验，但是，镇江仍有申请的压力。压力的来源主要集中在以下两点。

1. 镇江模式是否具有推广价值？

尽管早在试点工作开展之前，教育部专家组就对镇江学前教育发展进行过前期考察调研，也对镇江经验给予了较高评价，但是，镇江经验是否对其他地区具有可复制性？在镇江经验中，有多少是镇江市各级政府推动的结果？有多少是镇江市悠久的学前教育历史积淀的结果和幼儿教师整体素质高的结果？总而言之，镇江模式是否具有推广价值？在 2010 年申请"国家学前教育体制改革试点地区"之前，镇江市副市长王萍召集相关局办负责人，将教育部专家组的两次调研过程进行重新梳理，以求明晰镇江学前教育改革的价值与意义。

2008 年，镇江学前教育"两个主导"的发展模式受到肯定。2008 年 5 月 16 日，教育部专家调研组考察镇江。专家调研组由教育部基础教育二司副司长李天顺、教育部基础教育二司学前教育处处长姜瑾、国务院办公厅巡视员邓文奎、国家发展与改革委员会经济体制综合改革司副巡视员张丽娜等组成。在江苏省教育厅厅长、处长以及镇江市教育局和扬中市政府、教育局领导的陪同下，专家调研组对镇江学前教育发展情况进行了调研和指导，充分肯定了镇江学前教育政府投入为主、公办幼儿园为主的"两个主导"的发展模式。

2010 年，镇江学前教育"两个主导"的发展模式再次受到肯定。2010 年 3 月 22 日，教育部基础教育二司副司长李天顺、教育部基础教育二司学前教

育处处长姜瑾、江西省教育厅副厅长王占铭带队到扬中市调研学前教育工作。调研组认为，镇江市政府踏踏实实考虑民生，认认真真谋划小康社会，"两个主导"的学前教育发展模式是一个值得总结的体制改革经验。

调研组站在国家整体的体制创新格局中，确定镇江模式具有体制创新的意义，回答了政府在民生工程中要扮演的角色问题。镇江站在自己的角度思考镇江模式的体制意义，回答了政府在提供学前教育服务时还存在哪些问题、改进的空间在哪里。

2. 试点的特色与实际工作的全面性能否平衡好？

把镇江模式的核心内容确定下来之后，作为试点工作的整体部署的重要内容，镇江要给大家提供的是镇江模式的突出特点。但在实际上，镇江的实际工作是全面的。政府投入主导和公办幼儿园主导背后还有丰富的内容，既有科学规划和跨部门协调的行政方式，也有信息搜集和共享机制等反馈和监控机制，同时存在政府与市场共舞以及全面管理公办民办幼儿园等政策话题。如果把镇江模式等同于"两个主导"，那么它只涉及体制改革的一部分，远未描绘出镇江模式的全部。试点工作就是要突出特点，实际工作就要全面无疏漏，那么，这个平衡如何把握？

镇江市副市长王萍认为，要平衡好特色和全面之间的关系，首先自己要认识到位，不要简单化地理解镇江模式。她召集相关局、办同志进行了多次讨论，回答"两个主导"和全面工作之间的关系。务虚会既不涉及如何分配资源，也不涉及如何实施。但是，在决定是否参加国家级教育体制改革试点项目之前，这种讨论不仅是决策的需要，更是统一思想的需要。讨论工作围绕三个核心问题展开，即"两个主导"的目的究竟是什么？"两个主导"的影响是什么？"两个主导"对各个部门提出了怎样的要求？

"两个主导"的目的是踏踏实实建设小康社会，是让更多的老百姓借助学前教育分享经济增长的成果。根据财政投入乘数效应计算，如果公办幼儿园增加1000个学位，政府财政投入约增加×百万元，财政支出比例也会增加×%，但这却意味着1000个家庭受益。至于由此产生的妇女就业率的增加和家庭消费的增加，我们不得而知。但同时，将政府支出真正用于民生、真正让普通老百姓感受到安全感，却是财政投入主导的真正目的。镇江作为全国最发达的地区之一，教育事业，包括学前教育事业的发展，要抑制追求高水平、现代化的冲动，扎扎实实建设小康社会。在增加公共支出的同时，政府要让覆盖面扩展开，把少数机构和少数人能够享受到的财政投入变为更多的人和家庭享受到，特别是通过合理布局使财政投入优先投入中低收入家庭中。

"两个主导"会对学前教育体系、政府和社会产生影响。在学前教育体系中，增加提供学前教育服务的公办幼儿园供给份额，在一定程度上挤占了中低层次的民办幼儿园的份额。但是，站在公共利益的角度上考虑，中低层次的学前教育服务本不属于盈利服务的范畴，民办幼儿园要盈利就必然会出现强烈的成本节约动机，这显然对提高教育质量、保证幼儿园安全是不利的。因此，用扩大公办幼儿园供给去促进学前教育服务分层，对于构建多种形态、健康发展的学前教育体系是必要的。对政府来说，财政支出增加了，但是财政支出结构却更合理了，这是向服务型政府转型、保障财政支出结构合理性的条件。

"两个主导"对各部门的要求远不止政府拿钱这一件事。当时，教育、发改、财政、人社、编办、规划、国土、住建、卫生、公安、民政、计生、政法委、地税、工商、法制办、物价、妇联等18个部门共同参加讨论，最后就整个规划思路和实施方案的主要结构达成共识，形成了以分享信息和定期处理问题为主要目标的学前教育改革发展联席会议制度。

各个局、办领导统一了思想，讨论看上去耽误了很长时间，但是却使后来的申报方案制定和实施过程变得简单。如"财政投入为主"不再是领导下达命令，而是财政部门的领导自己认识到镇江学前教育需要以"财政投入为主"，从而自觉落实，因此减少了协调成本。再如住建部门不是在落实领导要求后而进行幼儿园配套设计，而是认识到在踏踏实实建设小康社会的过程中，需要将"小康社会"理念落实到真实的小区建设规划中。

三、启动"国家学前教育体制改革试点地区"的项目申报

从提出动议到达成共识，大约用了3个月的时间。在这期间，在镇江市副市长王萍的协调下，上下达成共识，认为参加"国家学前教育体制改革试点地区"项目是对国家的贡献，是促使镇江借机推动小康社会建设落实、提

高民生工作水平、推动政府向服务型政府转型的良好契机。因此，镇江市政府综合考虑后，决定申报"国家学前教育体制改革试点地区"项目。

2010年6月29日，镇江市政府正式提交了《国家学前教育体制改革试点项目申请书》，明确了镇江学前教育改革发展的总体目标，即将学前教育纳入国民教育体系，形成"五为主"（学前教育事业以公益性为主、办学体制以公办为主、经费投入以公共投入为主、师资队伍以在编幼儿教师为主、管理以教育行政部门为主）的学前教育管理体制，区域内学前教育质量水平明显提高。同时，镇江市制定了阶段目标，即到2012年，在学前教育管理体制、经费保障、人员编制等方面取得制度性突破，形成政府主导发展学前教育的局面；到2015年，将学前教育全面纳入国民教育体系，确立"五为主"的发展格局，达到中等发达国家的办学水平；明确了10个方面的改革措施以及相应的配套政策、保障条件等要求；明确了改革进度从2010年开始，到2015年结束。

2010年10月24日，《国务院办公厅关于开展国家教育体制改革试点的通知》（国办发〔2010〕48号）确定镇江市为国家教育体制改革专项改革"建立健全体制机制，加快学前教育发展"的试点地区，承担"明确政府职责，完善学前教育体制机制，构建学前教育公共服务体系"的改革任务。

2010年12月4日，镇江市副市长王萍在省政府教育工作会议上做题为《深化学前教育体制改革　强化政府责任　保障幼儿健康快乐成长》的发言，明确表示镇江将以国家学前教育体制改革试点为契机，进一步解放思想，深化学前教育体制机制改革，强化政府责任，切实保障幼儿健康快乐成长，从而表明了镇江改革的决心和信心。

从2010年年底开始，镇江学前教育体制改革正式启动。

四、论证"国家学前教育体制改革试点地区"项目的过程

申请书送出后，镇江市政府、教育局开始制定详细的实施方案，这是一个体力活、技术活，更是一个耐心活。很多人批评中国地方政府决策过程不像美国、英国政府那样要经过国会的质询。但实际上，镇江市政府在制定实

施方案时，经历了从调研到论证、修改、审议的全过程。在决策初期，政策调研和设计是在技术官僚体系中运作，体现其专业性。但在实施方案确定后，其要进入审议体系，体现纵向层面不同级别政府之间的协调、横向层面不同部门之间的协同。

1. 实施方案制定过程：专业能力与系统化

实施方案的核心是要说明具体工作如何开展，这是一项专业性非常强的工作，需要接受专业评判和咨询，以保证实施方案的可行性以及与整个体系的系统对接。

（1）调研阶段

尽管在前期已经进行过初步决策并统一了认识和思想，但是在制定实施方案时，镇江市、江苏省的多个部门仍进行了多次调研。在短短的 5 个月中，调研次数达 6 次，最终形成深入的调研报告和系统的实施方案建议。调研情况如下。

2010 年 7 月 5 日，江苏省教育厅开始进行学前教育专项调研。

2010 年 7 月 10 日，江苏省政府组织调研组开始进行学前教育专项调研。

2010 年 8 月 21 日，镇江市迎接教育部学前教育专项调研。

2010 年 9 月，镇江市副市长王萍带领相关局办领导，到丹徒、扬中、丹阳等地调研。

2010 年 10 月 3 日，江苏省人大常委会开始对镇江学前教育进行专项调研和指导。

2010 年 11 月 16 日，镇江市政府组织相关局、办领导和部分民办幼儿园举办者，考察苏州高新区和张家港市的办园体制及普惠性民办幼儿园扶持政策。

这些调研工作，是在了解情况，更是在交流沟通彼此对实施方案的认识。经过充分调研和专家指导，镇江市教育局牵头起草了《关于做好国家学前教育体制改革试点工作的实施意见（草案)》[以下简称《实施意见（草案）》]。

（2）撰稿修订阶段

镇江市多次召开不同层次的会议，征求教研、教科、人事、发展规划等部门的意见，分别向辖市（区）教育部门有关负责人、园长征求意见并听取建议。其间，镇江市副市长王萍、镇江市教育局局长刘国荣多次指导，对《实施意见（草案）》进行认真推敲，前后进行了二十多遍修改。

修订要解决的问题不是文字、方案框架，而是在实施方案中涉及的措施、工作机制与各部门主管的行业制度和约束的对接。这是措施集结成机制的过程，是政府内部不断对机制进行"打磨"的过程。

（3）咨询和预演阶段

当实施方案制定后，它还要走出部门，接受外部质询和咨询。2011年3月17日，江苏省教育厅副厅长、党组成员、江苏省委教育工委副书记胡金波率领江苏省教育厅法规、规财、基教、教科等部门领导以及专家等来镇江调研指导学前教育体制改革工作。镇江市副市长王萍出席会议并汇报镇江学前教育体制改革的基本思路。2011年4月13日，江苏省政府在镇江召开"江苏省基础教育国家教育体制改革试点项目推进会"，肯定了镇江学前教育体制改革的基本指导思想和改革发展规划。2011年4月19日，江苏省政府参事、江苏省教育督导团副总督学、江苏省教育厅副厅长祭彦加带队到镇江调研学前教育经费保障机制情况，对镇江学前教育经费投入情况进行调研和指导。

经过江苏省政府、江苏省教育厅组织的专业人员进行的多次咨询和评判，《实施意见（草案）》完成了内部制度系统化和外部合法化、可持续性的质询。《实施意见（草案）》越来越完善，形成审议稿后进入审议阶段。

（4）提交审议阶段

《实施意见（草案）》审议稿提交给镇江市政府常务会议审议。2010年12月至2011年4月，镇江市政府办公室发函征求各辖市（区）政府、相关部门意见，再次修改定稿后交市政府常务会议审议。2011年4月12日，镇江市政府印发《关于做好国家学前教育体制改革试点工作的实施意见》（镇政发〔2011〕15号）。这是进入21世纪以来镇江市第一个以政府名义制定的学前教育综合性文件。

镇江学前教育体制改革试点是一项涉及地方政府决策、实施和监管的工作。因此，在总结镇江模式时，我们不仅要说明实施方案的内容，即是什么，还要说明工作程序，即怎么开展。描述制定过程并不是要强调政府和各个部门多么辛苦、多么敬业，因为这些都是政府工作人员必须要做的事情。在回顾镇江学前教育体制改革试点项目实施过程时，我们更愿意提及的是，学前教育涉及千家万户，涉及体制、机制和实施效果。对如此复杂的事情进行安排，需要有一个细致而有条理的程序。实施方案的制定过程，是实施方案本身的构成部分之一。

2. 实施方案内容：主要指标与措施

经过半年多的实施方案制定过程，2011 年 4 月 25 日，镇江市政府在扬中市召开了全市实施国家学前教育体制改革试点工作动员会，对《关于做好国家学前教育体制改革试点工作的实施意见》进行了解读。这次会议是镇江历史第一次以政府名义召开的学前教育专题会议。江苏省教育厅副厅长、党组成员、江苏省委教育工委副书记胡金波，镇江市副市长王萍以及镇江市学前教育改革发展联席会议成员单位的负责人，各辖市（区）政府和镇江新区管委会分管领导、教育局局长、分管局长，镇江新区社会发展局局长、分管局长，各乡镇（街道）党委或政府主要负责人，镇江市学前教育改革发展联席会议成员单位分管领导，镇江市教育局相关处室、直属单位负责人等 200 余人参加了会议。

《关于做好国家学前教育体制改革试点工作的实施意见》提出的主要指标包括：①总体水平指标。2015 年，学前三年毛入园率达到 99%以上，强调学前教育事业以公益性为主；②均衡指标。农村、城市儿童在公办幼儿园入学的比例分别达 80%和 50%以上；③质量指标。到 2015 年，省优质幼儿园达到 85%左右。为了实现以上指标，《关于做好国家学前教育体制改革试点工作的实施意见》明确提出三大任务，并且分解到各年度。第一大任务是建新园。到 2015 年，全市将新增幼儿园 60 所以上。原则上，每万人配建一所三轨规模的幼儿园。新建小区配套幼儿园优先建成公办幼儿园或委托办成普惠性民办幼儿园，基本实现儿童就近入园。第二大任务是达标准。从 2011 年起，新建幼儿园按省优质幼儿园标准建设，所有幼儿园都达到合格幼儿园标准。第三大任务是扩布局。到 2012 年，所有乡镇（街道）至少办一所达省优质幼儿园标准的中心幼儿园。

这就是镇江学前教育体制改革试点实施方案的主要内容，它是镇江模式 1.0 版。如果用归纳外在特征的方法看待镇江模式 1.0 版的体制改革试点实施方案的话，它表现出了非常突出的"两个主导"特征，即政府投入为主、公办幼儿园为主。如果用制度分析的框架去看镇江模式 1.0 版的体制改革试点实施方案，很显然，"两个主导"将学前教育服务中公共投入不足的状态改为政府投入为主的学前教育供给体制，用政府投入激发学前教育的"正外部性"①。增加学前教育公共投入，是领导振臂一呼就能瞬间实现的吗？当然不是。因此，体制改革的实质还意味着减少"交易成本"②，在政府层面上意味着把各个部门与民众的需要连接起来，将其变成一个运转顺畅的机制。这需要一个完整的制度对接结构图，需要细致扫除障碍的举动。在机构层面上，以政府投入为主的学前教育供给体系，是民办与公办并举，最终形成各有千秋、各自发展的行业样态，这更需要一个完整的行政管理制度体系，在尊重不同类别幼儿园的不同生存逻辑的前提下，确定提高质量和确保安全的"治理体系"。

第二节　保运转、建队伍：镇江模式 2.0 版

"两个主导"的镇江学前教育体制改革好像投入湖心的石子，激起了一串串的涟漪，它将学前教育公共投入从预算到执行和评估的全过程中出现的问题暴露无遗。尽管如前所述，镇江市政府在决定申报"国家学前教育体制改革试点地区"项目之初就建立了学前教育改革发展联席会议制度，也对可能出现的制度连接问题进行了初步清理，但是，"两个主导"的学前教育投入体系毕竟是一项与之前格局不同的体制，由于"两个主导"的新制度元素的加入，各部门之间的相互衔接仍需要不断"磨合"。"磨合"的过程、"磨合"后的制度衔接状态，构成了镇江模式 2.0 版，它是在实践过程中不断克服匹

①正外部性是制度分析中的一个概念，是指一个人的行为不仅有利于行为者个人，还有利于其他人。有利于其他人的部分就是一个人行为溢出的部分，被称为正外部性。——作者注

②交易成本是制度分析中经常用到的一个概念，是指达成一笔交易所要花费的成本，也是指在买卖过程中所花费的全部时间和货币成本，包括传播信息、广告、与市场有关的运输以及谈判、协商、签约、合约执行的监督等活动所花费的成本。在公共领域，它是指由于制度不合理而使机构在运行中不得不付出的额外代价。——作者注

配障碍、不断走向顺畅实施的制度架构。

一、经费保障：镇江模式 2.0 版面临的核心问题

到 2012 年 7 月，镇江已基本完成了阶段改革的目标任务，形成了以政府办园为主、社会参与和公办民办并举、覆盖学前三年、延伸至 0—3 岁儿童的学前教育格局，各类事业发展指标位居全省先进行列。截至 2012 年 7 月，镇江市共有幼儿园（办园点）221 所，每所幼儿园覆盖常住人口 1.41 万人，学前三年毛入园率达 98%；省级优质幼儿园 123 所，占比达 56%，在省优质幼儿园就读的儿童数占比达 73%；公办幼儿园 145 所，占比达 66%，在公办幼儿园就读的儿童数占比达 80%；公办幼儿园中在编幼儿教师数占比达 41%；0—3 岁儿童受指导率达 44% 以上。2011 年，全市计划新建、改扩建幼儿园已开工 24 所，建成 20 所。2012 年，全市新建、改扩建幼儿园已开工 14 所，建成 7 所。两年共新增幼儿园 38 所。

在改革迈向镇江模式 2.0 阶段时，镇江面临的发展问题包括五个方面，其最突出的任务是保运转、建队伍。

1. 经费投入机制还不够健全

财政性学前教育经费在同级财政性教育经费中占比未达 5%，各地生均公用经费财政拨款标准不一，个别地区标准偏低。园舍维修尚无标准。家庭经济困难儿童资助制度还不能得到较好落实。对普惠性民办幼儿园的财政补助政策尚未建立。个别地区存在将幼儿园非税收入转为预算内财政拨款的做法。同时，由于重视程度不够，在教育专项经费安排上，学前教育专项经费安排偏少。

2. 师资队伍数量不足，质量不高

截至 2012 年 4 月，全市幼儿教师共有 3822 人。如按每班 30 人的省优标准测算，全市需 2242 个班级。若每班配备 2 名幼儿教师，全市需幼儿教师 4484 人，尚有 662 人的缺口。没有专业技术职称（职务）的幼儿教师占 48.5%，没有幼儿教师资格证的幼儿教师占 18.49%，非学前教育专业毕业的幼儿教师占 31%，学历不合格的幼儿教师有 13 人。公办幼儿园非在编幼儿教

师经费和民办幼儿园的培训经费难以落实（平均每人每年约 1000 元）。要实施人事代理制度的公办幼儿园非在编幼儿教师工资待遇达到在编在职人员的 60%，需要财政提出明确的保障措施。

3. 部分小区配套园交付使用及农村幼儿园开工均存在困难

学前教育五年行动计划执行力度在减弱，导致部分小区配套园交付使用及农村幼儿园开工均存在困难。大多数儿童上公办优质幼儿园比较困难。因此，财政部门要增加对小区配套园二次建设的财政预算，弥补公建配套幼儿园交付后资金不足的问题。镇江模式 2.0 版还要进一步完善农村幼儿园布局规划，加大督查考核力度，以按期完成建设并有效解决非法办园问题。在丹阳市、镇江新区的部分乡镇和城郊接合部，正规学前教育资源不足，非法办园现象比较严重，取缔难度大。

4. 省级学前教育改革发展示范区创建难度大

部分辖市（区）达到江苏省学前教育改革发展示范区难度大。如润州区在编幼儿教师占比较低；丹阳市非法办园、班额不正常幼儿园占比达 85%。丹阳市、句容市、丹徒区、镇江新区的幼儿教师队伍整体发展指标偏低。如丹阳市有资质的专任幼儿教师占专任幼儿教师总数的 58.7%，大专以上学历的幼儿教师数占比为 78.81%，达到"两教一保"的班级比例为 19.17%。状况的改变亟待各辖市（区）政府、编制部门、财政部门加强对相关地区的指导、检查、协调，尽快建立健康的发展机制。

5. 安全压力依然较大，督导评估体系不够完善

全市近 40%幼儿园的门禁系统配备不到位，60%的民办幼儿园的安保人员没有落实。学前教育的督导评估体系不够完善，亟待镇江市人大、市政府督导部门建立对学前教育经费、幼儿教师队伍建设、园舍建设等方面的专项督导和检查。

二、高层协调：镇江模式 2.0 版的决策过程

如果要用一句话来概括镇江模式 2.0 版的决策过程，那就是"高层协调，打通公共投入渠道"。在我国行政实践中，领导重视是保障改革获得成功的重

要条件。但是，领导重视能否从经验上升为模式并用公共行政的语言进行阐释，决定了试点模式的可解释性及可移植性。在政策经验内含的价值观念、制度关系、利益冲突以及政治经济环境等诸多复杂因素中探寻镇江学前教育公共政策的性质和制定模式，是镇江参加国家级教育综合改革试点工作肩负的真正使命。

1. 镇江学前教育体制改革的政策决策模式

按照公共行政理论，政府决策机制就是在政府决策主体之间、政府决策主体与外部决策主体以及决策参与主体之间形成互动关系，从而有利于这种互动关系产生新的整体功能和作用。① 政府决策机制的构成主体分为两大类：一类是政府内在决策主体，如各级政府、各种行政机构、政府工作人员等；另一类是政府以外的决策主体，包括拥有决策权的执政党、立法机关、司法机关以及参与决策过程的各种主体，如信息机构、咨询机构、利益团体与公民个人等。在学前教育公共政策制定中，政府内部各部门之间需要协调政策的关联性和一致性。同时，政府部门与政府外部门的协调，如市人大、市政协和信息部门的功能协调，都需要机制来保障。在地区层面上公共政策的试点过程中，学术研究多强调公众参与的重要意义。的确，公众参与代表了地方公共政策制定过程的新趋势，特别是在涉及信息公开和敏感问题的决策上，如环境和拆迁，它更需要地方政府探索新的涉及公共利益的政策决策过程。但是，常态的公共政策决策大多数还是政府内部决策或者是扩大范围的地方相关部门的内部决策。在我国对机构内部决策模式的学术研究中，对高层领导在决策和协调中的作用、角色、特征的分析还不够。②

在镇江学前教育体制改革试点工作中，如何阐述分管领导和一把手的作用，实际上是在说明中国特色的公共决策过程，其充分体现了民主与集中、分散与统一的有机结合。通过这样的决策过程，不同的利益、不同的诉求、不同的观点可以相互交流、相互分享、相互妥协，从而逐步形成政治共识、政策共识以及社会共识，最后成为经过法律程序认可的正式的规划或纲要。

---

① 罗依平. 深化我国政府决策机制改革的若干思考 [J]. 政治学研究, 2011 (4): 35.
② 胡鞍钢. 中国特色的公共决策民主化 [J]. 清华大学学报 (哲学社会科学版), 2011 (2): 43.

因此，制定地方的、专门性的事业发展规划是地方政府重要的公共政策决策内容，也是实行民主集中制的最好实践案例。

2. 镇江学前教育发展决策中的民主与集中"五步骤"

在制定镇江学前教育五年发展规划期间，决策由"自下而上"和"自上而下"两个过程组成。第一个过程包括两个步骤，第二个过程包括三个步骤。步骤具体如下。

步骤一：搜集信息，汇总意见。包括通过外出考察、信息搜集、课题研究等方式广泛听取意见；深入基层进行实地调研；通过问卷调查、召开座谈会等形式广泛征求意见并及时接受指导。2011年6月，镇江市教育局人事部门的负责同志带队，组织各辖市（区）教育局的人事干部赴北京市房山区考察学习小学教师转岗幼儿园教师实践经验。2011年5月18日，镇江市教育局局长带队，组织市教育局、各辖市（区）政府、镇江新区管委会分管领导，赴安徽省合肥市考察学习小区配套幼儿园及普惠性民办幼儿园扶持奖励的改革经验。2011年11月8日至9日，镇江市政府副市长率领市学前教育改革发展联席会议成员单位负责人及各辖市（区）政府的分管领导，组成镇江市政府学前教育体制改革考察团，赴上海、浙江考察学习。考察结束后，镇江市政府汇总各个专题考察意见，形成了镇江自己的机制。

步骤二：交流协调，形成初步方案。这是一次由民主走向集中的过程。在确定"两个主导"的方向后，各部门在考察和思考实施方案的过程中没有任何约束，广开思路，多方论证。镇江市分管副市长就关键问题组织召开部门之间的协调座谈会。这个协调过程不是"自上而下"的统一执行思路，而是"自下而上"的汇总过程。

2012年8月10日，镇江市副市长曹丽虹在调研了解学前教育体制改革工作后，就如何在经费投入上加大财政投入占比、如何使师资队伍更加稳定等难以解决的核心问题同大家进行了全面沟通、协商和部署，这是该步骤实施的典型案例。她并没有先入为主地要各部门遵守方案，而是激励大家认识到镇江被列为"国家学前教育体制改革试点地区"于己于国的重大意义，鼓励各部门广泛借鉴、总结经验、大胆实践、广开思路，推进镇江市学前教育体制改革工作再有新突破、再上新台阶。她强调，要进一步明确学前教育体制改革试点工作的公益性、超前性、可操作性，要做好学前教育规划、实施意见、配套建设、经费投入、信息发布等五件事，要求镇江市教育局牵头起草《关于进一步深化学前教育体制改革试点工作的意见（征求意见稿）》［以下简称《意见（征求意见稿）》］。

在方案初步形成后，"自下而上"的决策过程结束，《意见（征求意见稿）》基本形成，核心策略和机制架构形成。于是，《意见（征求意见稿）》开始了"自上而下"的完善过程。

步骤三：内部征求意见，不断"打磨"新机制。镇江市分管副市长委派市教育局起草的《意见（征求意见稿）》涉及机制的方方面面，有些并不是教育局的主管领域。尽管在制定《意见（征求意见稿）》的过程中，镇江市教育局也多次与相关部门共同工作，但是成形的文稿才是具有法律意义的最终陈述，它需要在确定的学前教育体制与原有制度之间建立对接关系。

2012年8月25日，镇江市政府就《意见（征求意见稿）》召开座谈会。会议围绕"突出重点""突破难点"和"放大亮点"的要求，认真听取了来自全国、省幼教专家和市政府、市财政局、市编办、市规划局、市住建局等相关部门的意见，多层面征求意见。2012年9月10日，市政府办公室发出《关于征求〈关于进一步深化学前教育体制改革试点工作的意见（征求意见稿）〉修改意见的函》，再一次征求各辖市（区）政府、各相关部门的意见。

在《意见（征求意见稿）》得到镇江市分管副市长首肯后，镇江市教育局开始寻求与多个部门的对接，这是镇江市政府的初步意见与各领域的既有秩序进行"自上而下"对接的过程。

步骤四：合法化，正式成为政府工作的"新"规则。这是再次从民主到集中的过程，它主要是在政府内部的集中。在技术层面上保证《意见（征求意见稿）》与既有制度对接完毕后，分管副市长、各部门还要为"新"规则负责，做出实施承诺。

2012年10月8日，镇江市市长朱晓明主持召开镇江市政府第6次常务会议，研究进一步深化学前教育体制改革试点等工作。会议认真听取和讨论了审议稿，要求以推进教育公平合理为方向，认真贯彻落实国家和省的有关要求，不断提高学前教育普惠水平，提升学前教育质量和师资队伍水平，完善学前教育公共财政投入机制，加快构建覆盖城乡、结构合理、质量保证的学前教育公共服务体系，确保全面完成国家学前教育体制改革试点任务。

2012 年 10 月 10 日，镇江市政府印发《关于进一步深化学前教育体制改革试点工作的意见》（镇政发〔2012〕56 号），进一步明确"公益性普惠性、政府主导多元投入、公办民办并举、科学保教"四项原则，明确"提高学前教育普惠水平、提升学前教育整体质量、完善学前教育公共财政投入机制、提高学前教育师资队伍水平、完成学前教育改革发展示范区创建任务"五大任务，对"规划布局、建设发展、财政投入、教师编制、保教管理"等关键问题做出了详细规定。至此，普惠优质的学前教育政策框架顶层体系建构完成。

步骤五：借助领导力，扩大公共政策的社会影响。这是《关于进一步深化学前教育体制改革试点工作的意见》由政府走向社会并被公众感知的过程。2012 年 6 月 1 日，镇江市委书记张敬华前往京口区京河路幼儿园京岘分园，与儿童共度六一国际儿童节，主持召开了由京口区委、区政府、教育部门负责人及 5 所幼儿园园长和幼儿教师参加的座谈会，听取他们对学前教育工作的意见和建议。张敬华强调，镇江市要以国家学前教育体制改革试点为契机，在全面实现教育现代化进程中着力推动学前教育的率先发展，努力打造镇江的特色和品牌，真正办好人民满意教育。

镇江市委书记张敬华在不同的场合都在为镇江市学前教育五年行动计划"背书"，都在说明《关于进一步深化学前教育体制改革试点工作的意见》的意义。针对镇江财政性学前教育经费投入不足的状况，张敬华强调，镇江市政府要专题研究，将学前教育经费在同级财政性教育经费中所占比例适当提升，新增教育经费向学前教育倾斜。要进一步加强学前教育教师队伍建设，逐步提高幼儿园在编幼儿教师的比例和非在编幼儿教师的工资待遇，同时加强专业培训，培养更多的教育教学能手，形成镇江的特色和品牌。此后每年的六一国际儿童节、教师节，镇江市委书记、市长均要走访幼儿园，对学前教育体制改革中存在问题进行现场解决。

公共政策涉及公共利益，需要被民众感知，也需要进行政策意义解读。

镇江市委书记利用六一国际儿童节的时机，宣传和强调镇江市学前教育五年行动计划和《关于进一步深化学前教育体制改革试点工作的意见》，是在努力将政府的政策意图和政策措施进行"自上而下"的扩散、传递并做出承诺，这是政府与民众互动的过程。

公共政策的制定过程，是技术不断改进的过程。深化学前教育体制改革需要引入新机制，需要完成制度之间的"磨合"。公共政策的制定过程，还是一个合法化和做出承诺的过程，需要集中思路，需要负责人承诺，需要政府最高领导进行集中。公共政策的制定过程，更是和公众互动的过程，需要最高领导利用合适的机会向公众传播政策意图并做出政治承诺。因此，公共政策的制定过程是完整的过程，绝不是"一个人说了算"的过程。

尽管镇江学前教育体制改革试点项目已经实施多年并将镇江模式从 1.0 版升级到 2.0 版，但镇江模式还有升级和迭代的空间。制度环境和运行机制中暴露的问题仍然很多，镇江模式需要不断演进，从而满足社会不断增长的需要，解决人口不断增加、公共服务成本不断提高带来的现实问题。

三、投入机制：镇江模式 2.0 版的实践反思

作为镇江学前教育发展规划的核心特征，"两个主导"是发展的目标，也是解决儿童"入园难"问题的途径。在镇江模式 2.0 版的实施过程中，"两个主导"向我们的行政体系提出了新的四个问题，迫使我们进一步关注保运转、建队伍的问题。

1. 如何实施政府投入为主？

政府公共财政制度不断完善，但是要在财政的"口袋"里掏出钱来，并不是一件容易的事情。即使镇江市政府、市发改委和市财政局等部门都已认同学前教育经费支出的合理性，但我们仍需将该支出变为合法性的支出。在发达国家，支出合法的途径是议会制定相关法律。如在美国影响深远的《〈不让一个孩子掉队〉法案》获得通过后，2004 年的教育经费从法案通过前（2001 年）的 422 亿美元，增加到通过后的 557 亿美元。在中国，也要有类似

的程序。政府发布学前教育发展规划文件，就是财政支出的合法性文件。

2011年，经过半年多的专题讨论，镇江市教育局、市规划办、市规划设计院等部门共同努力，与京口区、润州区、丹徒区和镇江新区有关部门充分对接，最终形成了《镇江市市区学前教育设施布局规划（2011—2020年）（论证稿）》。2012年5月26日，《镇江市市区学前教育设施布局规划（2011—2020年）（论证稿）》专家论证会举行。镇江市委教育工委书记、市教育局长刘国荣介绍了镇江学前教育发展现状以及江苏省全面实现教育现代化指标中的学前教育布局规划、幼儿园配置标准和要求等方面的具体指标。

经过论证，《镇江市市区学前教育设施布局规划（2011—2020年）》出台，确立了镇江市区学前教育未来建设与发展方向，推动优先发展普惠优质学前教育的战略。根据论证，到规划期末（2020年），镇江市市区共配置幼儿园236所，其中现状取消①21所，现状保留②73所，现状改扩建9所，新增154所；配置早教中心20处，早教指导站12处。这些规划任务成为政府财政投入的方向。

2. 如何确定投入要素？

规划确定了政府财政投入的项目，但是这些项目并不仅指建设项目，还包括新建、扩建和改建幼儿园的维持和运转。建设项目的财政投入是一次性投入，是基础建设项目预算程序。维持性投入，又叫运营投入，是按照投入要素进行预算，如人员、维修、经常性支出等。其中，人员经费，也就是幼儿教师工资，是维持性投入的"大头"。

政府投入为主、公办幼儿园为主，就必然涉及公办幼儿园的维持和运转费用。在其他教育阶段，政府的教育经费包括人员经费、生均经费和维修经费拨付。其中，人员经费按照幼儿教师编制预算。然而，学前教育阶段存在多种用工形式。幼儿教师编制紧缺，非在编幼儿教师无法通过人员工资预算进入政府财政投入渠道。那么，怎么解决学前教育阶段幼儿教师编制的问题呢？或者，换一个思路，除了用生均经费方式覆盖幼儿园经常性支出外，还

---

①现状取消，指已存在的幼儿园撤除。——作者注
②现状保留，指已存在的幼儿园保留。——作者注

可以通过什么财政投入途径解决幼儿教师工资问题呢？

和其他地方一样，镇江市政府想到的第一条路子就是编制"腾挪"，即以小学转岗教师培训的方式补充合格的幼儿园专任幼儿教师。2011年6月，镇江市教育局人事部门的负责人带队，组织各辖市（区）教育局的人事干部赴北京市房山区考察学习小学教师转岗幼儿园教师实践经验。从2011年至2013年，镇江市教育局组织开展了为期一年的三期小学教师转岗培训班，转岗到幼儿园的合格小学教师共计112人。镇江市教育局承担80%的培训经费，各辖市（区）承担20%的培训经费，解决了师资紧缺的突出矛盾。

用"腾挪"办法可以解决部分问题，但并不是长久之计。事业单位编制"只减不增"，实际上是宣布教师编制"腾挪"的空间越来越小。而且，在理论上，事业单位编制制度一定会走出"历史舞台"，一定要被岗位聘任制度所取代，只是现阶段教师在情感上一时接受不了，财政制度按照人员编制确定预算的制度一时改变不了，所以中央政府才以"渐进式"的方式改革教师编制。因此，镇江市作为国家级学前教育体制改革试点地区，需要在人员经费财政投入制度上有所创新，不能固守已有的制度渠道。镇江市的探索从两方向展开。

一是理顺办园性质，制度性解决幼儿园编制不足等问题。对于公办幼儿园以外的幼儿园，政府只投入园舍和补贴，不投入幼儿教师编制。2012年7月16日，镇江市编办在全省率先出台《关于加强公办幼儿园机构编制管理工作的意见》（镇编办〔2012〕71号），强化对公办幼儿园幼儿教师的编制管理，坚决支持关于教师编制"只减不增"的政策，在操作层面弱化"财政支出主要是增加编制内教师"的做法。

二是启动非在编幼儿教师人事制度改革，寻找"以幼儿教师编制来投入人员经费"的替代方式。2014年1月21日，镇江市教育局、市财政局、市人社局联合印发《关于幼儿园非事业编制教师实行人事代理制度的实施意见》（镇教发〔2014〕9号），镇江市教育局印发《镇江市幼儿教师素质提升培训计划》（镇教发〔2014〕3号）。镇江市将聘任制引进幼儿教师人事管理中，建立系统的幼儿教师工资标准、变动、晋升、福利等制度，养老、失业、医疗、工伤、生育等保险和住房公积金按城镇企业职工社会保险的规定执行，逐步缩小其与公办幼儿园在编幼儿教师工资、福利待遇水平的差距。到2018

年，各地应保障已实施人事代理的公办幼儿园和普惠性民办幼儿园非在编幼儿教师工资不低于在编在职幼儿教师平均工资的 60%[①]，在培训和任用上与在编幼儿教师一视同仁，从而用地方法规的方式解决了幼儿教师聘任的制度难题。在解决了政府财政投入两个最大的"投入要素"（基建和人员工资）后，一些相对较小的投入要素（生均公用经费、教师培训、维修支出）带给我们的机制冲击仍非常强烈，而且其制度意义一点也不小，镇江作为国家级学前教育体制改革试点地区应在这些方面做出探索。

句容市学前教育五年行动计划关于教师聘任的规定

按照江苏省人力资源和社会保障厅《关于印发〈江苏省幼儿园、中小学、中等职业学校岗位设置管理实施意见〉的通知》［苏人社（R）通〔2009〕29 号］要求，建立"按需设岗、竞聘上岗、按岗聘用、合同管理的用人机制和人员聘用制度"，全面推行人员聘任制度，公办幼儿园与其工作人员按照有关规定签订聘用合同，建立以合同管理为主的用人机制。民办幼儿园参照公办幼儿园的办法，自主聘用各类人员，依法签订劳动合同，依法实施教师队伍管理。

3. 政府投入：供给导向与需求导向有什么差异？

在《国务院关于当前发展学前教育的若干意见》中，中央财政支持学前教育发展的机制采用了奖、补的方式，用公共经济学的概念来解释，就是用"绩优奖励"的激励方式，鼓励地方政府为民众提供学前教育服务。

---

① 相关内容在 2014 年印发的《关于幼儿园非事业编制教师实行人事代理制度的实施意见》中的表述是"到 2018 年各地应保障已经实施人事代理的公办幼儿园和普惠性民办幼儿园非事业编制教师工资不低于在编在职教师平均工资的 60%"，在 2015 年印发的《镇江市人民政府关于加快推进学前教育优质均衡发展的实施意见》中将上述表述修改为"加快实施人事代理制度，到 2018 年公办幼儿园和普惠性民办符合条件的非在编教师全部参加人事代理。依法保障并逐步提高参加人事代理教师的工资待遇，足额足项为教师缴纳社会保险和住房公积金，到 2018 年其平均工资待遇不低于同区域城镇非私营企业在岗职工平均工资"。——作者注

这是政府间激励机制设计的创新，也首次提出对困难家庭儿童接受学前教育进行资助。

2015年，财政部、教育部印发《中央财政支持学前教育发展资金管理办法》，系统化提出资金奖补的管理办法，制定了"由中央财政设立、通过一般公共财政预算安排"的资金来源管理规定，同时提出按照"扩大资源"类、"幼儿资助"类进行项目资金支出安排。考虑到我国政府正在经历向服务型政府的转型，同时在制度建设上正不断完善中央和地方政府间的转移支付关系和预算管理制度，该办法充分体现了中央政府管理公共服务供给的新趋势。

自1998年我国提出建立公共财政框架至今，我国的财政体制发生了重大变革，由"取自家之财"到"取众人之财"，由"办自家之事"到"办众人之事"，由以"国有制财政+城市财政+生产建设财政"为特征的传统财政体制逐步向"多种所有制财政+城乡一体化财政+公共服务财政"的公共财政体制转型。[①] 但是，与英美国家联邦体系下的分权体制不同，我国公共物品供给的水平和规模一直是由中央政府统一决定。因此，地方政府的供给行为完全依赖于外部制度的引导和约束，地方政府供给教育服务的政策工具依据教育服务的优先等级呈现出不同特征。在经历了层层下放公共服务支出权限而导致"事权与财权不匹配"的低效资源效率后，《中央财政支持学前教育发展资金管理办法》体现了按照绩优奖励的办法激励地方政府提供公共服务的思想。

此前，财政资助家庭接受教育政策多见于高等教育阶段。对学前教育阶段的家庭资助，这是第一次，也反映了我国正在使用两个落脚点完全不同的战略进行学前教育政府投入，即供给激励和需求干预。供给激励是指通过激励地方政府和市场，建设更多的学前教育服务机构（公办幼儿园或民办幼儿园），进而增加学前教育服务供给，其产出以机构数和在园儿童数衡量。需求干预是指通过多样化的政策工具，激励家长做出接受学前教育的决定，其产出表现为满足条件的家庭接受服务的数量和比例。后者的长处在于精准投入，直接帮助困难家庭和弱势群体。

镇江市当年在执行政府资金奖补政策时，没有像现在这样认识深刻。但

---

① 高培勇. 公共财政：概念界说与演变脉络 [J]. 经济研究，2008（12）：4.

是，从对公共财政的朴素认识出发，从对履行政府职责、造福于民的良政思路出发，镇江市财政局于 2011 年 12 月 26 日印发《关于 2011 年秋学期学前教育家庭经济困难儿童政府资助经费省财政补助基金的通知》，全面建立了学前教育政府资助制度。2012 年 9 月 10 日，镇江市政府办公室印发《关于转发市财政局市教育局〈镇江市学前教育发展专项经费使用管理办法（试行）〉的通知》（镇政办发〔2012〕216 号），规定由市本级财政建立专项经费，对幼儿园园舍建设、创建省优质幼儿园和省学前教育改革发展示范区建设、幼儿教师队伍建设等方面进行奖励。

中央政府在学前教育公共投入方面一直在贯彻新的行政管理理念。借助镇江市国家级学前教育综合改革试验区的优势，镇江市政府不仅在努力以创新的姿态执行"大力发展学前教育"的战略规划，而且在执行中、试点中不断感受到中央政府在建设服务型政府、完善中央和地方政府责任过程中的各种制度创新。镇江市政府也在受益于参与国家学前教育体制改革试点工作带来的制度创新。

4. 信息传递：能否堪当跨部门合作桥梁的"大任"？

最初，镇江市政府建立学前教育信息通报制度，是为了监督执行效果。根据镇江市委、市政府的周报、月查、年半通告、年度表彰的信息报送制度要求，镇江市教育局将学前教育重点任务分解到各部门和各辖市（区），跟踪问效，狠抓落实，超常规强力推进工程快速落实。2011 年 10 月 8 日，镇江市教育局印发《关于做好镇江市国家学前教育体制改革试点信息报送工作的通知》，召开信息报送工作会议，明确信息报送分管领导及联络员，建立了条块分明的工作机制和工作团队。2012 年 8 月 30 日，镇江市教育局办公室印发《关于做好 2012 年秋季〈镇江市学前教育事业发展报表〉填报工作的通知》（镇教办发〔2012〕145 号），建立学前教育事业发展的信息数据报送制度。

随着实施进程的推进，镇江市信息共享发挥的作用远不止于此，它还成为镇江市在实施学前教育综合试点工作中不断调整实施战略、不断完善机制的"抓手"。镇江市人大、市政协每年将学前教育作为重点议案、提案以及重点督办的项目来抓，进行积极支持、协调、督查。2011 年 5 月至 6 月，镇江市人大、市政协就"加快我市学前教育发展"进行专题调研，调研成果在市政府、各辖市（区）政府、各相关部门之间迅速传递，迅速形成了"在坚持'两个主导'的同时发展学前教育公益性、建设普惠性幼儿园的实现途径"的政策建议，为制定《关于进一步深化学前教育体制改革试点工作的意见》奠定了认识基础。

四、规划先行：镇江模式 2.0 版的核心创举

地市政府在制定规划时需要考虑的决策目标并不多。在很多情况下，目标是已经制定好的，地市政府主要考虑如何创造性地安排和落实教育发展目标。如普及九年义务教育目标是保障每个适龄儿童的就学权利，该目标是明确的，镇江市的管理创新只是根据流动人口多、经济发展快的情况，确保不断增加义务教育供给，满足流动人口随迁子女就学需要。但是，在学前教育阶段，按照《国务院关于当前发展学前教育的若干意见》的要求，"广覆盖、保基本"是学前教育公共服务的一般目标，具体目标还需要各地通过制定学前教育三年行动计划来具体化。那么，镇江市制定的学前教育规划的目标是什么？目标背后有着怎样的思考和创新？

1. 镇江学前教育规划的目标

从 2005 年起，我国政府将"计划"改为"规划"。"规划"成为我国政府制定各种公共政策的核心机制，它是不同层级政府在各种彼此竞争的政策目标之间逐渐达成一致的政策优先顺序过程，也是政府通过分散试验和统一规范在统一规划目标和允许地区差异性之间的平衡过程。[1] 镇江市参加国家学前教育体制改革试点工作，就是站在地方的角度，就学前教育发展的目标和途径进行专项规划，以便逐渐形成在国家层面上学前教育发展目标与地区差异之间的平衡。[2]

意识到镇江学前教育体制改革试点及学前教育专项规划所应发挥的作用，

---

[1]韩博天，奥利佛·麦尔敦，石磊. 规划：中国政策过程的核心机制 [J]. 开放年代，2013（6）：7.

[2]朱宝芝. 国家专项规划的编制与管理 [M] //杨伟民. 发展规划的理论和实践. 北京：清华大学出版社，2010：99.

镇江市政府于 2011 年印发《镇江市市区学前教育设施布局规划（2011—2020
年）》。与《国家关于当前发展学前教育的若干意见》以及《教育部国家发
展改革委财政部关于实施学前教育三年行动计划的意见》中提出的目标、途
径和政策工具相比，该规划目标更高、途径更丰富、政策工具更清晰，体现
了试点工作应完成的政策工具创新的使命。

（1）规划总量目标

地方政府的教育和其他社会发展规划需要有约束性目标，这些目标是为
政府制定的，也用于社会公众评估政府工作绩效。在教育领域，入学率一般
被作为根本的规划目标。2010 年，镇江市学前三年毛入园率达到 96.5%。
2014 年，该指标达到 98%。使用入园率作为规划指标，对镇江市学前教育的
发展来说意义不大。因此，我们在制定镇江学前教育规划的过程中，增加了
两方面内容。一是将"有质量"作为学前教育发展的原则明确提出。镇江市
在"广覆盖、保基本"的基础上，提出学前教育公共服务原则，即"广覆盖、
保基本、有质量"，将"有质量"具体化为每 1 万—1.5 万人口至少配置 1 所
幼儿园，保证儿童在 500 米的居住范围内能够找到合格的幼儿园。二是根据
镇江的社会发展实际，将"广覆盖、保基本"具体化为城乡"每 1 万人建 1
所三轨规模的幼儿园，省优质幼儿园比例达 85% 左右"。规划目标实现的时间
安排如下。

2011 年，镇江市市区学前教育设施布局规划的起点状态是，镇江市市区
共有幼儿园 103 所（其中乡镇幼儿园 24 所），在园儿童数 24491 人，占地面
积 30.48 公顷，生均 12.4 平方米（省优标准为 15 平方米），建筑面积 21.42
万平方米，生均 8.7 平方米（省优标准为 9 平方米）。

镇江市市区学前教育设施布局近期规划（2011—2015 年）目标是，市区
（不含辖市）共配套幼儿园 156 所，现状取消 21 所，现状保留 73 所，现状改
扩建 9 所，近期新增 74 所，另配置早教中心 17 处、早教指导站 9 处。

镇江市市区学前教育设施布局中长期规划（2011—2020 年）目标是，市
区共配套幼儿园 236 所，现状取消 21 所，现状保留 73 所，现状改扩建 9 所，
前期城市小区规划已配置 68 所，市区学前教育设施布局规划新增 86 所，另
配置早教中心 20 处、早教指导站 12 处。

（2）规划布局目标：引入地理空间变量

从总体上界定目标是我国各级政府制定发展规划时采用的普遍做法。但是，城市化的逐步深入，给我们带来了新的思维方式，即地理空间概念的引入。在城市，人口密度增加，交通便利，人们非常容易获得区域外的公共服务。过度使用行政手段建立公共服务的排他性机制，不仅容易产生腐败等"寻租"现象，而且会毁坏一个社会应该建立起来的公正和平等的理念。

镇江市应对城市公共服务管理的策略是公共服务的平等配置。学前教育专项规划受益于镇江市整体的公共服务供给标准。依据《镇江市中心城社区公共服务设施布局规划（2010—2020 年）》，镇江市按照社区单元划分及居住用地进行幼儿园的合理布局，即按照社区网格化配置要求，将中心城区进行两级单元划分（分为 61 个一级单元和 224 个二级单元），其中每个居住二级单元人口在 1 万人左右。

住宅小区配套幼儿园生源按每千人 30 名儿童、班额人数 30 人测算（城市人口容量按每户 110 平方米、每户 3 人预测），原则上成片开发的住宅小区或组团（居住二级单元）每 1 万人应配套 1 所 9 班及以上规模的标准幼儿园。每增加 1 千人，应增加 1 个班的建设规模。不足 1 万人、大于 5 千人的住宅小区或组团应配套 1 所 6 班及以上规模的标准幼儿园。设置的幼儿园入园半径原则上不宜大于 500 米。

对非成片开发地块的零星住宅建设或组团开发区域（小区开发建筑面积均未达到 15 万平方米或未达到 5 千人规模），达不到配套幼儿园要求的，由规划部门根据预测的生源数量，在邻近较大区块内预留幼儿园的建设指标，开发建设单位应当按照住宅建筑面积交纳易地学前教育设施配套建设资金。

在城市规划与建设中，如果出现大面积的用地功能调整，特指由居住用地调整为其他用地性质，或其他用地性质调整为居住用地，必须根据调整方案对该片区及其周边相关居住区范围内的幼儿园按相关建设标准和指标重新进行优化调整。

由于乡镇人口居住比较分散，所以如果按照城市标准配备，则大多数乡镇达不到城市幼儿园设置的最低标准。根据批准的乡镇总体规划确定的人口容量进行按需配置，每个乡镇原则上配置 1 所公办中心幼儿园，被撤并的乡镇所在地或人口 600 户以上的行政村建设 1 所规模不少于 3 个班的中心幼儿园分园，其他行政村因地制宜地规划和建设农村规范幼儿园或办班点。

此外，为了适应城市化进程以及学前教育社会需求的变化，该规划还将 0—3 岁儿童纳入考虑的范畴，提出了目前阶段的早教中心（站）布局原则，即中心城区原则上每个街道应设置 1 所普惠性的公办早教中心，乡镇原则上每个乡镇应设置 1 所早教指导站。

《丹阳市中小学（幼儿园）布局规划（2012—2030 年）》简述

2013 年 7 月，《丹阳市中小学（幼儿园）布局规划（2012—2030 年）》出台，提出以行政区域内住宅区规划居住人口和每百户产生的儿童生源数规划指标为依据，做好幼儿园的规划布点工作。

按照儿童就近入学原则，明确"幼儿园规划服务半径 500 米左右"。依据丹阳市未来发展的状况，核定幼儿园规划建设总量，共规划幼儿园 93 所、1212 个班级。

丹阳市中心城区共规划幼儿园 57 所，其中配建 36 所、保留（改扩建）15 所、迁建 6 所，共规划 771 个班级。丹阳市滨江新城共规划幼儿园 15 所，其中配建 5 所、迁建 1 所、保留（改扩建）9 所，共规划 231 个班。丹阳市一般乡镇共规划幼儿园 21 所，其中配建 4 所、迁建 4 所、保留 13 所，共规划 210 个班。

（3）规划目标中的创新

规划，作为中国政府间协调经济和社会发展目标、统一战略方向和政策工具的工作机制，在保证经济和社会发展一致性方面发挥不可替代的作用。它采用"一下一上"的程序，即中央政府向地方政府发布关于规划的说明，指导地方政府的规划方向和思路（"一下"）；地方政府根据自己的情况制定规划，上交中央政府和上级政府，又为上级规划提供启示和创新（"一上"）。规划过程为地方政府提供了创新空间，通过专项规划和试点工作为政策探索提供创新机会。镇江市参与国家学前教育体制改革试点项目，就承担了政策探索的责任。

镇江市和全国各个地方政府一样，规划是统一各行政部门和监督部门行动、协调集体行动步骤的重要机制。在通过规划机制促进学前教育事业发展方面，镇江市的创新不再表现为目标制定得足够高，而是在设置目标方面将空间布局作为与城市化进程相匹配的、适应城市管理需要的设置公共服务供给目标的必要指标。学前教育总量目标解决的是政府将为社会整体提供多少福利，布局目标则说明这个福利如何分配。我们经常用"大河有水，小河满"来说明集体和个人的关系，但这只是其中一个方面。从个人角度来讲，大河有水后，必须有合理的沟渠设计和水量管理，才能保证大河的水能够公平地分配到最需要的人和家庭那里。因此，通过布局体现学前教育公共服务的分配效率，是镇江学前教育规划最核心的创新。

镇江学前教育规划的创新还表现在正视城乡差距，对农村进行补偿性供给。我国普遍存在公共服务的城乡差距。为了克服这一现象，各地政府近年来在制定规划时普遍遵循"城乡统筹"的思想，取消城乡分开设置公共服务供给标准的做法，统一考虑城乡公共服务和社会福利，取消城乡户籍制度的差异。但是，镇江市政府认识到，即使我们取消了城乡居民的身份差距，但是城乡居民的居住方式还存在根本不同。即使在镇江这样人口密度非常高的地区，许多农村和乡镇的人口规模仍然达不到城市幼儿园的设置标准，统一标准反而是"合理、合法"地降低了对农村学前教育的服务水平。因此，镇江市政府在规划中体现了对农村和乡镇的补偿性供给，降低了乡镇和农村幼儿园的设置标准，规定只要达到600户，就设置1所3班幼儿园，农村则设置规范幼儿园或办班点。

目前，镇江市按照规划，有序平稳地进行了学前教育供给体系建设。从2011年到2015年，学前教育五年行动计划要求全市计划新建、改扩建幼儿园99所，实际开工新建、改扩建幼儿园110所，其中新建幼儿园70所，累计投入9亿多元，新增学位37890个，新增占地面积55.87公顷，新增建筑面积413462平方米，平均每所幼儿园覆盖常住人口1.38万人，比2010年减少了0.24万人，超额完成了学前教育五年行动计划的任务要求（见图1）。

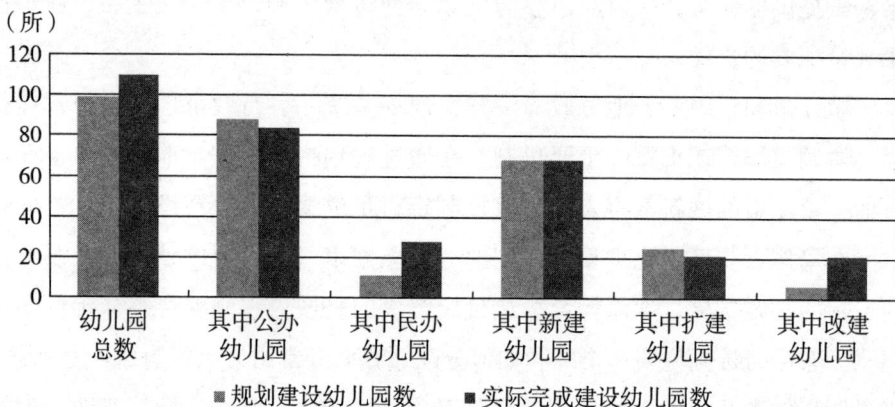

图 1　2011—2015 年镇江市幼儿园建设数

2. 学前教育规划的政策措施

政策措施是规划的重要组成部分，体现了政府实施规划的决心是否充足、措施是否有针对性和可持续性。在镇江学前教育规划中，政策措施主要围绕投入、质量、监管展开。

（1）保障投入水平和类别

"规划之后，投入先行。"投入是落实规划的第一步。在镇江市，保障对学前教育的财政投入还需超越表面意义，从财政管理的角度去理解其制度意义。财政的钱就是纳税人的钱，保障对学前教育的投入，就是保障政府对社会公共服务的投入，不是哪个人或哪个机构说保障投入就能保障投入的。

比投入水平更重要的是投入的渠道和标准。保障财政投入的渠道之一，是保障学前教育中最昂贵的教师要素支出。《镇江市人民政府关于加快推进学前教育优质均衡发展的实施意见》（镇政发〔2015〕8 号）探索实施"定编、定岗、不定人"的财政核拨政策。全市各辖市（区）均应按照师生比 1∶16 的核编标准核定本地区公办幼儿园的编制总额，按照编制总额和在编幼儿教师工资标准核定公办幼儿园教师的工资总额。自 2015 年起逐步提高拨付比例，到 2018 年达到核定工资总额的 60% 以上。2015 年至少应达到核定总额的 40% 以上。开辟新的生均公用经费投入标准及项目，形成生均公用经费财政拨款标准动态调整机制。在编幼儿教师的工资福利待遇由各辖市（区）财政提供保障，与义务教育学校一同实施绩效工资。非在编幼儿教师到 2018 年，其平均工资待遇不低于同区域城镇非私营企业在岗职工平均工资。保障财政投入的渠道之二，是科学合理管理专项经费支出。《关于转发市财政局市教育局〈镇江市学前教育发展专项经费使用管理办法（试行）〉的通知》《关于建立健全学前教育经费保障机制的通知》（镇财教〔2012〕48 号）对设立学前教育经费的目的、来源、用途、项目和标准等都做了明确详细的说明，保证财政投入完全用于学前教育。

（2）高标准建设幼儿园

以园舍建设促均衡发展一直是镇江学前教育公共服务供给的主要策略之一。镇江属于人口流入地区，经济增长使得人口持续增长。建设新园、保障流动人口随迁子女享有同等的学前教育机会始终是镇江学前教育事业发展的重要任务。镇江市按照省优质幼儿园标准，新建和改扩建幼儿园，添置现代化教育装备，实施宽带网络"园园通"工程，整体提升公办幼儿园的办学条件。

镇江市以"江苏省幼儿园信息管理系统"为依托，建设儿童学籍管理、教职工信息管理、办园情况信息管理及网上行政审批（备案）等项目。目前，全市实施"园园通"工程，所有幼儿园开通了网站，实现网上资源共享，推动信息技术与保教活动有机整合，提高保教的互动性、灵活性、专业性。

（3）深化人事制度改革，创新用人机制

在队伍建设方面，镇江市出台了《关于加强公办幼儿园机构编制管理工作的意见》《关于幼儿园非事业编制教师实行人事代理制度的实施意见》，在制定公办幼儿园在编幼儿教师标准的同时，还根据"按需设岗、竞聘上岗、合同管理"的用人机制和人员聘用制度，建立以县域为单位的统一的聘用、配置、管理及待遇保障等制度，解决在短期内编制不能扩充的情况下，通过政府购买服务的方式，逐步缩小在编幼儿教师与非在编幼儿教师的待遇差距，依法保障非在编幼儿教师的权益。

在幼儿教师培训方面，镇江市出台的《镇江市幼儿教师素质提升培训计划》明确规定培训经费达到幼儿教师工资总额的 1.5% 以上。镇江市教育部门每年安排专项经费对全市幼儿园园长和骨干教师进行提高培训。各辖市（区）

教育行政部门负责幼儿园园长、幼儿教师的上岗培训和继续教育培训。卫生、妇幼保健等机构负责保健员、保育员、营养员的任职和在岗培训。目前，有分工、分层次、有重点的幼儿园教职工培养体系初步建成。

（4）以督导促发展、保质量

督政是学前教育督导工作的重点，侧重于政府能否履行职责、机构是否能够提供相应的保教条件和内容。因此，从规划到督导，构成了激励地方政府完成规划目标的完整管理链条。从已印发的《学前教育督导评估暂行办法》来看，目前我国学前教育督导评估的对象主要为地方政府，主要的工作是评估地方政府及相关部门在发展学前教育方面的职责履行情况以及学前教育整体的发展水平。

伴随着学前教育事业发展的逐步推进，对学前教育质量的关注越来越显著，所以我们有必要在现阶段保留督政职能的同时，适时扩大指导职能，逐渐将幼儿园的保教质量作为督导的重要内容。基于此，镇江市在 2013 年 10 月出台了《镇江市幼儿园办园水平督导评估标准（试行）》。该标准明确以"建立以全面实施幼儿素质教育为核心的幼儿园办园水平督导评估制度，推动各级各类幼儿园认真贯彻执行国家、省市有关学前教育政策、法规，规范办园行为，遵循幼儿身心发展规律，提高保教质量，促进我市学前教育又好又快的健康发展"为指导思想，由各辖市（区）政府教育督导室具体负责实施。每年 12 月前后，督导室对辖市（区）内所有幼儿园进行一次督导评估，做到"一园一报告"，同时按照权限对幼儿园办园水平的评估结果进行公示。

镇江市选聘兼职责任督学和责任区督学，对辖市（区）内幼儿园开展每年至少一次的督导活动，在责任区内对幼儿园的办园行为、教育管理、课程教学等八项工作实施经常性督导，确保辖市（区）幼儿园办园行为合乎规范。

3. 规划措施中的创新

采用什么措施落实规划？对于地方政府来说，这个问题比规划本身更直接、更重要。实际上，从政府采取的措施来看，我们可以很清楚地看到政府行政能力不断提高和政策工具不断丰富的过程。

投入预算是落实规划的根本措施。从确定总量投入到挖好"沟渠"，从确定投入方向、方式和标准到生成总的财政投入的"水量"，其中的制度进步是根本性的。或许今天我们还没有达到科学预算的标准，但由"事权核算"到"财权安排"的科学预算程序和标准已经出现在镇江市落实学前教育发展专项规划的具体措施设计中。

在幼儿教师资源配置方面，人事代理制度的不断完善，尤其是财政核算幼儿教师成本，将人事制度与财政制度改革联系起来，给予了教育行政机构合理配置幼儿教师资源的更大空间。

镇江学前教育督导手段正从"督政"向"督政+督教"转化。"督政"能够在政府行政体系内部起到促发展的作用。但是，要从规模发展走向质量改进，督导手段也必须从关注政府行为的核心指标转向观察和评价儿童的发展状态和水平以及幼儿园运行的核心指标。儿童发展成为学前教育督导评估工作的基本价值取向，并在实际督导中得到贯彻。镇江市虽然还有很长的路要走，但可喜的是，其工作已经开始。

4. 学前教育专项规划：进一步思考

对于学前教育事业的管理，一些学者认为其存在着政府职责定位不清晰、各级政府与政府各部门间权责划分不合理、管理机构和人员设置不健全、督导制度不完善等问题，并且认为这些问题已成为制约我国学前教育事业健康发展的体制性障碍。[①] 解决这些问题，除了在行政体系中建立完备的学前教育管理机构外，政府间和政府各部门间权责划分合理、职责定位清晰也很重要。实际上，这是非常难以完成的任务，其中蕴含这样的内在矛盾，即现实问题的多样性、复杂性与机构设置和职责的稳定性之间的矛盾。

在我国，政府机构改革是一项重要的适应社会经济发展需要的举措，更是灵活和方便利用规划来实现政府间、政府部门间职责协调的重要途径。规划是政府行为的体现，更多地体现了政府部门间的管理以及不同层级政府间的协调。从 2005 年起，我国将"计划"改为"规划"。如何让"规划"更好地发挥作用？或者说，让"规划"发挥更好作用的前提条件是什么？这成为重要的问题。在制定镇江学前教育规划的过程中，我们对这些问题有了深刻

---

①庞丽娟，范明丽. 当前我国学前教育管理体制存在的问题与挑战 [J]. 教育发展研究，2012
（4）：39.

思考。

规划目标需要更多的程序性标准、技术性标准来加以配合，这样才能更好地协调政府间以及政府部门间的行动。大家一致认为，学前教育财政投入，用于建新的幼儿园比较方便和容易。一方面，幼儿园建在那里，大家都能够看得见，能够更方便地说明政绩；另一方面，幼儿园的建设有非常充分的程序和技术标准，如发标、竞标、审计、监理以及各类建设标准，这能让所有政府部门都按照统一、合法的程序开展工作。这些虽然说明了政府行为的非理性，但是更明确地解释了信息和标准的供给状态，也将政府行为引导到某种行为上。从事业发展的角度看，它可能是不合理的。但是站在政府行为的角度上，它却具有自己的合理性。

现在的问题是，当园所建设任务基本完成后，软性的投入就给政府行为的协调一致带来了麻烦。投向幼儿教师工资，会受制于人事制度约束；投向生均经费，但幼儿园预算和支出管理还有很多不完善的地方。因此，镇江市制定和落实学前教育发展规划的过程，实际上也是其不断进行程序创新、标准创新的过程。

获得诺贝尔经济学奖的"机制设计理论"告诉我们，一个好的机制设计必须满足两个条件：信息效率和激励相容。[①] 充分的信息是有效监管和协调行动的前提。设置专门负责学前教育的机构和个人固然重要，但更重要的是，打破部门壁垒，建立统一的技术标准。只有建立了符合事业单位人事制度改革方向的幼儿教师人事代理制度，建立了符合财政预算管理改革方向的学前教育人均经费核算标准和幼儿教师工资划拨标准，建立了有质量的学前教育信息搜集和共享机制，才能让学前教育改革发展联席会议制度不"虚"。合理的部门目标设定与激励机制是确保政府部门正确作为的关键。

---

①朱慧. 机制设计理论：2007 年诺贝尔经济学奖得主理论评介 [J]. 浙江社会科学，2007（6）：188.

第三节　建机制、提质量：镇江模式 3.0 版

镇江根据国家学前教育体制改革试点任务和工作实施方案，提出要构建"广覆盖、保基本、有质量"的学前教育公共服务体系。其中，"有质量"是镇江模式 3.0 版的核心任务。镇江提出"不仅要确保适龄儿童'好入园'，更要让每名儿童能'入好园、入园好'"。2014 年，镇江开始启动学前教育体制改革 3.0 版，至今仍在坚持"政府主导、多元投入、公民办并举、科学保教"的改革导向，加快建设"优质均衡公益普惠"的现代学前教育，以满足每名儿童"入好园"以及"入园好"的需求。

一、镇江模式 3.0 版面临的核心问题

截至 2014 年年底，镇江学前教育初步实现了"五为主"，即儿童就读以公办普惠学位为主，投入 7 亿多元，新建改扩建幼儿园 92 所，新增学位 30510 个，学前三年毛入园率达 99%，公办幼儿园就读儿童数占比达 76%，普惠性民办幼儿园就读儿童数占比达 16%；办园体制以公办幼儿园为主，公办幼儿园数占比达 72%，普惠性民办幼儿园数占比达 19%；经费投入以公共财政为主，财政性投入占学前教育总投入比例达 57%、占财政性教育总投入比例达 6.23%；幼儿教师队伍以在编幼儿教师为主，在编幼儿教师数占比达 70%，公办幼儿园中在编幼儿教师数占比达 43%；保教质量以省优质幼儿园为主，省优质幼儿园数占比达 74%，80% 的儿童在省优质幼儿园就读，基本解决儿童"入园难""入园贵"以及"入好园难"的问题。在为已取得的成绩感到欣慰的同时，我们也清醒地看到，与体制改革试点的目标和要求相比，与苏州、无锡、常州等地相比，特别是与广大人民群众的期盼相比，镇江学前教育存在的问题主要体现在质量与公平上，具体来说，存在以下四个方面的问题和不足。

1. 学前教育资源依然偏紧

30%的幼儿园生均占地、建筑面积不达标，57%的幼儿园超班额。城区幼儿园"小而散"、农村幼儿园"大而远"的问题未能根本解决。发展不平衡问题突出。二孩政策的实施，进一步加剧了资源紧张状况。

2. 师资数量不足，质量亟待提高

幼儿教师队伍不稳定，幼儿教师进编政策限制依然比较明显，近25%的专任教师没有幼儿教师资格证，75%的保健教师不具备医师资格。51%的班级不能做到"两教一保"，保育员累计缺700多人。

3. 机构设置跟不上事业发展需要

除了润州区外，其他辖市（区）教育行政部门内均未设立学前教育管理机构，专业行政人员、教研人员配备不足。

4. 幼儿园校舍安全标准较低

经初步排查，全市还有36万平方米的幼儿园校舍达不到现有的抗震标准。免费一年教育推进乏力。

归结起来，上述问题从主观方面看，是各地重视程度不够、改革不够深入所致；从客观方面看，在很大程度上是法定教育投入政策落实的问题。从全市学前教育经费投向看，绝大多数投入主要投在少数新建和改扩建幼儿园上，难以解决欠债较多的实际问题，投向人员与课程建设的经费远不及投向校舍及硬件设施的经费。面对学前教育体制改革试点的目标与任务，针对现实存在的问题与不足，镇江市自加压力，主动作为，在新的起点上开启新的发展里程。

二、镇江模式 3.0 版的核心举措

1. 明确新的改革发展方向

2014 年 5 月 15 日，镇江市市长朱晓明调研全市学前教育发展情况。在召开的调研工作座谈会时，朱晓明强调要把学前教育放在更加重要的位置，科学规划布局，合理配置资源，加强规范管理，进一步创建学前教育改革试点的特色和品牌，着力在优质、均衡、公平、规范八个字上下功夫。一是优质。

既要注重硬件设施建设，又要加强内涵建设，不断提高教育水平和教育质量。二是均衡。根据新的形势和要求，切实优化调整学前教育布局规划，因地制宜推进教育资源、师资力量配置。三是公平。坚持学前教育的公益性和普惠性，资金保障重点向农村地区、困难群体倾斜，创造公平公正的环境。四是规范。加强幼儿教师队伍建设，不断提升管理水平，认真落实安全管理各项制度，努力办好人民满意的学前教育。

2. 体制改革的主要措施

镇江市政府先后出台了《关于做好国家学前教育体制改革试点工作的实施意见》《关于进一步深化学前教育体制改革试点工作的意见》。2015年2月15日，镇江市出台了第三个学前教育改革发展文件，即《镇江市人民政府关于加快推进学前教育优质均衡发展的实施意见》，其核心是为促进学前教育优质均衡发展提供保障机制。

（1）完善政府主导、社会参与、公办民办并举的办园体制

所谓政府主导，就是要求政府在统筹规划、政策引导、制度建设、标准制定、投入保障、评估督导、日常监管等方面充分发挥主导作用，特别是要根据区域新市镇、新社区、新园区建设以及人民群众对学前教育的需求，将学前教育纳入经济社会事业发展规划，提高政府保障水平，逐步实现儿童就近入园。所谓社会参与、公办民办并举，就是在坚持政府为主举办学前教育的同时，鼓励多元化办园，规范和扶持社会力量举办学前教育，促进民办幼儿园特色化、多元化发展，形成学前教育公办民办协调发展的良好格局，满足人民群众对不同层次学前教育的需求。

（2）健全"辖市（区）政府统筹，乡镇（街道）共建，以县为主"的管理体制

所谓辖市（区）政府统筹，是指辖市（区）政府要负责统筹规划本辖市（区）内学前教育事业规划布局，落实学前教育经费，统筹管理各类学前教育机构，建立督导评估、考核奖惩制度，将学前教育工作纳入政府各职能部门和主要领导的工作考核范畴。所谓乡镇（街道）共建，是指乡镇政府（街道办事处）承担发展农村（社区）学前教育的责任，负责幼儿园建设规划、征地、周边环境治理等工作，并且要扶持乡镇（街道）中心幼儿园和村办、民

办幼儿园发展。所谓以县为主,就是按照义务教育模式,加强对学前教育管理,实现学前教育"三统一",即统一规划、统一建设、统一管理。

(3)完善学前教育工作机制

在各级政府统筹协调领导下,健全教育部门主管、相关职能部门分工负责的工作机制,形成推动学前教育发展的合力。全市所有学前教育机构,不论所有制、投资主体、隶属关系如何,均由所在地教育主管部门统一规划、统一准入、统一监管。

(4)加强学前教育管理力量

健全学前教育管理网络,各辖市(区)教育部门要配备学前教育专职管理干部和教研员,乡镇(街道)中心幼儿园至少要配备1名学前教育辅导员,承担区域内学前教育行业管理和业务指导的职责。

3. 构建优质均衡的学前教育公共服务体系

镇江市在基本普及学前教育的情况下,进一步构建优质均衡的学前教育公共服务体系。

(1)城乡之间的优质均衡

为实现城乡学前教育的优质均衡发展,镇江市各级政府大力发展农村学前教育,构建"辖市(区)统筹,以镇为主,市(区)镇共建"的农村学前教育管理体制,增加农村学前教育资源。鼓励镇中心幼儿园在农村举办分园或办园点,到2018年确保每个农村办园点至少有1名编制内幼儿教师。对通过镇江市标准化验收的改扩建、新建农村办园点,市级财政给予10万元的设施设备奖励。

在镇江召开的第三次全省学前教育改革发展现场推进会上,江苏省副省长曹卫星提出要重点加强农村幼儿园建设,每个乡镇至少要建成1所达省优质幼儿园标准的公办幼儿园,在此基础上办好规范的村幼儿园,大村独立建园,小村设分园或联合办园并配齐必要的具备任职资格的人员和保教基本设施。江苏省财政厅全力支持实施学前教育普及提高的工程。2011—2012年,江苏省财政安排学前教育专项资金8.2亿元,支持农村幼儿园建设,对普惠性民办幼儿园给予补助,解决外来务工人员子女的入园问题,全面支持建立学前教育资助制度。

（2）区域之间的优质均衡

针对各地学前教育五年行动计划实施不够均衡的情况，镇江各地将学前教育纳入城镇和新农村建设总体规划，根据人口规模和生源趋势合理规划幼儿园布局。到 2018 年，全市实现学前教育资源布局合理且相对充足，各区域之间实现均衡发展。幼儿园规划科学、布局合理，达到平均每所幼儿园（点）覆盖常住人口 1 万人左右。

此外，镇江市积极推进城镇小区配套幼儿园建设，充分考虑进城务工人员随迁子女和残疾儿童接受学前教育的需求。新建小区配套幼儿园按照"谁开发建设，谁完善配套"的原则，与小区开发建设统一规划、同步施工，住宅小区建成 50% 前交付使用。城镇小区配套幼儿园作为公共教育资源由当地统筹安排，可办成公办幼儿园或委托办成普惠性民办幼儿园。

（3）公办民办之间的优质均衡

为落实公办民办并举的办园体制，确立学前教育的公益普惠性质，镇江市除了不断提高公办幼儿园的比例，还大力支持发展普惠性民办幼儿园，即发展不以营利为目的、受政府委托和资助的学前教育服务机构，其设立条件、保教质量、收费标准达到同类公办幼儿园水平。普惠性民办幼儿园在土地供应、税费减免、资质认定、师资培训等方面与公办幼儿园享有同等地位和权利，政府对普惠性民办幼儿园的房屋租金、公用经费等给予适当补贴。截至 2015 年 12 月，镇江市公办幼儿园和普惠性民办幼儿园占比达 90%，近 90% 的儿童在公办幼儿园或普惠性民办幼儿园就读。

（4）为弱势群体提供优质均衡的服务

按照《江苏省财政厅江苏省教育厅关于印发〈江苏省学前教育家庭经济困难儿童政府资助经费管理暂行办法〉的通知》（苏财规〔2011〕44 号）要求，镇江市对家庭经济困难儿童实行政府资助，所需经费由所在辖市（区）财政保障，资助儿童比例不低于 8%，根据家庭经济困难程度，分别资助 800元、1000 元、1200 元。对革命烈士或因公牺牲军人和警察子女、城乡最低生活保障家庭和持特困职工证、残疾人证人员的子女及孤残儿童，全额免除保教费。鼓励有条件的辖市（区）实施在园农村儿童免除一年保教费政策。2012 年秋季起，扬中市已首先在农村幼儿园全面实行免费一年的学前教育新政。同时，镇江市其他地区也对困难儿童的伙食费实行免或补的政策。

三、镇江模式 3.0 版的反思

升级，本是软件开发术语，是指软件开发所依据的技术基础的根本变动。后来，该术语扩展到政策和管理领域。如德国政府提出工业 4.0 计划，就是以智能制造为主导的第四次工业革命将制造过程建立在信息和数据基础上，这与以往历次产业革命的技术基础完全不同。那么，镇江模式从 1.0 版升级到 3.0 版，其制度基础究竟发生怎样的变化？

1. 镇江模式各版本的区别

（1）镇江模式 1.0 版

镇江市作为江苏省比较富裕的地区，人文、经济、社会基础好，政府公共服务水平也非常高。当国家提出发展学前教育、解决困扰老百姓的"入园难""入园贵"的民生问题后，镇江市根据自己的传统和社会发展需要，提出"两个主导"的镇江模式 1.0 版，奠定了镇江市供给学前教育的制度路径选择。在这个版本中，内容非常简单，它只提出了政府投入为主、公办幼儿园为主的制度设计思路，是简单初级的原型制度。

（2）镇江模式 2.0 版

软件设计在投入技术原型后，对产品进行快速迭代优化，将完整的开发过程缩短周期并多次进行，每次迭代都要进行用户检验、总结经验、提升认知，从而极大地降低了创新的整体"试错"成本，更准确地捕捉了用户需求。在多次迭代的前提下，镇江模式 2.0 版在原型基础上推出，实现了第一次技术升级。制度设计同样存在这样的体制探索思路。在镇江市提出"两个主导"的制度原型后，各部门在制度落实过程中出现了各种配合、标准和步骤上的差异。这时，分管领导出面，将各种问题当面解决，工作机制初步建立起来。镇江模式 2.0 版就是以政府主要领导"背书"和分管领导协调为特征建立起来的比较完善的政府部门间工作机制。

（3）镇江模式 3.0 版

镇江模式 2.0 版推出后，镇江学前教育获得了很好的发展，部门行政运行良好。但是，随着规模的扩大，运行良好的行政体系越来越需要和行政之外的体系打交道，需要收费以补充财政投入，需要处理公办幼儿园和民办幼儿园的政策差异，需要向老百姓公布质量信息以获得他们的信任。超越行政部门内部、成熟的运行体系，和公众、民办组织打交道，这些在行为操作层面上没有问题。但是，如果要建立行政体系内部成熟、有稳定性的制度支撑体系，就需要不同的"技术"。所以，镇江模式 3.0 版实际上是将制度建设扩展到部门之外，在不同所有制和人群之中建立制度的"技术"体系。

镇江市自承担国家学前教育体制改革试点工作以来，要面对很多新的问题。既然是试点，解决问题的思路就不像常规工作那么确定。因此，不断根据问题、根据各方的反映进行迭代式管理创新，是非常必要的。镇江市出台的许多政策，都是按照迭代创新的思路来完善的。但是，当迭代创新到一定程度时，我们还需要在管理创新方面进行"升级"，从对政策修补到将政策制定的基础进行本质扩展，即从理念扩展到内部机制，从内部机制扩展到外部机制。

2. 镇江模式 3.0 版：与市场的关系

在我国，学前教育行政管理部门在政策制定和执行中一直存在两个不适应。一是制度环境的不适应。教育体系的各个学段组织主要是政府机构，民办教育机构很少。在整体制度架构中，关于民办教育的规定很少，政策基础比较薄弱，这给学前教育行政带来了一定的困扰。二是制度演进速度快，观念和措施面临较大挑战。在 1998 年以前，我国学前教育体系是沿着单位福利制度建立的，国有企业剥离福利体系的改革，将民办、集体办和其他各种举办形式带入学前教育体系中，形成了最复杂的所有制体系。随着社会发展和人口流动，0—3 岁儿童教育、社区学前教育建设等问题又摆到教育行政管理部门面前。与多种所有制共处、发挥学前教育多种社会职能，是学前教育政策面临的独特挑战。

"明确政府职责，完善学前教育体制机制，构建学前教育公共服务体系"是镇江市承担国家学前教育体制改革试点工作的任务。怎样确保以公益普惠的思维来发展学前教育？如何在学前教育办园体制方面找到有效的改革路径？镇江市经历了两个不同的发展时期。

（1）"保基本"的修整期（2011—2014年）

《国务院关于当前发展学前教育的若干意见》明确指出："坚持政府主导，社会参与，公民办并举的办园体制。"这不仅是对举办主体的要求，更是对经费来源主体的要求。2010年前的镇江学前教育发展，呈现出以下特点：一是举办主体格局合理。全市园所总数192所，其中成型幼儿园①190所；公办幼儿园142所，占比74%；普惠性民办幼儿园46所，占比24%；非普惠性民办幼儿园4所，占比2%；二是经费来源比例失衡。全市学前教育总投入共计2.0833亿元，其中保教费收入1.55亿元，占比74.4%；国家财政性经费投入4823万元，占比23.2%；其他收入510万元，占比2.4%。

从以上数据，我们不难看出：在举办主体分布上，政府为主体，社会举办者为补充，此格局较好地体现了政府主导的思想；在经费来源结构上，政府投入的减弱是以家庭分担责任的强化为代价的。保持举办主体结构优势，协调政府、社会举办者、家庭三方成本分担主体的责任，考虑彼此之间的制约性关系，是学前教育体制改革试点工作的重点任务。

在试点改革初期，镇江市出台了《关于做好国家学前教育体制改革试点工作的实施意见》，指出要坚持政府主导、社会参与、公办民办并举的办园体制。各级政府要切实履行发展学前教育的责任，在统筹规划、政策引导、制度建设、标准制定、投入保障、评估督导、日常监管等方面充分发挥主导作用。根据区域新市镇、新社区、新园区建设和人民群众对学前教育的需求，将学前教育纳入经济社会发展规划，提高政府保障水平，逐步实现儿童就近入园。在坚持政府举办学前教育的同时，鼓励多元办园，规范和扶持社会力量举办学前教育，促进民办幼儿园特色化、多元化发展，形成学前教育公办民办协调发展的良好格局，满足人民群众对不同层次学前教育的需求。

截至2014年12月，镇江市园所总数231所，其中成型幼儿园211所；公办幼儿园165所，占比71%；普惠性民办幼儿园46所，占比20%；非普惠性民办幼儿园20所，占比9%。在连续三年学前教育总投入中，财政性经费投入占比达55%以上，保教费收入占比41%左右，其他投入占比4%左右。办园

---

①成型幼儿园是指小中大班齐全、生数超过105人的幼儿园。——作者注

体制以公办幼儿园为主、经费投入以公共财政为主的格局初步形成。

（2）"多元化"的发展期（2015—2018 年）

在公办幼儿园占据镇江幼儿园总数近七成的背景下，虽然我们明晰了"公益普惠"的指导思想，但始终未能摆脱"非公即私"办园体制的束缚。党的十八届三中全会指出，经济体制改革是全面深化改革的重点，核心问题是处理好政府和市场的关系，使市场在资源配置中起决定性作用，更好地发挥政府作用。《规划纲要》提出："坚持教育公益性原则，健全政府主导、社会参与、办学主体多元、办学形式多样、充满生机活力的办学体制，形成以政府办学为主体、全社会积极参与、公办教育和民办教育共同发展的格局。"如何在学前教育领域实现《规划纲要》提出的"办学主体多元、办学形式多样"？这将是镇江学前教育体制改革试点工作走向深入的重大方向。

2015 年 2 月，《镇江市人民政府关于加快推进学前教育优质均衡发展的实施意见》（镇政发〔2015〕8 号）正式印发，明确指出："到 2018 年，全市幼儿园中公办幼儿园占比保持在 60% 以上，在公办幼儿园和普惠性民办幼儿园就读的儿童达 90% 以上。"学前教育改革坚持试点先行、分步推进的原则。京口区首先开展了办学体制和办学模式改革的试点工作。

公办幼儿园的比例到底占多少是合适的？从现在的公办幼儿园占 70% 以上到未来保持在 60% 以上，以及在公办幼儿园和普惠性民办幼儿园就读的儿童数达到 90%，这些既是保证普惠性学前教育资源数量的要求，也是保证学前教育有质量甚至高质量发展的要求。

世界银行、经济合作与发展组织（OECD）、联合国儿基会的经验表明，只有当一个国家财政性学前教育经费占财政性教育经费的 10% 且占国内生产总值的 1% 时，学前教育才能实现可持续发展。[①] 2012—2015 年，镇江连续四年的财政性学前教育经费投入保持在占同级财政性教育经费投入 5% 以上。因此，在整体结构上保障公办幼儿园的比例不低于 60%，在学前教育的基本质量能够得到有效保障的同时，大胆探索投资体制多元和经费来源多渠道的混合所有制幼儿园，努力盘活学前教育办园体制，不仅有利于公办幼儿园的体

---

① 王海英. 提高公办园比例势在必行［N］. 中国教育报（学前教育周刊），2014-07-13（7）.

制改革，而且有利于民办幼儿园的多样化发展。镇江模式3.0版提供的是在公办幼儿园和政府占主导地位的格局中，政府对市场的开放和管理的方式和方法。镇江模式还将不断进行迭代式创新。将来，随着中央和地方事权和财权的不断明晰，政府和市场的关系将会进一步明晰。

扬中市促进公办民办幼儿园均衡发展的"四统一"

*统一审核登记、年检制度。对公办民办幼儿园实行统一的审核登记制度。在对公办幼儿园督导的同时，每年组织一次对民办幼儿园的专项督导和年检。

*统一招生制度。指导民办幼儿园做好入园办法及简章制定的相关工作。

*统一教职工培训制度。实施公办民办幼儿园职工免费培训制度，切实提高民办幼儿园保教队伍的整体素质。

*统一监管制度。定期、不定期开展对民办幼儿园的办园水平、保教质量、财务管理等方面的督导评估工作，对优秀者给予相应的奖励。

3. 镇江模式3.0版：与公众的关系

镇江模式3.0版升级的技术，还表现在政府与公众的关系上。在很多西方学者看来，东南亚国家政府，特别是新加坡政府具有非常强烈的"父爱主义"色彩和以家庭伦理观念主导社会组织和行政管理的逻辑。其中，政府具有不可推卸的责任，要去照顾成员的社会福利。反过来，社会成员也要尊重政府的权威，服从和忠诚政府。这与西方社会以契约关系建立的社会体系有很大的差异。[1] 虽然这种说法具有二元论的意味，夸大了东亚政府和英美政府

---

①潘维. 中国模式与新加坡 [EB/OL]. [2015-12-20]. http://www.eai.nus.edu.sg/publications/files/CWP68.pdf.

的差距。但是，在一定程度上，它却反映了中国各级政府行政的一些"父爱主义"特征。

随着社会的发展和改革的深入，政府行政方式也在发生一些变化，公众的自主意识和权利意识在增强，他们越来越强烈地要求政府不仅要为我们做什么，还要告诉我们为什么这么做以及依据是什么。镇江市政府意识到了这个问题。在人民群众关心的问题上，镇江市绝不因为财政出了"大头"而忽视与人民群众的沟通，而是在收费和服务布局上做好与人民群众的沟通。

（1）以调研为基础，提高政策精准度

很多人认为，政策沟通就是宣传或者与人民群众对话。其实，最好的沟通是制定政策的原则和信息基础能够有理有据，能够夯实政策的理论和信息基础。

为了健全学前教育经费保障机制、规范保教费收费标准，镇江市物价局、市教育局联合在全市范围内开展了幼儿园成本调查。本次调查通过抽样调查的方式，对镇江市 203 家幼儿园中的 74 家进行了详尽的成本分析，年限设定为 2013 年，范围涵盖各辖市（区），类别囊括了现有的所有类型幼儿园。调查结果为政府各部门认识不同所有制幼儿园的差异，为政府精准投入奠定了基础，在此基础上制定的财政投入政策也收到了良好效果。

相关的政策包括：①进一步提高非在编幼儿教师工资水平。进一步采取切实的举措，到 2018 年，公办幼儿园和普惠性民办幼儿园中符合条件资格的非在编幼儿教师全部参加人事代理，到 2018 年其工资待遇不低于同区域城镇非私营企业在岗职工平均工资。②增加财政性经费投入。将学前教育经费列入各级政府财政预算，新增教育经费向学前教育倾斜。各地要制定公办幼儿园园舍维修经费拨款标准，逐步化解公办幼儿园债务。学前教育投入要做到"五有"，即预算有科目、增量有倾斜、投入有比例、拨款有标准、资助有制度。③实施政府购买普惠民办学位的经费补偿政策。为确保普惠民办幼儿园的办学条件、师资配备、经费保障能力都能达到同一地区相同类型公办幼儿园水平，建议按照公办幼儿园标准、口径、方法进行人员和公用经费补助。人员工资由财政补齐差额，保证达到在编幼儿教师工资的 60%，公用经费按小学标准的 1/2 给予补助。④加强学前教育经费管理。公办学前教育经费必须纳入财政预算管理，教育会计结算中心统一核算，统一财税票据，统一实行"收支两条线"。健全财务管理制度，实行收费公示。所有幼儿园，包括民办幼儿园，也要参照《中小学校会计制度》逐步完善账务制度，做到制度健全、账目清楚、核算规范。普惠性民办幼儿园可委托教育会计结算中心代理财务或委托社会机构代理财务。

以系统调研信息为基础制定的政策，其制定过程和依据都在向家长、幼儿教师和举办者说明为什么和依据是什么。这个过程没有宣讲，也没有征求意见，但是其中蕴含的政策理性和程序正义，却成为最好的沟通。

（2）标准公开、程序公开

政府需要权威和公信力，其建立的基础是公平服务所有人的价值观以及客观公正的态度。镇江市早在规划之初就将布局作为规划的目标并向社会公示，这说明政府在平等地为每个人服务。

多年来，镇江市幼儿园布局一直执行严格的布局标准（见表1），市直未设立幼儿园，所有幼儿园配置在3个县级市、3个区和1个高新技术开发区内。

表1　镇江市幼儿园建设规模和定额标准

每处服务人口数（万人）	办园规模	在园儿童数（人）	建设规模		省优质幼儿园标准		服务半径（米）
			建筑面积（平方米）	用地面积（平方米）	建筑面积（平方米）	用地面积（平方米）	
超过0.6且少于1.0	6班（两轨）	≤180	≥2400	≥3200	≥1620	≥2700	≤500
1.0	9班（三轨）	≤270	≥3600	≥4800	≥2430	≥4050	
超过1.0且少于1.5	12班（四轨）	≤360	≥4800	≥6400	≥3240	≥5400	
	15班（五轨）	≤450	≥6000	≥8000	≥4050	≥6750	

注：班额人数为每班30人；依据相关规范和省优标准，确定千人指标为每千人30名儿童。

除了布局标准，收费也是人民群众关心的事情。为此，镇江市建立了明确的公办幼儿园收费标准。公办幼儿园按照等级收取保教费，具体分为省优质幼儿园、市优质幼儿园、合格幼儿园三个等级。收费标准集中统一公示。市区（含京口区、润州区、丹徒区、镇江新区）城区范围内公办幼儿园保教费标准为省优质幼儿园、市优质幼儿园、合格幼儿园原则上每学期每生不突破 2000 元、1600 元、1150 元。农村范围内幼儿园每生每学期不突破 1750 元、1200 元、1000 元。具体标准由各辖市（区）价格部门确定。市区各类幼儿园保教费收费标准集中由市价格主管部门对外公布，各幼儿园在公示栏向家长公示，接受社会监督。幼儿园伙食费执行《镇江市中小学学生食堂伙食费管理暂行办法》的规定。

民办幼儿园保教费标准遵循不以营利为目的的原则，制定和调整根据保教、服务成本合理自行确定，报当地价格、教育主管部门备案后执行。普惠性民办幼儿园，收费标准视同公办幼儿园管理。不仅是收费和布局，幼儿教师配备标准和质量标准也是政府向社会公布的内容。

尽管镇江市政府和社会沟通的路还有很大的改善空间，但是和社会沟通的制度路径一旦确定，就会进入不断反馈和改进的程序中。学会沟通、学会超越部门决策和行政，是镇江模式 3.0 版的核心思想。

经过五年的探索，镇江学前教育体制改革试点从镇江模式 1.0 版升级到镇江模式 3.0 版。在这个过程中，镇江市政府各个部门共同努力，协调政策，将镇江学前教育的传统和"两个主导"的理念从想法变成了机制，又顺应时代的要求，通过科学决策和标准化建设，积极建立起与人民群众沟通的交流渠道。对镇江模式的总结，不在于出台了多少个文件，更不在于指标有了怎样的根本性上升。迭代创新的每一个小进步固然非常重要，但核心却是要说明每次管理升级发生在哪里、为什么它意味着政策基础发生根本性变化。我们期待镇江学前教育体制改革尽快打通行政部门和社会的通道，平衡政府质量管制和幼儿园自主经营的关系，建构起内外部结合、定量标准和教育质量并行的督导机制，实现其向镇江模式 4.0 版的升级。

四、对镇江模式的反思

美国行政管理学家戴维·奥斯本（David Osborne）曾言："今天，我们政府失败的主要之处不在目的，而在于手段。"① 因此，在政策执行中，选择何种政策工具、如何选择政策工具，对政策的有效执行和政策目标的顺利达成具有决定性影响。镇江市促进学前教育事业发展的五年规划以及后来关于深化学前教育体制改革试点工作出台的一系列意见，都是在国家大力发展学前教育事业的目标确定之后以试点工作的形式展开的。地方政府公共政策决策的主要目标在于寻找合适的政策手段。在镇江市提出"两个主导"的学前教育发展战略后，不断解决问题、不断深化学前教育试点工作的过程，激发了镇江市对地方政府公共服务供给政策的思考。正如前述提及的，镇江市五年试点工作的总结是要说成绩、讲经验，但是，分享试点工作中的思考以及想到的但还没有做到的想法，也应成为试点工作总结的一部分。镇江市更看重试点工作总结中的自我对话、与同事们对话、与上级主管部门的对话。

1. 地方政府公共政策的政治性与试点内容界定

镇江参加国家学前教育体制改革试点工作的主要目标是立足镇江发展状况，开展适合政策手段的工作，而这也是一项公共行政的探索。同时，它也与我国地方政府转型、民生工程建设、科学决策、高效实施、公开透明等政治体制改革密切相关。很难说，镇江学前教育体制改革试点工作就仅仅是执行政策。

提高经济效益和福利收益是政府供给公共物品的主要目标，而如何实现这一目标就涉及对机制的讨论。随着政府在人类社会生活中的作用越来越重要、对政府决策科学化的需要越来越强烈，公共行政理论也不断丰富和发展。20 世纪 70 年代初，美国政治学家艾伦·威尔达夫斯基（Aaron Wildavsky）率先提出了公共政策过程的理念，试图超越政治和行政二分法的限制，把公共问题纳入公共政策制定、执行和评估的政治过程中认知，在政策目标和政策手段之间建立逻辑联系，以便有效地解决公共问题。②

西方的管理主义改革在将市场化工具、工商管理技术和社会化手段应用于行政管理的实践上积累了一定的成功经验。因此，概括、总结和提炼一系

---

①戴维·奥斯本，特德·盖布勒. 改革政府：企业精神如何改革公营部门 [M]. 东方编译所，译. 上海：上海译文出版社，1996：8.

②张昕. 公共政策与经济分析 [M]. 北京：中国人民大学出版社，2004：5.

列在国外公共管理中被证明是行之有效的政府工具，成为我国学者研究政府工具的主要方向。①

社会需求和公共服务目标之间存在差异，并不是说所有的社会需求都可以转换为公共服务目标。任何一个社会的公共管理机构在一定的社会发展阶段都会有总体目标，公共机构所能解决的社会公共问题的资源、手段和能力是有限的。因此，任何一个社会的公共管理机构在一定的社会发展阶段和时期只能将一部分社会公共问题确定为政策问题。② 满足社会需求是长期互动的结果，对公共组织的行为考评却是能在短期之内完成的。因此，在短期内对公共服务体系的考核应以公共服务的组织目标为准，不能以社会需求为目标。在短期内考评公共组织的政策执行效率比考核政策结果更有意义。从这个意义上讲，镇江模式的意义在于，地方政府有效地动员了政府公共资源和政府行政资源，对学前教育事业进行了符合实际情况的机制设计和安排，完成了预设的试点工作任务。

从长期来看，关于公众参与学前教育事业发展决策和管理的体制机制，仍需进一步思考。在决定学前教育投资和资助方向上，在民众参与学前教育评估上，在信息公布与反馈上，它们在多大程度上超越了单一政府部门并最终探索了社会参与的机制问题？虽然试点工作并没有提出这样的要求，但是政府转型、改革开放、大胆探索的原则在实际工作中要求我们以学前教育公共服务为"抓手"，探索和不断深化学前教育发展和管理的体制机制，在更大的背景下思考学前教育体制改革试点工作。

2. 不完美信息下的决策与对"倒逼机制"的重新思考

在很多人眼里，"倒逼机制"反映了国家在体制改革中的"无奈"，即必须等现实问题把我们逼得没有办法了，我们才去改革。的确在很多时候，各级政府在面对棘手问题时会采取这样的应对策略。

但是，如果不是站在完全理性主义的角度去看待这个问题，如果能够认识到公共政策需要不同程度的共识作为基础，我们就可以认为，现实工作中

①陈振明. 政府工具研究与政府管理方式改进 [J]. 中国行政管理，2004（6）：43.

②林水波，张世贤. 公共政策 [M]. 台北：五南图书出版公司，1997：135.

不断积累的各种问题恰是促使我们想办法、寻找出路的认知基础。在学前教育发展过程中，尽管镇江市政府在规划学前教育发展过程中已经尽可能地系统设计了镇江模式1.0版，但是在具体实践过程中还是出现了很多问题，这也促使我们不断进行深入工作，进行更广泛的磨合和对接。

地方政府在进行包括学前教育在内的公共政策决策时，支持性的制度和社会环境是不断变化的，用学术性语言描述，就是在不完美信息条件下进行决策。随着中央政府预算管理办法和事业单位改革办法的不断推进，镇江市学前教育"以政府投入为主、以公办幼儿园为主"的运行机制，肯定还要不断丰富、不断系统化。镇江学前教育事业的发展，对镇江市民众生活和工作的影响也将日益呈现。根据公众的反映和意见，镇江市将不断调整镇江模式，甚至升级迭代至镇江模式4.0版，这是公共政策不断提高适应性的必然结果。它适应了镇江市民众的学前教育需要，适应了我国基本制度建设和服务型政府建设需要。

自从人类有了哲学以来，认识论就产生了经验主义和理性主义两种不同的倾向。古代哲学家的注意力在本体论方面。经验主义认为认识的对象是感性存在，强调经验感受；理性主义认为认识的对象是抽象的一般规律，强调理性抽象。到了近代，认识论在自然科学的推动下得以充分发展。以培根、霍布斯、洛克、巴克莱、休谟为代表的英国经验派，尽管他们对经验的理解也很不相同[1]，但都认为认识和观念起源于经验，强调观察实验，倡导经验归纳。以笛卡尔、斯宾诺莎和莱布尼茨为代表的大陆理性派，认为普遍必然性的真知识都不能从感觉经验而来，而只能起源于理性本身，注重数学的意义和定量分析。镇江市政府的公共政策探讨不是要进行知识论的研究，而是要用公共政策的实践回答如何看待公共政策的设计和政策的演进。

3. 运行机制与优先机制

镇江参加国家学前教育体制改革试点工作的主题是体制机制问题。"两个主导"解决了体制问题，深化试点工作的意见在一定程度上解决了运行机制问题。然而，运行机制仍然是内部的运行机制，还不是优先机制。虽然我们

---

[1]陈修斋. 欧洲哲学史上的经验主义和理性主义 [M]. 武汉：武汉大学出版社，2013：53.

用政府部门间的有效配合和制度间的对接完成了内部运行机制的探索，但政府公共政策与社会和公众之间的联系机制还没有有效建立起来。学前教育公共服务不是全覆盖的服务，是政府和市场共存的服务供给，这就涉及公共服务重点服务谁、优先服务哪些群体以及如何确定这些群体等问题。这实际上是公共服务的社会福利分配问题，也是优先机制的确立问题。

从国家层面上看，政策已经越来越重视公共财政的分配效应。2015 年，《中央财政支持学前教育发展资金管理办法》开始将公共资金分两类进行管理。其中，幼儿资助类项目补助困难家庭的子女接受学前教育。这虽然只是对处境不利群体进行倾斜分配的制度安排，但却体现了"不断强化、精准瞄准、优先服务群体"的理念，体现了公共服务投入要重视福利分配的问题。在镇江学前教育体制改革中，小区配套幼儿园只解决了问题的第一步，还需要进一步在政策框架内明确学前教育机会的优先机制。

在半个多世纪的工业化、城市化的进程中，发达国家学前教育作为社会福利体系的一部分，由针对弱势群体的慈善逐渐走向了广泛覆盖。对于镇江市来说，扎扎实实建设小康社会，就是在建立系统支持体系。扎扎实实，就是要把结构夯实，让各个联结能够顺利运转，能够发现系统性问题并加以调整和解决。在小康社会建设过程中发展学前教育，就是要让公共财政满足人民群众的基本需要，其中首先是满足中低收入群体对学前教育的基本需要。

第二章
政府主导：镇江学前教育的管理体制

什么是学前教育管理？范畴是什么？途径是什么？管理工具是什么？和我们在日常生活中使用的许多词汇一样，在学前教育实践中，我们也经常会使用诸如"学前教育管理""学前教育管理制度""学前教育质量管理"等词汇。在具体的场景中，大家理解其意义并无问题。但是在深入分析后，我们会发现，学前教育管理是社会发展和政策环境的产物。

首先，本章所指的管理是宏观行政管理。从园长的角度看，对幼儿园一日生活的规范化和对幼儿教师的考核也属于管理，但并不属于宏观行政管理的范畴。镇江市承接国家学前教育体制改革试点工作的重任，是以教育行政机构作为管理的主体。因此，本章讨论的学前教育管理，主要是指宏观行政管理。

其次，学前教育管理随着时间和政策环境的变化而不断变化。以前，学前教育管理的取向是政府主导，主要研究向学前教育投入的问题。目前，学前教育管理则体现为落实规划，研究提高学前教育质量和社会满意度的问题。当然，学前教育管理还要面对其独特问题，即占据较大份额的民办学前教育的管理问题。对民办学前教育的取向、对多种所有制学前教育机构进行管理时采用的政策工具的丰富程度、对于民众偏好和态度的认识差异，都在一定程度上影响学前教育管理创新的方向和立足点。

本章从全国层面的管理现状出发，在呈现镇江市学前教育管理体制改革探索经验的基础上，进一步思考未来学前教育管理体制的变革方向。

第一节　以县为主：学前教育管理体制的中国现状

学前教育管理体制在我国学前教育事业发展中起着领导、组织、协调、保障、监控等重要作用，是保障政府切实履行发展学前教育职责的重要条件和促进学前教育事业健康、有序、可持续发展的关键因素。在较长时期内，我国实行"地方负责、分级管理"的学前教育管理体制，但在实际执行过程中却存在着不同层级政府间职责不明确、权责配置不合理的问题，特别是存在着责任主体重心过低、统筹协调和财政保障能力严重不足等突出问题，这些严重影响和制约了学前教育事业的健康、有序和可持续发展。为此，研究当前我国学前教育管理体制在实施中存在的主要问题，进一步思考并提出改革完善我国学前教育管理体制的对策建议，明确根据学前教育事业和实践改革发展需要，适时调整"地方负责、分级管理"为"省级统筹、以县为主"，明确各级政府发展学前教育的职责，将有利于保障和促进我国学前教育事业健康、可持续发展。

一、我国学前教育管理体制存在的突出问题

1. 政府发展学前教育的职责不明确，管理体制改革严重滞后

尽管我国相关政策和法律已明确指出学前教育是国民教育体系的重要组成部分，是重要的社会公益事业，但由于长期以来一些政府部门及其领导对学前教育事业的教育性和公益性认识不够，对学前教育在国民教育体系和社会公益事业中的重要地位缺乏应有的正确认识，加之发展观和政绩观的局限，从而导致其在社会转型和教育体制改革过程中未能充分考虑学前教育管理体制改革，甚至将之边缘化或置之遗忘的境地，致使当前我国学前教育管理体制改革远滞后于义务教育阶段管理体制改革，由此出现政府各职能部门间职责不清、职权交叉、多头管理、管理层级过低等突出问题。

2. 不同层级政府间职责不明确，权责配置不合理

在纵向的各级政府职责分担方面，由于分级管理没有对各层级政府发展

学前教育事业的具体权责做进一步明确、科学的划分，所以对具体由哪级政府承担主要责任、各级政府承担什么主要责任以及各级政府间的职责关系和权责配置是什么等诸多问题的解决，存在规定模糊、不明确的问题。特别是各级政府对学前教育的财政投入和支出责任不明确，导致相关政策将发展学前教育、加大学前教育投入的主体强调为地方，即县级以下政府。在实际操作中，上一级政府常常依靠行政权力优势，把责任推给下一级政府，产生"上级请客、下级买单"的现象，实际中互相推诿、"上下踢球"，结果出现"看似谁都该管，其实谁都不管"的尴尬局面。

3. 学前教育管理的责任主体重心过低，统筹协调和财政保障能力严重不足

由于没有明确各级政府管理发展学前教育的权责，没有明确具体应由哪级政府承担主要责任及各级政府应承担什么主要责任，所以"地方负责、分级管理"多年来更多地被误解为发展学前教育是区县级以下，即乡镇政府的职责，结果导致中央政府虽制定了全国性学前教育法律法规，但是着力想去加强对中西部贫困地区和农村地区均衡发展的政策与财政支持的力度在一定程度上却被弱化了，同时被弱化的还包括省级政府宏观统筹保障并促进省域内学前教育有质量、均衡发展的职责。2001 年 5 月，《国务院关于基础教育改革与发展的决定》明确规定，义务教育实行"以县为主"的管理体制。此后，县级政府更是着力于普及义务教育，管理发展学前教育的责任更被挤压到了最下层级——乡镇政府。乡镇政府作为五级政府中的最基层组织，其行政管理能力与财政保障能力十分有限。特别是在很多财政实力薄弱、长期依靠中央转移支付的中西部欠发达和贫困地区，不少县级财政实质上都是"吃财政饭"，乡镇政府更无财力可言。据统计，在我国 2860 多个县级政府中，财政赤字县的比例高达 73%，其财政赤字总额占县级财政支出总量的 77%；全国县辖乡、村债务总规模高达5355 亿元，乡、村两级公共债务平均每个县高达 2.55 亿元。[①] 客观地说，我国学前教育管理责任落到乡镇一级后，学前教育事业发展难以有效落实。

4. 学前教育改革发展联席会议制度流于形式，部门间协同合作机制尚未建立

2003 年，《关于幼儿教育改革与发展的指导意见》明确提出："要建立由

---

①曾明，张光. 农村教育支出的财政转移效应研究：以浙江、江西为例 [J]. 教育与经济，2009
（3）：53.

教育部门牵头、有关部门参加的学前教育改革发展联席会议制度。"然而，学前教育改革发展联席会议制度在具体实施中往往流于形式。一方面，由于文件未明确规定学前教育改革发展联席会议制度的层级，致使中央和省级层面未充分落实这一政策，地方更无法"上行下效"，很多县级和乡镇行政管理部门并没有建立该制度。即使建立，也是有名无实。另一方面，由于仅是教育部门"牵头"，缺乏更高层领导机构的参与，所以教育部门无法有效统筹同层级其他行政部门的行动，导致学前教育改革发展联席会议的统筹力度被削弱、工作效率低，这也意味着政府各职能部门间的协同合作机制尚未有效建立。

5. 学前教育管理机构和专职管理人员设置严重缺位

现有政策文件对学前教育管理机构和人员配置标准的规定宽泛且可操作性差。有关机构设置和人员配置数量、专兼职、行政归属、编制、资质和职责等规定缺乏，对各地执行政策的指导性也不强，这直接导致了学前教育管理机构和人员设置随意性大，缺位严重。研究发现，"九五""十五"期间，省市学前教育行政机构，除北京、天津等极个别城市外，其他省市纷纷撤销，仅由基础教育处一名同志兼管。不少省市没有学前教育专职干部，或专职干部不"专干"，大大削弱了该地区学前教育的实际领导力量。2005年，国家教育督导团对北京、河南、山东、江苏、吉林、湖南六省、直辖市学前教育进行督导，发现除北京外，其他五省中许多市县没有专门的学前教育管理机构和人员。学前教育管理机构设置及其人员配置的严重缺位，直接致使学前教育事业发展规划、组织领导和评估督导等失去基本保障。

二、当前学前教育管理体制改革的基本方向

为了大力发展学前教育事业，我国亟须解决当前学前教育管理体制存在的主要问题。基于研究与思考，我们认为，当前我国学前教育管理体制改革的基本方向应该是：促进公平、保障质量，明确政府主导责任、实现政府职能转变，依据事权与财权匹配原则有效配置政府权责。

1. 促进公平、保障质量

根据《规划纲要》规定，我国学前教育事业发展的基本方向是"促进公

平、保障质量"。学前教育公平主要解决的是让儿童"有园入",学前教育质量主要解决的是保障儿童"入好园"。虽然二者在内涵上差别明显,但在实际操作中却相辅相成。"有园入"保证教育起点公平,是系列教育机会均等的第一个环节。"入好园"则要求各类幼儿园教育质量达标,能为所有入园儿童提供有质量的、家长放心的教育,是在起点公平基础上对过程和结果公平的追求,是实现儿童"入园"的根本目的。因此,学前教育管理体制改革的基本方向之一是促进学前教育公平、保障学前教育质量。在大力发展学前教育事业的过程中,政府对于学前教育"促进公平、保障质量"的责任决不能落空。首先,从责任承担主体的合理性来看,大力发展作为国民教育体系基本组成部分和基础的学前教育,为国民提供基本的学前教育公共服务是现代公共服务型政府的基本责任。其次,从责任承担主体的可行性来看,学前教育事业健康发展需要统筹规划、法规政策制定、资源配置、幼儿教师队伍建设、督导评估等各方面的保障,而这些不可能依靠社会力量和民间组织达到,只有政府才能承担起这些重任。因此,全面理顺学前教育管理体制,优化各级政府及各部门间权责划分与配置,实现对学前教育事业发展的科学、有效管理,是促进我国学前教育公平、保障其教育质量的核心和关键。

2. 明确政府主导责任、实现政府职能转变

改革开放以来,我国学前教育管理体制经历了从计划经济体制下的"集中领导"到改革开放后的"地方负责"的转变。综观我国学前教育管理体制改革,我们可以发现,其变化基本都发生在经济体制改革之后,以服务经济体制改革为目的。20世纪90年代以来,随着国家经济体制改革的深入推进,政府的经济职能与政治职能进一步分离。由于对学前教育公益性的认识不足,各级政府引导、支持和管理学前教育的职能弱化,而社会资本则很快发现学前教育蕴含的商机并投入其中,同时按照市场机制来发展学前教育,结果导致学前教育的过度社会化和市场化,这也是造成近些年来儿童"入园难""入园贵"的重要原因之一。

明确学前教育的公益性以及政府在发展学前教育中的主导责任,是我国学前教育事业得以健康发展的根本保障。学前教育作为国民教育体系的基础和社会公共服务体系的重要组成部分,其公益性毋庸置疑。政府主导学前教育事业发展具有单纯依靠市场所难以比拟的优势。一方面,政府在政策引导、

规划发展、资源配置等方面具有得天独厚的管理优势，其作用是任何类型的组织都无法替代的。另一方面，加强管理、规范办园、依法落实幼儿教师地位和待遇等方面的责任，也必须而且只能由政府来承担。当前，我国学前教育管理体制改革应着力明确、强化并不断落实政府主导责任，在此基础上不断加强和优化政府公共服务理念，以构建公共服务体系、提供基本公共服务作为政府职能转变的基本目标与定位，在实践中进行体制机制创新，建立起规划、立法、政策、管理、指导、评估、监督等不同职能合理搭配的政府主导学前教育事业发展模式。总之，积极推进学前教育管理体制改革、健全组织机构、合理配置权责、健全制度规范、理顺运行机制，是保障政府主导学前教育事业发展，履行其公共服务职能的必要条件。

3. 依据事权和财权匹配原则有效配置政府权责

事权主要指政府办事的权力，是各级政府对于公共责任和权力的配置，其主导方面不是权力划分，而是责任分工。财权是指在法律允许下，各级政府负责筹集和支配收入的财政权力，主要包括税权、收费权和发债权。政府的最佳运作机制应该是事权与财权大致匹配，地方各层级政府间的公共服务职责和支出管理责任分别与其事权和财权相匹配。但是在实践中，我国不同层级政府间事权和财权不匹配的问题十分突出。尤其是在 1994 年分税制财政管理体制改革后，中央政府财权增加，财政收入所占份额逐年提高，省级政府财政收入比重稳中有升，区县和乡镇财政收入比重却在下降，尤其是乡镇财权几乎趋于零，支配财力的能力也大大减弱。然而，各级政府发展学前教育事业的责任还一直停留在分税制财政管理体制改革前的状态，其主要落在乡镇一级，并未随财权变化而做出相应调整，从而导致"小马拉大车"的现象突出，严重制约了学前教育事业健康、可持续发展。

第二节　县镇共建：学前教育管理体制的镇江选择

自从承担国家学前教育体制改革试点工作以来，镇江市积极探索以政府主导、社会参与、公办民办并举、多元投入的办园体制，积极构建布局合理、充满活力、质量优良、人民满意的学前教育体系，不断加强学前教育的统筹规划、经费投入、日常监管和评估督导，不断提升各类幼儿园办园水平，有效促进了全市学前教育的优质健康发展。以政府主导为主要特征的学前教育镇江模式初步显现，在全省乃至全国产生了一定影响。镇江市的一系列学前教育改革举措，既充分激发出市场和社会主体的活力并取得了预期效果，也高度契合中央、省的改革意图，准确把握住改革的核心要义。

一、重视顶层设计，确定制度框架

镇江市政府是率先型政府和有为型政府的代表。所谓率先型，就是率先发展、率先谋划、率先转型。率先发展不仅是经济的率先发展、社会的率先发展，同时也包含着地方政府思想解放的率先、体制机制与创新的率先。有为型政府是镇江实践的特色。地方政府转向更高层次的大有作为，是地方政府职能和运作方式的转型。政府职能从单纯的经济干预职能转变为公共服务职能，实现向服务型政府职能的转变。作为国家学前教育体制改革试点地区，镇江市政府的职能主要体现在重视顶层设计、确定制度框架上。

1. 重视顶层设计

镇江市政府抓规划，从政策和政府投资等方面落实规划。学前教育改革，规划先行。镇江市政府印发了《镇江市市区学前教育设施布局规划（2011—2020年)》，为学前教育健康可持续发展奠定了良好基础，对学前教育改革试点工作推进起到强有力的政策推动、制度保障作用，同时还有效解决了三个方面的问题：一是明确学前教育设施建设的数量，解决了儿童"入园难"问题；二是明确配套学前教育设施交付使用的公益性和普惠性，解决了儿童"入园贵"问题；三是明确配套学前教育设施建设的优质标准，解决了儿童"入好园"问题。

2. 确定制度框架

为了推进试点地区的工作深入，镇江市政府先后制定公布了 10 多个文件，保证顶层设计和制度安排。此外，镇江市政府推动相关政府部门出台 10 多个文件，推动跨部门合作与协调。相关辖市（区）因地制宜进行制度创新，出台了多个文件（见表 2）。

表 2 国家学前教育体制改革试点镇江实践的制度框架（2011—2015 年）

工作焦点	文件名称	文　号	发文部门	发文时间	备　注
顶层设计和制度安排	关于做好国家学前教育体制改革试点工作的实施意见	镇政发〔2011〕15号	镇江市人民政府	2011-04-12	
	关于建立学前教育改革发展联席会议的通知	镇政办发〔2011〕96号	镇江市人民政府办公室	2011-04-21	
	关于印发《做好国家学前教育体制改革试点工作重点任务分解方案》的通知	镇政发〔2011〕208号	镇江市人民政府办公室	2011-08-16	附有《做好国家学前教育体制改革试点工作重点任务分解方案》
	关于印发《镇江市区住宅小区配套学前教育设施建设管理实施办法》的通知	镇政办发〔2012〕155号	镇江市人民政府办公室	2012-07-19	附有《镇江市区住宅小区配套学前教育设施建设管理实施办法》
	关于印发《镇江市区学前教育设施布局规划指导意见》的通知	镇政办发〔2012〕191号	镇江市人民政府办公室	2012-08-20	附有《镇江市区学前教育设施布局规划指导意见》
	关于公布实施《镇江市区学前教育设施布局规划（2011—2020年）》的批复	镇政发〔2012〕30号	镇江市人民政府	2012-09-10	

续表

工作焦点	文件名称	文　号	发文部门	发文时间	备　注
顶层设计和制度安排	关于转发市财政局市教育局《镇江市学前教育发展专项经费使用管理办法（试行）》的通知	镇政办发〔2012〕216号	镇江市人民政府办公室	2012-09-10	附有财政局和教育局联合制定的《镇江市学前教育发展专项经费使用管理办法（试行）》
	关于进一步深化学前教育体制改革试点工作的意见	镇政发〔2012〕56号	镇江市人民政府	2012-10-10	
	镇江市人民政府办公室关于调整市学前教育改革发展联席会议成员的通知	政办函〔2013〕34号	镇江市人民政府办公室	2013-05-06	
	关于加快推进学前教育优质均衡发展的实施意见	镇政发〔2015〕8号	镇江市人民政府	2015-02-15	
跨部门合作与协调	关于成立镇江市教育系统学前教育改革发展领导小组的通知	镇教办发〔2011〕104号	镇江市教育局	2011-06-14	
	关于进一步规范我市幼儿园收费行为的通知	镇价费〔2011〕127号	镇江市物价局、市财政局、市教育局	2011-08-01	
	关于进一步规范幼儿园保教工作的实施意见	镇教办发〔2011〕124号	镇江市教育局	2011-11-16	附有《镇江市幼儿园保教活动一日常规》

续表

工作焦点	文件名称	文　号	发文部门	发文时间	备　注
跨部门合作与协调	市教育局市财政局关于成立实施学前教育五年行动计划协调小组的通知	镇教发〔2012〕33号	镇江市教育局、市财政局	2012-04-05	
	关于加强公办幼儿园机构编制管理工作的意见	镇编〔2012〕71号	镇江市机构编制委员会办公室	2012-07-16	
	关于建立健全学前教育经费保障机制的通知	镇财〔2012〕48号	镇江市财政局、市教育局	2012-08-10	
	关于进一步明确我市幼儿园收费政策的通知	镇价〔2012〕106号	镇江市物价局	2012-08-13	
	关于进一步规范幼儿园办园行为的意见	镇教发〔2013〕68号	镇江市教育局	2013-05-13	
	关于印发《镇江市幼儿园办学水平督导评估实施方案》的通知	镇教督〔2013〕5号	镇江市人民政府教育督导室、市教育局	2013-10-09	附有《镇江市幼儿园办学水平督导评估实施方案》
	关于印发《镇江市幼儿园教师素质提升培训计划》的通知	镇教办发〔2014〕3号	镇江市教育局办公室	2014-01-21	
	关于幼儿园非事业编制教师实行人事代理制度的实施意见	镇教发〔2014〕9号	镇江市教育局、市财政局、市人力与社会资源保障局	2014-01-21	

续表

工作焦点	文件名称	文　号	发文部门	发文时间	备　注
跨部门合作与协调	关于印发《2014年深入推进学前教育体制改革要点》的通知	镇教办发〔2014〕35号	镇江市教育局办公室	2014-04-01	附有《2014年深入推进学前教育体制改革工作要点》和《〈2014年深入推进学前教育体制改革工作要点〉重点任务细化分解表》
辖市（区）因地制宜进行制度创新	关于印发《丹阳市学前教育三年行动计划（2011—2013年）》的通知	丹政发〔2011〕1号	丹阳市人民政府	2011-01-05	
	关于转发《润州区学前教育优质健康发展五年行动计划》的通知	镇润政办〔2011〕22号	润州区人民政府办公室	2011-04-06	
	关于印发《丹徒区学前教育五年行动计划（2011—2015年）》的通知	镇徒政办发〔2011〕131号	丹徒区人民政府办公室	2011-05-10	
	京口区学前教育专项奖励基金使用办法	镇京教〔2011〕61号	京口区教育局	2011-06-16	
	关于转发市教育局财政局《扬中市农村幼儿园在园幼儿免费一年教育实施办法》的通知	扬政办发〔2012〕69号	扬中市人民政府办公室	2012-08-30	

续表

工作焦点	文件名称	文 号	发文部门	发文时间	备 注
辖市（区）因地制宜进行制度创新	句容市人民政府办公室转发《关于公办幼儿园非事业编制教师人事代理制度的指导意见》的通知	句政办发〔2015〕4号	句容市人民政府办公室	2015-01-16	
	镇江市京口区人民政府关于印发《京口区幼儿园非事业编制教师实行人事代理制度的实施意见》的通知	镇京政发〔2014〕95号	京口区人民政府	2014-12-02	
	关于印发《镇江新区普惠性民办幼儿园扶持管理办法》的通知	镇新管办发〔2015〕33号	镇江新区管委会办公室	2015-04-14	

二、明确政府职责，创新工作机制

明确政府职责，有为不越位，政府和社会共同投资。2010 年，镇江市承担了国家学前教育体制改革试点工作。镇江市委、市政府对试点工作高度重视，成立了镇江市学前教育体制改革领导小组，建立了学前教育改革发展联席会议制度，把试点工作细分为 5 大模块 30 个任务，明确了政府各部门的具体职责，明晰了具体的牵头部门和参与部门（见表 3）。

镇江市创新工作机制，建立镇江市和各辖市（区）纵向联动工作机制，充分发挥各辖市（区）政府履行发展学前教育的主体责任，如编制学前教育五年行动计划、建立健全日常管理和随机抽查制度。此外，镇江市和各辖市（区）政府还建立横向协同工作机制，充分发挥政府各职能部门在发展学前教育中的协同作用，如财政、审计等部门强化对学前教育经费投入和执行情况的监管，规范学前教育会计核算，加强财务管理，确保各项资金扶持政策落实到位；教育行政部门落实幼儿园年检制度，加强对幼儿园办园资质、幼儿教师资格、幼儿园办园行为等监管，加大幼儿园创建达标力度，提高幼儿园软硬件水平；教育督导部门加强学前教育督导评估工作，督促各辖市（区）落实政府投入责任；卫生部门加强对幼儿园卫生保健工作的监督和指导，做好儿童保健、疾病预防控制、卫生监督执法等工作；机构编制部门结合实际，合理确定公办幼儿园教职工编制；人社部门负责指导幼儿园教职工的人事（劳动）、工资待遇、社会保障和专业技术职称（职务）评聘工作，公安、质检、安监、食药监、物价等部门根据职能分工，加强对幼儿园的监督指导。

三、构建优质均衡公益普惠的学前教育公共服务体系

进入 21 世纪以来，镇江各地进入城乡经济社会协调发展的新阶段。所谓城乡经济社会协调发展，是指根据县域经济社会发展的规划，在城市（城镇）与农村之间科学合理配置土地、资金、劳力等生产要素和教育、文化、医疗、社保等各类资源，以促进城乡经济社会协调发展。镇江市城乡协调发展的大背景为镇江市构建"优质均衡公益普惠"的学前教育公共服务体系提供了社会和经济基础。

表3　镇江市"明确政府职责，完善学前教育体制机制，构建学前教育公共服务体系"政府部门协同创新工作机制表

		教育局	财政局	发改委	人社局	编办	住建局	规划局	国土局	物价局	卫生局	民政局	公安局	计生委	工商局	综治办	法制办	妇联	统计局	宣传部	地税局	监察局	备注
一、健全学前教育管理体制机制	1. 提供"广覆盖、保基本、有质量"的学前教育公共服务体系	★	√	√		√	√	√	√	√													
	2. 建立联席会议制度，统筹协调并解决重大发展问题	√	√	★	√	√	√	√	√	√	√	√	√	√	√		√	√					
	3. 制订辖市（区）学前教育五年行动计划	★																					
	4. 学前教育机构资格审查、登记注册和备案	★																					
	5. 审批学前教育机构的经营范围，规范其办学行为	★			√							√			√								
	6. 清理无证幼儿园、规范早教、培训和教育咨询机构	★			√		√	√	√		√	√	√		√	√	√	√					
	7. 加强学前教育法制建设，加大宣传和贯彻力度	√															√			★			协同市报业集团和市文广集团

续表

		教育局	财政局	发改委	人社局	编办	住建局	规划局	国土局	物价局	卫生局	民政局	公安局	计生委	综治办	工商局	法制办	妇联	统计局	宣传部	地税局	监察局	备注
二、扩大学前教育资源，创新办园体制	8. 确保入园率达99%以上，扩大优质资源，提升保障水平和保教质量	★	√											√					√				
	9. 把学前教育纳入城镇和新农村建设规划，根据人口规模和城乡差异合理规划布局，基本实现儿童就近入园	√	√				√	★	√														
	10. 在旧城改造、新城建设和市镇建设中，按规划留足学前教育用地。学前教育规划用地及幼儿园建设资金计入土地出让成本底数	√	√				√	★															
	11. 配套幼儿园必须在完成房地产开发总量的50%前完成。教育行政部门参与幼儿园建设工程验收，如果不合格，国土、规划、住建、民政等部门不得进行住宅小区综合验收，不得办理产权登记	√					★	√	√			√											

续表

	教育局	财政局	发改委	人社局	编办	住建局	规划局	国土局	物价局	卫生局	民政局	公安局	计生委	综治办	工商局	法制办	妇联	统计局	宣传部	地税局	监察局	备注
二、扩大学前教育资源，创新办园体制																						
12. 公建配套幼儿园属于国有资产，无偿移交当地教育行政部门，不得改变性质和用途	√	√	√			★		√														
13. 积极推动学前教育优质均衡发展	★	√	√								√											
14. 扶持和规范民办教育发展	★	√	√	√					√		√				√	√				√		
三、多渠道加大学前教育投入，建立健全学前教育投入保障机制																						
15. 各级政府将学前教育经费列入财政预算，新增教育经费向学前教育倾斜	√	★																				
16. 市及辖市（区）财政在教育经费安排中设立学前教育专项经费	√	★																				
17. 针对弱势群体，建立学前教育资助制度	√	★									√											
18. 完善成本合理分担机制	√	√							★													
19. 采取购买公共服务等多种方式，加大对民办幼儿园的扶持	√	★		√																	√	

续表

	教育局	财政局	发改委	人社局	编办	住建局	规划局	国土局	物价局	卫生局	民政局	公安局	计生委	综治办	工商局	法制办	妇联	统计局	宣传部	地税局	监察局	备注
四、大力提高幼儿教师整体素质，加强幼儿教师队伍建设																						
20. 制定幼儿园岗位设置管理实施意见，定岗定编	√			★						√												
21. 明确公办幼儿园法人资格，核定编制，配齐配足人员	√	√		√	★					√												
22. 明确幼儿园各类人员岗位任职资格，持证上岗	★			√						√												
23. 完善在职培训，对幼儿教师和园长实施五年一周期的全员培训	★	√																				
24. 实施名园长和名教师培养工程，学前教育要占各类教育评优的一定比例	★			√																		
25. 保障幼儿教师的合法权益	√	★		√	√																	

续表

	教育局	财政局	发改委	人社局	编 办	住建局	规划局	国土局	物价局	卫生局	民政局	公安局	计生委	综治办	工商局	法制办	妇 联	统计局	宣传部	地税局	监察局	备 注
26. 配齐配好各类保教设施	★																					
27. 推动幼儿园成为科学育儿基地	★	√		√	√				√	√√			√				√					
28. 加强幼儿园安全管理和治安保卫工作	★									√		√		√								协同安监局和质监局
29. 加强专项督导检查、视导评估等工作，并向社会公布	★																					
30. 表彰先进地区	★																					

五、强化学前教育规范管理，提高学前教育质量和水平

备注："★"为牵头部门；"√"为参与部门。

四、建设稳定、优质的幼儿教师队伍

1. 加快人事工资制度改革

镇江市落实教育部《幼儿园教职工配备标准（暂行）》要求，通过公开招聘等方式补足配齐各类幼儿园教职工。新招录的专任幼儿教师必须具有幼儿教师资格证。公办幼儿园专任幼儿教师一律通过公开招聘方式招录。严格实行幼儿教师资格准入制度，完善幼儿教师个人档案、专业发展、专业技术资格评聘、评优评先和交流轮岗等管理制度。健全幼儿园教职工编制核定、补充制度，依法保障幼儿园教职工合法权益。按照《江苏省公办幼儿园机构编制标准（试行）》要求，重新核定公办幼儿园事业编制数。按照"按需设岗、竞聘上岗、合同管理"的思路，探索幼儿教师人事制度改革，建立"能上能下、能进能出"的用人新机制。对未取得幼儿教师资格证或上岗证的幼儿教师，应逐步调整其到其他工作岗位或依法予以解聘。逐年增加进编计划，逐步提高公办幼儿园编制内幼儿教师占比。加快实施人事代理制度，到2018年公办幼儿园和普惠性民办幼儿园符合条件的非在编幼儿教师全部参加人事代理。依法保障并逐步提高参加人事代理的非在编幼儿教师的工资待遇，足额足项为幼儿教师缴纳社会保险和住房公积金，到2018年其平均工资待遇不低于同区域城镇非私营企业在岗职工平均工资。

2. 制订学前教育专业师资委托培养计划，多途径解决新任幼儿教师来源问题

2015年起，镇江市落实免费委培男幼儿教师就业政策。到2018年，80%以上的公办幼儿园至少要配备1名男幼儿教师。制定幼儿教师教育培训规划，2015年年底前完成对幼儿园园长和幼儿教师的第一轮全员培训，培训经费达到幼儿教师工资总额的1.5%以上。镇江市教育部门每年安排专项经费对全市幼儿园园长和骨干幼儿教师进行提高培训。各辖市（区）教育行政部门负责幼儿园园长、幼儿教师的上岗培训和继续教育培训。卫生、妇幼保健等机构负责保健员、保育员、营养员的任职和在岗培训。按照150名儿童配备1名专职保健员的比例配备保健员，2015年以后新招录的保健员必须具有国家认

可的中专以上医学学历。鼓励保健员参加营养员资格考试，取得营养员资格证。到 2018 年，全市公办幼儿园和普惠性民办幼儿园"两教一保"配备率达100%。此外，镇江市制定了《学前教师三年素养提升计划》。无论是公办幼儿园在编幼儿教师、非在编幼儿教师、还是民办幼儿园幼儿教师，都接受同样的培训，而且全部由财政提供经费，促进幼儿教师自身素质的提高和持续发展。

3. 完善幼儿教师专业技术职称（职务）评聘制度，提升学前教育师资队伍专业化素质

根据人社部、教育部的统一部署，江苏省专业技术人员职称（职业资格）工作领导小组印发《江苏省幼儿园教师专业技术资格条件》（苏职称〔2013〕5 号）。文件充分考虑到学前教育与其他类型学校教育的差异性，专门将幼儿教师专业技术资格条件从传统的中小学教师专业技术资格条件中独立出来，增加了高级教师专业技术资格，拓宽了幼儿教师的专业发展通道。镇江市人社和教育部门做出调整，合理确定幼儿教师岗位结构比例，完善符合幼儿教师工作特点的评价标准，重点突出幼儿教师的师德、工作业绩和保教能力。结合事业发展和人才发展规划，合理确定幼儿园高级、中级、初级岗位之间的结构比例。对长期在农村基层和艰苦边远地区工作的幼儿教师，在专业技术职称（职务）方面实行倾斜政策。确保民办和公办幼儿园教师公平参与专业技术职称（职务）评聘。健全幼儿教师在职培训体系，实行每五年一周期的幼儿教师和园长全员培训制度。着力加强名园长、名教师、特级教师的培养，有计划地选派园长、骨干幼儿教师赴发达国家或地区考察学前教育。在各类师资评优评先中，幼儿教师应占一定比例。

4. 创新师资队伍建设机制

镇江市一方面千方百计增加幼儿教师编制，另一方面盘活现有资源，鼓励小学教师"转战"学前教育。同时，该市还通过面向社会公开招考幼儿教师、有计划招收幼儿师范男生等举措，使学前教育师资得到快速充实。2011—2012 年，全市通过新进编和小学教师转岗，增加 279 名幼儿教师。在全市公办幼儿园中，全额拨款在编幼儿教师所占比例超过 1/3。值得一提的是，镇江市在加强师资配备的同时，还建立了优秀师资流动机制，统一

为新建幼儿园配备师资，将优秀的骨干教师提拔到农村幼儿园、新建幼儿园任职。润州区还对到偏远农村地区任教的幼儿教师，提供每个月 200 元的交通补助。

五、重视幼儿园课程建设，全面提升保教质量

为全面提升保教质量，镇江市认真贯彻执行《幼儿园工作规程》（以下简称《规程》）、《幼儿园教育指导纲要（试行）》（以下简称《纲要》）、《指南》，遵循儿童身心发展特点和成长规律，推进生活化、区域化、游戏化课程，防止和纠正"小学化""保姆式"的办学行为，严禁幼儿园提前教授小学内容。加强学前教育科学研究，充分发挥省优质幼儿园、镇中心幼儿园以及名特优教师的引领和辐射作用，建立《指南》实验基地、名教师工作室、片中心教研组、学前教育导师团等发展共同体，培育一批有文化、有品牌、有影响的课程游戏化项目。积极发展 0—3 岁儿童早期教育，90%以上的 3 岁以下儿童的家长及看护人员每年接受 4 次以上有质量的科学育儿指导。建立健全定期自查自纠制度，对卫生、消防、园舍等方面的安全隐患及时发现并消除。完善家长委员会制度，实施家园合作衔接教育，对事关儿童和家长切身利益的事项充分征求家长委员会的意见。推进医教结合，探索建立家庭教养指导和预防性干预系统，发展残疾儿童学前康复教育。加强与高校以及国（境）内外学前教育机构的交流与合作，借鉴国际先进理念，推进幼儿园科学发展，为社会提供多样化的学前教育服务。各辖市（区）结合《关于进一步规范幼儿园保教工作的实施意见》（镇教办发〔2011〕124 号），制定本区域内的实施细则。如丹徒区制定《关于印发〈丹徒区幼儿园保教活动一日常规考核评估细则（试行）〉实施意见的通知》（镇徒教〔2012〕363 号），每年定期对幼儿园保教常规进行督查和评估，以《指南》精神为指引，严格遵循儿童身心发展规律，坚持以游戏为幼儿园基本活动，保教结合，寓教于乐，以省优质幼儿园为依托，积极推进"幼托一体化"进程，把优质学前教育服务向广大农村、社区家庭辐射，普遍开展针对全区 0—3 岁儿童的教养指导服务。

六、公共政策视角下的镇江学前教育管理创新

学前教育事业毕竟是涉及千家万户的社会公共服务事业，它的良好运行和供给效率取决于高效、清廉的政府行为，也取决于社会需求以及公众的参与程度。从公共政策的视角审视镇江市学前教育管理创新，能够让我们得出不一样的结论。

1. 公共政策的视角

从政府政策走向公共政策，是近年来我国各级政府决策和行政方式改革的方向之一。公共政策，尽管至今没有标准的定义，但这丝毫不影响其决策方式和分析方式越来越多地体现在政府的执政方式中，特别是体现在涉及民众利益的根本性制度设计中。

公共政策的特征之一是涉及面广。在功能上，通过政策制定经济和社会秩序规则，是政府的主要职责。其中，有些秩序规则是为了解决涉及面广、有群体效应、能够影响很多人利益的社会问题而制定的，被称为公共政策。在此过程中，公共是指很多人。政府在清晰的价值取向下，为公共整体利益做出的安排可能会影响到少数人的利益。这样的利益调整，必然要求决策过程体现多层次性，这既体现制度理性，又有信息基础和共识理性。①

2010—2014 年，镇江市幼儿园数一直维持在 190—226 所之间，园所数量并没有太大变化。如图 2 所示，五年中幼儿园班数在波动中不断增加。幼儿园平均班数在 9 个以上，平均班额由 2010 年的每班 36.5 人，降低为 2014 年的每班 34.7 人。从毛入园率上看，镇江市城区学前三年毛入园率都在 96%—99%，农村地区学前三年毛入园率由 96.3% 上升到 99%，基本做到全覆盖和人人享有。对出生人口数据分析，也可印证以上结论。2009—2014 年，镇江市新生儿出生人口分别为 19205 人、19994 人、21128 人、21993 人、21063 人、17418 人。

公共政策的特征之二是政策具有多个属性。部门政策往往是从单一视角

---

① 马长山. 公共政策合法性供给机制与走向：以医改进程为中心的考察 [J]. 法学研究，2012 (2)：20.

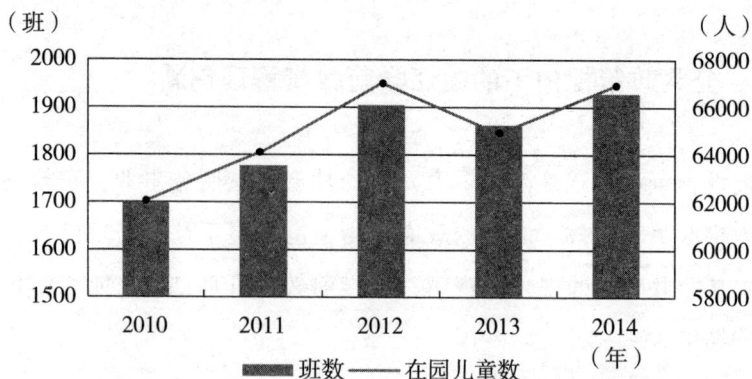

图2　2010—2014年镇江市幼儿园班数与在园儿童数

出发，思考建立怎样的秩序。学前教育部门制定的政策，更多地会考虑儿童发展。实际上，学前教育公共服务也有社会救助和促进女性就业的意义。因此，学前教育政策不仅要有财政、人事政策配合，而且需要有社会福利政策和劳动力政策的考虑。如润州区0—3岁儿童保育政策，就是系统构建0—6岁学前教育体系并将其与社会福利政策相结合的典型案例。

润州区早期教育指导简述

为了更好地构建系统完善的0—6岁学前教育体系，将学前教育向0—3岁延伸，润州区教育、妇联等部门和各街道积极配合，整合区域内早教资源，在全市率先成立1个公办早期教育指导中心（以下简称早教中心）和21个亲子指导站。

润州区早教中心开设多个针对0—3岁不同年龄段儿童的亲子班，拥有给0—3岁儿童进行潜能开发的各类专用活动室。下辖的21个亲子指导站承担着对辖区家长和0—3岁儿童进行科学指导和教育的责任和义务，每个亲子指导站必须面向社区家长和0—3岁儿童在一年内进行4次以上的免费早期教育指导。早教中心覆盖全区所有街道和家庭，实现区域内80%以上的0—3岁儿童接受早期教育指导。

润州区教育局坚持不让早教中心"负担一分钱"，秉持普惠性、公益性原则，启动了"科学育儿进社区"系列活动，开展免费早教知识讲座、组织社区现场亲子活动、提供专业入户指导等。

润州区坚持把促进教育公平作为教育政策的基本取向，把改革创新作为教育事业的强大动力，用实在的教育优先政策，成就了学前教育发展的普惠优质。

润州区早教中心体现的多属性治理对于克服政府行政管理中的"孤岛现象"大有裨益。"孤岛现象"是指政府机构间在职能、资源、信息、利益等方面不能满足多元组织主体充分整合、及时交流、高效利用的一种状态。合作困境是对"孤岛现象"的一种理性定位。[①] 镇江市在学前教育体制改革试点中，已经注意到"孤岛现象"，将学前教育中的0—3岁儿童教育回归社会服务，回归社区。

公共政策的特征之三是和社会分享关于事业发展和质量的信息，平等对待所有提供服务的机构。信息分享机制，早在镇江市各部门协同落实发展学前教育战略、建立学前教育改革发展联席会议制度之前就已建立，不过那时的信息分享是政府各部门间的信息分享，分享的信息也主要是事业发展的核心指标，如入园率、覆盖率和新改建园所的进程数据等。近年来，在向政府部门提供事业发展信息的同时，镇江市还在努力实现督导由"督政"向"督政+督学"转型，将督导数据与社会分享。

在平等参与方面，政府主导是否意味着其对民办学前教育产生"挤出效应"[②] 呢？镇江市根据自己的传统和社会发展水平，在参与国家学前教育体制改革试点之初就提出"两个主导"的战略思路，将其作为镇江模式1.0版嵌入整个体系设计和演进路径中。然而，"两个主导"并不是对民办学前教育的

---

①马伊里．合作困境的组织社会学分析［M］．上海：上海人民出版社，2008：2.

②挤出效应是经济学中的一个词汇，是指在一个相对平面的市场上，由于供应、需求有新的增加，导致部分资金从原来的预支中挤出，从而流入新的商品。这里是指政府支出增加所引发的私人学前教育投资降低。——作者注

封锁，更不是对民办学前教育的压制。这实际上涉及两个问题。第一个问题是在民办资本参与学前教育时，其是否获得了平等的权利？想要参与且达到标准均可进入，是公共政策必须履行的原则。第二个问题是政府资金的进入，是否使民间资本的空间减少？这是肯定的。但是，民间资本和政府资本各自占多大的空间合适？它反映了地区的传统，也反映市场的偏好，对此后续章节会继续讨论。镇江市在此问题上的思考和实践也为我们提供了研究公共政策的典型案例。

2. 镇江学前教育管理创新中的公共性

在我国，影响深远的学前教育管理学著作一般将行政管理定义为在国家学前教育法律和法规框架下，采用科学手段，将人、财、物等要素组织起来，调动各方面积极性，高效完成国家规定的学前教育培养目标的实践过程。同样的定义也可以从教育管理学的教科书中看到。以上定义深受美国企业管理观念的影响，它是以效率为目标，以各类资源配置为工具，以激发人和组织的积极性为途径的。定义背后的假设前提是该组织依赖的制度框架（效率目标）没有变化。

当前，我国地方政府承担的事权框架、学前教育的公共服务属性都处在不断形成的过程中。以大企业管理为参照系确定学前教育管理的目标、途径和管理工具有明显的局限性。尽管学前教育管理学的著作也在说明，学前教育管理具有社会性，随社会发展而变化；具有发展性，管理内容和手段随着时代的进步而变化；等等。但是，这种表述毕竟过于笼统和一般化。镇江市政府深化学前教育体制改革探索的任务，就是在镇江特定的社会发展背景下，确定学前教育管理的目标、途径和管理工具。因此，镇江市政府需要针对学前教育管理的根本问题，以镇江为场景，梳理镇江学前教育管理在目标、途径和工具方面的创新点，而这些创新点体现了学前教育管理对自己的公共性的强调。

在目标方面，镇江市将数量目标转化为质量目标和布局目标。质量目标体现为严格班级师生比、幼儿教师资源和经费等配置标准。布局目标强调机会分布的平等以及对农村社区提供补偿性服务。

在途径方面，幼儿教师人事代理制度、幼儿教师工资"定编、定岗、不定人"的发放办法、生均经费核算方式的引入、督导转型和挂牌督导的引入，均体现了政府规范自身行为的行政改革努力，也反映了政府在放松对教育机构微观管理行为约束并给予其自由机会的同时，尝试加强对质量和资源配置标准的管制，平衡政府管制与经营自由的关系。这些都是公共服务和公共政策的永恒主题，也是学前教育服务公共性的体现。

在政策工具方面，镇江市督导转型虽未成熟，但已经意识到督导机制改革的必要性和改革方向。镇江市在努力改变原有的督导侧重于分类定级的评估方式的同时，注重通过实地观察帮助幼儿园发现问题，提高保教质量，最终使儿童受益。尤其是针对目前大量存在的质量未达标的幼儿园，简单化的"关停"并不现实，督导机构应提供相应的信息、依据和支持，帮助其达到合格标准，真正构建起"广覆盖、保基本、有质量"的学前教育公共服务体系。

最能够体现公共性的政策工具，还包括各类标准（程序性标准和技术标准）的出台。不管是督导转型中提出的"一园一报告"，还是幼儿园收费和补偿标准，或者是幼儿教师工资划拨标准，这些都是制度理性和共识理性的体现。制度理性体现的是知识和人类智慧的选择，共识理性说明了社会对这些制度的接受程度。这些改革政策能够出台、能够实施、能够推行下去，是行政部门的理性设计与公众接受程度之间的平衡。

第三节　省级统筹：学前教育管理体制的未来走向

在学前教育的发展实践中，无论是全国层面的以县为主，还是镇江模式中体现出来的县镇共建，都无法真正解决区域学前教育均衡发展的问题。要想最终实现学前教育的区域均衡发展，省级政府的统筹功能必须充分发挥。

一、在"地方负责，分级管理"的基础上，进一步明确"省级统筹，以县为主"

"省级统筹，以县为主"的核心是要加大省级政府对省域内学前教育的统筹领导和县级政府对县域内学前教育的管理指导的责任。"省级统筹，以县为主"是有效破解当前我国学前教育管理体制面临的困境，促进学前教育事业健康、有序、可持续发展，确保《规划纲要》和《国务院关于当前发展学前教育的若干意见》强调的"政府主导"和"地方负责，分级管理"落到实处的重要手段。

首先，明确并加强省级政府对省域内学前教育的统筹领导责任，使其既在政治结构中分担中央政府的部分功能，又在辖域内承担为公共服务中观政策制定和组织提供公共服务的责任。尤其是在分税制后，县、乡财力被严重削弱且无法满足学前教育事业发展需求的情况下，省级政府无疑要担当更多的统筹、保障省域内学前教育公共服务均衡、健康发展的重要责任。

其次，明确并进一步加大县级政府对县域内学前教育的管理指导责任。县级政府是我国的基本行政区域单元，处于行政管理和政策落实的基础位置，在行政体制中处于承上启下、沟通协调的重要地位。当前，我国学前教育供需矛盾突出。县级政府作为基层行政枢纽，与中央和省级政府相比，更了解基层人民群众对学前教育发展的需求。义务教育管理体制改革与实施已经为我们积累了一定经验，而正在贯彻实施中的学前教育三年行动计划又是以县为单位进行编制的，因此把县级政府作为学前教育管理的基本单元、"以县为主"推进学前教育管理体制改革就成为大势所趋。

二、明确学前教育管理体制改革的重点在于管理主体重心和财政保障重心的"双上移"

由于我国目前乡镇政府管理层级低、行政权力有限，行政管理职能和行政管理机构不完善，再加上分税制改革、农村税费改革后可支配财力大幅下降，所以其难以充分承担学前教育管理的主要责任。因此，当前我国学前教育管理体制改革的重点应该在管理主体重心和财政保障重心上进行"双上移"：行政管理的重心从乡镇政府提升到县级政府，统筹管理的重心进一步提升到省级政府；财政保障的重心则应以中央支持下的地方政府为主，而且要根据各地经济社会发展水平差异有所区别。经济社会发展水平越落后的地区，财政保障的主体重心应越高。同时，学前教育管理体制改革需要适应我国国情和各地经济社会发展的实际，综合考虑城乡、东中西部经济社会与教育发展差异，结合本地区行政管理体制和机构改革进程及其管理实际，稳步循序地推进。

三、明确学前教育管理体制改革的关键在于抓住中央、省、县三级政府之间的权责利关系及其相互之间的调整

目前，我国实行五级政府行政管理体制，从上到下依次是中央、省（自治区、直辖市）、地区（市、州）、县（市、盟）、乡镇（街道）。国家在"十二五"规划中提出："推进省以下财政体制改革，稳步推进省直管县财政管理制度改革，加强县级政府提供基本公共服务的财力保障。"因此，学前教育管理体制改革，应紧紧抓住中央、省、县三级政权之间的权责利关系调整这一重点，明确中央、省和县的职责，注意发挥地区（市、州）和乡镇（街道）的职能，以适应教育事业未来改革发展的需要。学前教育管理体制改革的关键是明确各级政府责任，明确中央和地方的权责划分，做到统筹有力、权责明确，特别是要进一步加大省级政府对区域内学前教育的统筹权和县级政府对区域内学前教育的管理权。

四、政府职能转变，要求政府在学前教育事业发展中发挥主导作用

当前，我国政府的施政理念发生了转变，提出要以人为本、构建和谐社会，从以政府为中心转变到以满足人民需求为中心，建设公共服务型政府，

这些都意味着政府需要从过去聚焦经济建设扩展到聚焦社会服务等更为广阔的领域。在新的形势下，为满足人民群众日益扩大的社会公共需求、加强和优化公共服务理念，调整政府结构、转变政府职能已成为我国政府行政改革的核心。2004 年，国务院总理温家宝提出，要建设服务型政府。从此，建构公共服务体系、提供有效的公共服务成为我国政府职能转变的基本目标与定位，成为现代公共服务型政府的最根本职能。由于我国学前教育资源总量有限，尤其是有质量的普惠性公共学前教育资源严重不足，儿童"入园难""入园贵"问题突出，所以学前教育成为重要的教育问题、社会问题和民生问题。随着社会经济的发展和其强正外部效应的日益凸显，作为国民教育体系的基础环节、基础教育重要组成部分的学前教育的公共产品属性不断趋强，其理应受到政府的更大关注与推动。政府的公共服务职能要求其以改善民生为基本职责，积极回应公众需求，在学前教育事业发展中发挥主导作用，提供和加强基本的学前教育公共服务。可以说，政府在学前教育事业发展中的主导职责是否落实，是在当前我国政府职能转型的背景下教育公共服务领域中政府职责定位的必然要求，也是影响和决定我国学前教育战略发展方向的关键与前置性问题。

五、强化县级教育行政部门对农村学前教育的管理责任

结合我国农村学前教育事业发展的现状和需求，借鉴行政管理体制改革和义务教育管理体制改革经验，县级政府应承担起县域学前教育管理的主要责任，明确县级教育行政部门归口管理制度，强化县级政府及其教育行政部门对学前教育的管理责任。第一，贯彻落实中央、省、市有关学前教育的方针、规划、法规及各项规章文件，统筹管理县域内的学前教育事业发展。第二，制订本辖区学前教育事业发展规划，将其纳入县域发展总体规划，合理调整幼儿园布局。第三，在中央和省级财政支持下，安排并落实学前教育专项经费的发放，建设公办幼儿园，将小区配套幼儿园和乡镇（街道）中心幼儿园纳入统一建制与管理范围。第四，审批、管理县域内各类幼儿园，努力提高幼儿园办园行为的规范化水平，提高各类幼儿园尤其是民办幼儿园的办

园质量。第五，统筹管理县域内学前教育师资队伍，解决幼儿教师身份、编制、待遇等权益保障问题，稳定幼儿教师队伍并促进其专业发展。第六，指导幼儿园教育教学和教科研工作，保障学前教育质量，促进本县学前教育事业健康、有序发展。

六、完善督政机制，加强对县域学前教育事业发展水平的督导评估

省、市级政府应加强对县级学前教育事业发展水平的督导评估，完善督政机制。首先，省、市级政府及其教育行政部门与县级政府及其教育行政部门应分别签订责任书，分层分类制定发展目标，定期进行责任考核，将考核结果作为干部评优晋职（级）的重要指标之一。其次，不断完善督政运行机制，健全定期督导和专项督察程序与评估制度，建立督导考核结果公开制和激励问责制，保证学前教育督导评估工作的规范运行。最后，县级政府应发挥督导评估的促进作用，加大学前教育考核工作力度：第一，将学前教育的统筹管理、办园条件、保教质量等纳入乡镇（街道）教育指标体系，确定考核比重；第二，将学前教育质量列为对乡镇（街道）主要负责人绩效考核的指标；第三，建立学前教育专项督导评估制度，县级政府教育督导室定期对县、乡幼儿园建设、管理和保教质量进行督导评估，促进农村学前教育事业的规范发展。

七、重塑政府、市场与学校的关系

未来的苏南现代化模式应该是一种既能发挥地方政府权威性又能保证社会自主性的"强政府、强社会"模式。要实现苏南现代化模式从"强政府、弱社会"向"强政府、强社会"的演进与转型，需要形成一种特殊的机制。该机制必须根植于蕴含在苏南民众深层意识中的政治文化的土壤中，以保证社会秩序进行最低限度的整合，抑制市场的世俗化力量对现代化进程的破坏作用。政府的功能定位主要体现在三个方面，即"应为、无为与禁为"。"应

为"是交通、环保、市场宏观调控等涉及国家利益和公共利益的事情应该由政府去完成，政府应该用全部的能力和制度（如诉讼制度、调解制度）来保障老百姓的权利。"无为"是政府至少不要去管以下事情：老百姓自己能办到的事情（自主机制）、社会中介组织能办到的事情（自律机制）、通过市场经济办法能解决的事情（竞争机制）。"禁为"是政府绝不能为了自己的政绩而去扰民。

第三章
财政为主：镇江学前教育的经费保障

作为国家学前教育体制改革试点工作的一部分，教育经费投入的改革是试点工作的重点，也是难点，其效果直接关系到整个改革试点地区自主改革的成效。事实上，镇江学前教育经费投入改革的确为试点工作的成功提供了重要保障，有很多值得全国其他地区学习和借鉴的经验。针对我国其他地区在学前教育经费投入和管理过程中面临的共性问题，镇江市给出了一条路线清晰、重点突出、有点有面、结合推进的改革创新之路。

第一节　投入不足：学前教育经费投入的中国困境

我国自改革开放以来，学前教育事业取得了长足发展，儿童入园接受教育的机会不断增加。进入学前教育机构受教育的人数从1978年的不到800万人，增加到2014年的4050.7万人，学前三年毛入园率在2012年达到70%。①然而在2010年以前，我国学前教育的发展却遭遇到太多的瓶颈性问题，在如何办园、如何管理、如何投入、如何评价等方面都存在体制不全、机制不灵的问题。以学前教育经费投入为例。长期以来，学前教育经费投入不仅存在投入不足的问题，而且存在结构不合理、效益不显著的状况。

---

①贺迎春，熊旭. 2014年学前教育毛入园率达到70.5%，提高3%［EB/OL］.（2015-07-30）［2016-2-10］. http：//edu. people. com. cn/n/2015/0730/c1006-27387060. html.

一、我国学前教育经费投入的共性问题

在学前教育经费投入上，我国各地主要表现出以下六方面的共性问题，即学前教育经费投入规模小、学前教育成本分担不合理、非在编幼儿教师工资过低、缺少幼儿园生均教育经费支出标准、学前教育机构收费混乱、财政性经费投入效果不理想。

1. 学前教育经费投入规模小

教育经费投入是教育事业平稳发展的物质基础，是教育质量得以保障的基本前提。政府对于各级财政性教育经费的投入多少既是衡量国家对各级教育贡献及重视程度的重要指标，又反映该阶段教育的发展状况。学前教育之所以成为教育系统中的薄弱环节，与缺少坚实的经费投入不无关系。

（1）财政性教育经费投入总量明显不足

政府对于各级教育的态度反映在其财政安排上。① 财政性教育经费投入总量越多，表明政府的重视程度越足。与其他各级教育相比，财政性学前教育经费投入存在的最大问题是投入总量明显不足。

如图 3 所示，1999—2011 年，我国政府对于各级教育的财政性教育经费投入始终保持上升趋势。但是，由于幼儿园财政性教育经费投入存在起点低、底子薄等历史性问题，所以其投入与其他各级教育相比，相差悬殊。

1999 年，政府对幼儿园的财政性教育经费投入为 275. 4459 万元，而在这一年，政府对小学、中学、高等学校的财政性教育经费投入依次为 7278. 8952 万元、6144. 3687 万元、4419. 2163 万元，分别是幼儿园财政性教育经费投入的 26. 4 倍、22. 3 倍、16 倍。如此强烈的反差，凸显了政府对于学前教育的忽视及其在教育系统中的地位被边缘化。

2010 年，在《规划纲要》等政策文件公布后，幼儿园财政性教育经费投入增长速度加快，与各级教育的财政性教育经费投入差距也在缩小。此时，

①王海英. 学前教育不公平的社会表现、产生机制及其解决的可能途径 ［J］. 学前教育研究，2011（8）：10.

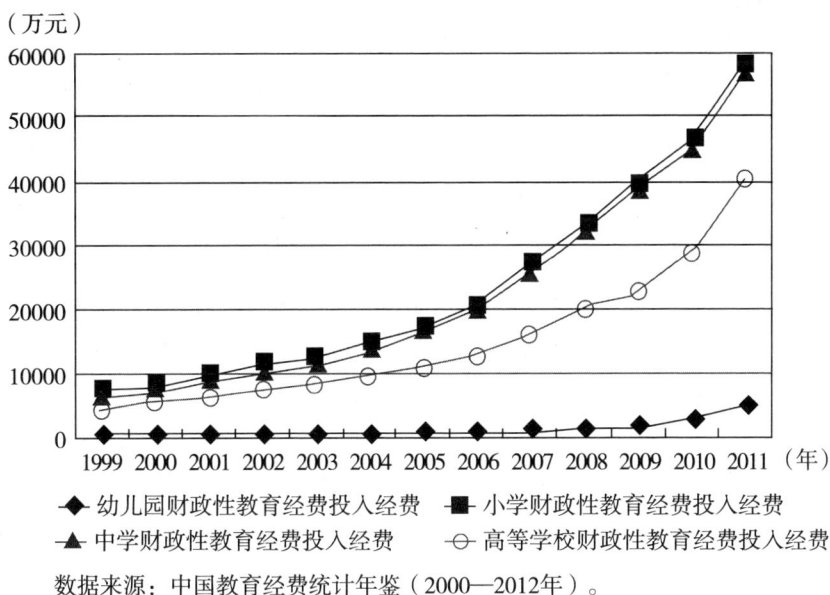

（万元）

数据来源：中国教育经费统计年鉴（2000—2012年）。

**图3 1999—2011年我国幼儿园财政性教育经费投入与其他
各级教育财政性教育经费投入比较**

小学、中学、高等学校的财政性教育经费投入分别是幼儿园的财政性教育经费投入的19倍、18.3倍、11.9倍。

学前教育三年行动计划实施以来，学前教育被摆在更重要的位置上，新增教育经费向学前教育倾斜。2011年，政府对幼儿园的财政性教育经费投入增加到4156.9861万元，年增长率高达70.12%。如此高的增长率不仅对学前教育自身而言是个奇迹，而且对其他阶段而言，也是前所未见的。尽管如此，小学、中学和高等学校三个阶段的财政性教育经费投入依旧是幼儿园的财政性教育经费投入的13.9倍、13.7倍、9.7倍。

由此可见，较之于小学、中学和高等学校而言，我国幼儿园财政性教育经费投入总量明显不足，在投入的绝对量上与其他阶段相距甚远。

（2）生均财政性教育经费投入差异显著

生均教育经费是考察教育经费投入情况的根本指标，是衡量在校生教育投资量大小的指标，能够比较准确地反映教育经费提供的程度，也能考察教育经费满足教育事业发展需要的程度。① 计算生均财政性教育经费投入有利于计算出政府在每个受教育主体身上投入的资金，衡量政府对受教育个体的投入多少，能够较为准确地反映财政性教育经费在个体身上的落实程度。

如前所述，1999—2011 年，我国政府对于各级教育的财政性教育经费投入始终保持上升趋势，其中幼儿园财政性教育经费投入基数远低于小学、中学和高等学校。从表 4 可以看出，1999—2011 年，幼儿园在园人数呈现波动中增长态势，中小学阶段在校人数则呈现波动中减少趋势。与此同时，中小学在校生数量减少而财政性教育经费投入增多，幼儿园财政性教育经费投入基数小而在园儿童数却在不断增长，这使得幼儿园生均财政性教育经费投入一直持低迷状态，幼儿园与其他阶段之间政府财政性支持的反差较为突出。

表 4　幼儿园生均财政性教育经费投入与

其他各级教育生均财政性教育经费投入的比较

年　度	幼儿园在园儿童数（人）	幼儿园生均财政性教育经费投入（元）	小学在校学生数（人）	小学生均财政性教育经费投入（元）	中学在校学生数（人）	中学生均财政性教育经费投入（元）
1999	23262588	118.41	135479642	537.27	67712749	907.42
2000	22441806	138.12	130132548	619.15	73689101	941.25
2001	20218371	179.96	125434667	779.40	78360256	1085.73
2002	20360245	204.51	121567086	930.39	82878714	1228.63
2003	20039061	230.74	116897395	1055.94	85832447	1330.59
2004	20894002	260.84	112462256	1280.46	86953707	1557.31
2005	21790290	301.62	108640655	1536.29	85808980	1914.04
2006	22639000	351.21	107115346	1857.87	84518759	2318.08
2007	23488300	437.78	105640027	2531.13	82433000	3073.87
2008	24749600	537.16	103315122	3192.07	80504384	3989.88

①陶聆之.我国各级教育生均预算内教育经费支出差异的实证研究［J］.广西教育（职业与高等教育版），2011（3）：73.

续表

年 度	幼儿园在园儿童数（人）	幼儿园生均财政性教育经费投入（元）	小学在校学生数（人）	小学生均财政性教育经费投入（元）	中学在校学生数（人）	中学生均财政性教育经费投入（元）
2009	26578141	625.60	100714661	3944.38	78679203	4869.37
2010	29766695	820.89	99407043	4670.29	77032478	5808.21
2011	34244456	1213.92	99263674	5802.38	75216251	7581.29

数据来源：中华人民共和国教育部网站教育统计数据（1999—2011年）；中国教育经费统计年鉴（2000—2012年）。

研究通过SPSS17.0数据分析发现，幼儿园生均财政性教育经费投入的均值约是小学的1/5、中学的1/7、高等学校的1/23，其原因不排除小学、中学、高等学校需要较高的学生培养费用，但更直接的原因是国家教育政策向三个教育阶段的倾斜，致使生均财政性教育经费投入的天平偏离学前教育。标准差可以反映一组数据关于均值的平均离散程度。[①] 表5中的幼儿园生均财政性教育经费投入标准差为316.4362，远低于小学、中学和高等学校的标准差，反映出政府对幼儿园生均财政性教育经费投入变化的幅度小。

表5　幼儿园生均财政性教育经费投入与其他各级

教育生均财政性教育经费投入的标准差比较

	样本量	最小值	最大值	均　值	标准差
幼儿园生均财政性教育经费投入	13	118.41	1213.92	416.9815	316.43620
小学生均财政性教育经费投入	13	537.27	5802.38	2210.5400	1703.44025
中学生均财政性教育经费投入	13	907.42	7581.29	2815.8208	2137.85857
高等学校生均财政性教育经费投入	13	6984.59	17429.00	9705.6041	2889.60277

（3）幼儿园财政性教育经费在全国财政性教育经费中的占比太小

在全国财政性教育经费中，各级教育的占比情况从侧面反映了国家对于

①陶耸之．我国各级教育生均预算内教育经费支出差异的实证研究［J］．广西教育（职业与高等教育版），2011（3）：73.

某一阶段教育的重视程度，同时也反映了国家对于该阶段教育的认识水平。幼儿园财政性教育经费占全国财政性教育经费的比值不仅远低于国家更为重视的其他阶段教育经费的比值，而且距离幼儿园的正常占比也尚有很远的距离。

从图4可以看出，幼儿园财政性教育经费在全国财政性教育经费中的占比与其他各级教育的占比不在同一水平上。在小学、中学及高等学校三个阶段中，占全国财政性教育经费占比最低的是高等学校，占比在 20%—25%，而中小学占比几乎都超过30%。与此形成强烈反差的幼儿园阶段，自1999年开始，其占比一直保持在 1%—2%。一连串数值的对比凸显了财政性教育经费投入的倾向性，即对于小学、中学及高等学校重视，对于幼儿园忽视。

（%）

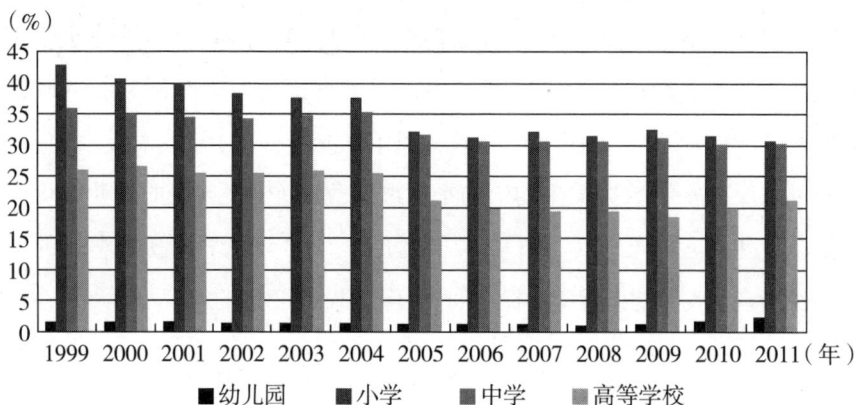

图4　1999—2011年全国财政性教育经费中各级教育的占比情况

学前教育三年行动计划开始后，不论是中央政府的财政性教育经费投入还是地方各级政府的财政性教育经费投入，都有了较大的增量。在全国财政性教育经费投入中，幼儿园财政性教育经费投入占比从2010年的 1.7% 提高到2012年的 3.4%，但幼儿园财政性教育经费投入占全国财政性教育经费投入的比值远低于其他阶段财政性教育经费投入占全国财政性教育经费投入的比值。

即使在学前教育三年行动计划实施中，幼儿园财政性教育经费投入有了大幅增长，但幼儿园财政性教育经费投入在全国财政性教育经费投入中的占比远低于10%。反观其他三个阶段，即使是占比最低的高等学校，其所占全国财政性教育经费投入的比例也在 20% 上下浮动。这些反差均透露出幼儿园在整个教育体系中的弱势地位。

2. 学前教育成本分担不合理

分担比是反映分担主体分担教育成本多少的指标，它以分担主体分担的教育金额与教育支出总金额的比率来表示。比率越大，表明分担主体分担的成本越多，承担的责任越重。政府在各级教育中的成本分担比是政府责任意识强弱的体现。与其他各级教育相比，幼儿园的政府分担比渐趋落后，最终成为政府分担比最低的阶段。

如图 5 所示，作为义务教育阶段之一的小学，其政府分担比从 1999 年起就以远高于其他教育阶段的比值平稳增长，近几年更是超过 90%，教育经费几乎全由政府承担。2001 年，高等学校政府分担比下降，幼儿园政府分担比平稳发展，这使得幼儿园政府分担比超过高等学校，介于中学和高等学校之间。2004 年以后，中学政府分担比的增长速率大于幼儿园，二者差距有越来越大的趋势。政府分担比一直低于幼儿园的高等学校在 2010 年迎头赶上，直接导致幼儿园成为政府分担比最低的阶段。2011 年，幼儿园政府分担比开始呈上升趋势，由 2010 年的 34% 增长到 2011 年的 42%，但与其他阶段相比还相差甚远。

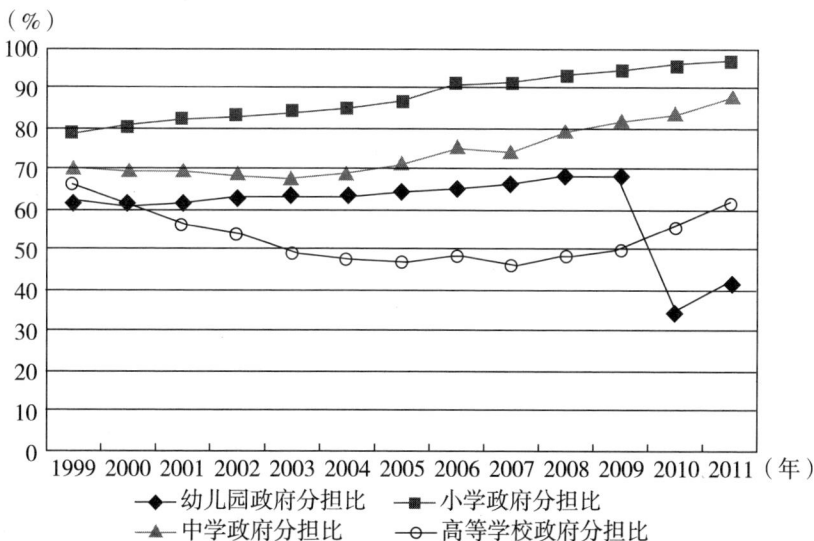

图 5　1999—2011 年我国幼儿园政府分担比与其他各级教育政府分担比比较

幼儿园政府分担比过低，一方面显现出政府责任意识淡薄，并未意识到学前教育的基础性作用，因此并未把它置于重要位置；另一方面反映出其实质是成本分担责任的转嫁，政府把本应自身承担的教育成本转嫁到家长身上，显现出政府责任的缺失，也加大了家庭的经济负担。

幼儿园财政性教育经费投入不足与成本分担机制尚不具备实施条件密切相关。受制于幼儿园办学体制和管理机制，民办幼儿园分类管理制度尚未完善。幼儿园成本分担不合理主要表现在政府投入比例偏低，家庭负担比重过高；在支持幼儿园发展的主要经费来源中，事业收入（保教费等）的比重提高；中央和省级政府投入偏低，区县及以下政府投入相对偏高。特别是对于中西部地区的区县和乡镇（街道）来说，其财力薄弱，举办义务教育尚且力不从心，对幼儿园投入则更是无能为力。过于依赖基层政府的幼儿园财政负担方式，必然带来财政性教育经费投入的不足。

3. 非在编幼儿教师工资过低

幼儿教师待遇整体偏低，幼儿教师教育投入成本没有合理考虑进幼儿园办学成本中。学前教育师资面临的重要问题是，在当前编制缩减的情况下，非在编幼儿教师的工资和福利难以保障。许多地区的幼儿教师严重缺编，不利于教学质量的提高，也不利于幼儿园规范化建设与可持续发展。幼儿教师素质有待提高，很多幼儿园招聘不到合格的幼儿教师，严重影响其教育质量。幼儿教师待遇没有吸引力，导致很多师范生不愿意在幼儿园工作。

4. 缺少幼儿园生均教育经费支出标准

在幼儿园中，师生比为1∶16。在中小学中，师生比为1∶20。如果一直没有科学合理的教育经费投入保障，其势必会影响幼儿园的发展。当前，针对幼儿园生均教育经费支出标准的体系尚未建立，财政拨款没有标准和依据，这就给幼儿园的经费保障带来了不确定性，因此也难以形成财政投入学前教育的长效机制。

5. 学前教育机构收费混乱

学前教育机构收费混乱且差异大。条件好的公办学前教育机构普遍违规收取赞助费或择校费。城市学前教育机构普遍利用兴趣班、特长班等进行额外收费，各种代办费名目繁多且成本不透明。在部分学前教育机构高额收费的同时，不少条件差的学前教育机构或是受制于低收入家庭的支付能力，或是为了竞争生源，收费很低，甚至低到根本无法为儿童提供有基本质量保障的保育和教育服务。

6. 财政性经费投入效果不理想

首先，受制于办园体制和管理体制，我国学前教育财政资金分配使用效果不理想。许多地方的公办幼儿园隶属于国家党政部门和军队机关、教育部门，多数地区的财政资金主要投向这些幼儿园。这些幼儿园主要位于城镇中，进入这些幼儿园的多数是社会经济地位较高的公务员、事业单位职工的子女。有些公办幼儿园是非独立预算单位，其人员、经费与其他学校合并在一起。许多公办幼儿园并未向低收入阶层倾斜。与民办幼儿园相比，它们更倾向于招收受教育程度较高家庭的儿童。部分优质低价的公办幼儿园受居住地地理位置的限制，不招收周边社区儿童和流动儿童入学。一些公办幼儿园收取高额择校费，并没有发挥普惠性幼儿园的应有作用。广大农村地区的幼儿园和占多数的城市民办幼儿园，很少分配到财政资金。

其次，受制于民办幼儿园分类管理体制机制建设不到位，普惠性民办幼儿园的建设力度不够。公益普惠性的民办幼儿园在低水平状态下运行，民办幼儿园与公办幼儿园未能同步发展。特别是在一些地区，民办幼儿园仍无法成为公办幼儿园的有益补充。虽然大部分普惠性民办幼儿园也在走公益性、普惠性之路，其保教费标准也与公办幼儿园差距不大，也在履行与公办幼儿园相似的职能，但是各地对普惠性民办幼儿园的财政支持力度过小，财政补助停留在以奖代补的阶段。因此，民办幼儿园成本压力较大，不得不通过缩减场地、设备、教学教具等来缩减成本，使得民办幼儿园的教学质量得不到保证，也造成民办幼儿园幼儿教师薪酬过低、师资队伍不稳定、发展乏力。在财务制度建设方面，民办幼儿园缺乏统一的会计核算办法，部分民办幼儿园没有专职、专业的财会管理人员，因而造成其预算管理、资金管理、财务核算不规范、不科学，账目混乱，开支随意性大。

二、我国学前教育经费投入制度建设面临的新问题

《国务院关于当前发展学前教育的若干意见》提出要加大投入发展学前教育，指明了学前教育经费投入制度建设的发展方向，即预算有单列、拨款有标准、投入有比例、增量有倾斜、捐赠有优惠、弱势有补偿等。但在《关于当前发展学前教育的若干意见》实施几年后，我国学前教育经费投入制度建设仍然面临一些问题。

1. 经济"新常态"带来的投入压力

与几年前经济的高速增长不同，当前我国经济增长进入"新常态"，经济增速由 2007 年的 14.7% 下降到 2015 年的 6.9%。[①] 这意味着我国各级政府的财政收入将呈现由过去的两位数增长进入一位数增长的态势，有的地方甚至可能出现增长停滞。在这种经济形势下，财政对学前教育的供给能力是有限的，财政性学前教育经费投入的增速也会大幅下滑。从这两年各地政府财政性学前教育经费投入增速来看，这种趋势已经很明显。

在此情况下，我们要建立财政性学前教育经费投入长效机制，保证财政性教育经费投入的稳定增长，落实政府对教育的投入责任，同时要创新思路，深化改革，吸引社会资本投资学前教育，加大对民办学前教育的专项经费奖补投入力度，探讨民办学前教育分类资助模式，扩大人口流入地学前教育经费总量，满足学前教育事业发展需求。

2. 财税体制改革带来的投入压力

当下的中国学前教育，不仅面临经济下行带来的投入压力，而且面临全面深化财政体制改革带来的各种挑战。因此，学前教育财政投入制度必须做好三方面适应：首先，适应预算管理制度改革，改变以前那种"先定预算盘子，再商量做什么事"的投入观念和模式，从学前教育事业改革发展的需求出发，加强统筹规划，落实已有的投入政策，设计好重大项目，尽快建立生

---

①中华人民共和国国家统计局. 金砖国家联合手册（2014）［R/OL］.（2014-07-15）［2015-12-15］. http：//www.stats.gov.cn/ztjc/ztfx/jz 2014/.

均拨款制度，用需求、项目、标准拉动投入；其次，按照中央提出的明确中央和地方事权与支出责任的要求，尽快研究建立规范的中央和地方教育事权与支出责任相适应的制度，规范中央对地方的教育转移支付，加强省级统筹；最后，根据财政支出新要求，财政性学前教育经费的使用要立足于"保基本、兜底线、促公平"，多做些"雪中送炭"的工作；要创新体制机制，着力解决制度碎片化的问题，增强政策的公平性和可持续性；要创新投入方式，通过公私合作模式、政府购买服务、基金奖励等方式引导社会资本投入；要厉行勤俭节约，加强预算执行管理，盘活财政存量资金，进一步提高财政经费使用效益。

第二节　"五有"标准：学前教育经费投入的镇江对策

在试点改革前，镇江市与全国大多数地区一样，在学前教育经费投入上存在着经费投入规模小、经费投入结构不合理的状况。然而，与全国一些地区不一样的是，在试点改革前，镇江市的学前教育经费投入的起点较高，公办幼儿园比例较高，政府整体上重视学前教育。如在《教育部国家发展改革委财政部关于实施学前教育三年行动计划的意见》印发前，镇江市就已经先期出台了学前教育五年行动计划，这为镇江学前教育的发展指明了方向并提供了具体行动指南。在实施国家学前教育体制改革试点项目、落实镇江市学前教育五年行动计划的过程中，镇江市在学前教育经费投入制度建设方面进行了卓有成效的探索，其可成为我国发达地区学前教育经费投入的借鉴模板。

1. 多渠道增加学前教育经费投入

建立健全学前教育经费保障机制，是贯彻落实《规划纲要》、推动镇江市国家学前教育体制改革试点工作的重要举措。镇江市各级教育、财政部门不断加强学前教育机构财务管理和制度建设，构建了以政府投入主导、社会参与的学前教育投入机制，全面推进学前教育普惠优质发展。各类学前教育机构的收入来源主要包括财政拨款与专项经费拨入、上级补助收入、保教费收入、经营收入与捐赠收入等。从镇江市的实际调查来看，经营收入与捐赠收入基本可忽略不计。总体来说，学前教育机构一般运转性收入构成主要由财政性收入（不含基建投资）与保教收入两部分组成。

（1）明确投入主体，科学安排预算

政府财政性教育经费投入是促进学前教育发展最关键的因素。镇江市强化了教育经费投入，增设学前教育专项发展资金。从 2012 年起，镇江学前教育的财政性教育经费投入已经占同级财政性教育经费投入的 5%以上，并且这个比例还在逐步提高，这为镇江学前教育提前完成江苏省第二个学前教育三年行动计划中规定的"实现城乡学前教育资源充足、均衡发展"的要求奠定了基础，为实现在城乡间、区域间、校际间提供均衡的学前教育资源提供了经费保障，为更进一步实现学前教育内涵式发展和质量提升提供了基础和条件。

在提高财政性教育经费投入的过程中，镇江市建立了科学合理的预算制度，有效实现了财政资金的合理拨付，提高了教育财政经费的使用效益，突出表现在将学前教育财政进行预算单列，建立起学前教育经费投入以辖市（区）财政为主、新增财政性教育经费向学前教育倾斜的长效增长机制。各级财政采取以奖代补的方式，有效激励其发展学前教育的积极性，有效扶持学前教育的发展。乡镇（街道）财政安排一定的学前教育经费，用于发展本地学前教育事业，具体比例由各辖市（区）自行确定。同时，镇江市还制定了一些优惠政策，极大地激发了社会力量投入学前教育事业的热情。通过五年的大投入与大发展，镇江学前教育财政经费投入获得稳步增长，社会资本投入力度加大。

（2）建立多渠道投入机制，经费投入增速显著

第一，发挥财政投入主渠道作用，财政性学前教育经费投入增速明显快于其他各级教育。财政性教育经费投入是镇江学前教育经费投入的主要来源。近些年来，财政性学前教育经费投入增长最快，明显高于其他各级教育的年均增幅。其中，国家财政性教育经费投入的增幅也明显高于其他各级教育。镇江学前教育经费投入在 2015 年达到了 65802 万元，相比于 2009 年的

9594.4 万元，增加了 56207.6 万元，增长达 585.84%。学前教育经费投入做
到了以财政投入为主。近几年，财政性学前教育经费投入占同级财政性教育
经费投入的比例高于 5%，远高于 2009 年的 1.81%。财政性学前教育经费投
入占学前教育经费总投入的比例超过了 56%，远高于 2009 年的 38.33%（见
表 6）。

表6　2009—2015 年镇江市学前教育经费投入情况及其占比

年度	财政性教育经费总投入（万元）	学前教育经费总投入（万元）	其中财政性学前教育经费投入（万元）	财政性学前教育经费投入在财政性教育经费总投入中的占比（%）	财政性学前教育经费投入在学前教育经费总投入中的占比（%）
2009	203306.5	9594.4	3677.3	1.81	38.33
2010	243272.8	20857.4	4823.2	1.98	23.12
2011	302308.6	28251.5	9252.0	3.06	32.75
2012	408681.2	39577.5	23135.0	5.66	58.45
2013	470244.9	51536.8	29283.6	6.23	56.82
2014	519413.0	57012.6	32196.1	6.20	56.47
2015	580066.0	65802.0	38064.0	6.56	57.85

　　第二，发挥政府主导作用，引导社会捐助资金加大投入。在社会捐助中，
政府要发挥主导作用，完善社会捐助的公共服务体系，积极加大对捐助者的
激励和优惠政策。政府通过吸引企业捐资、社会资金投入及慈善捐赠等多种
渠道，筹措学前教育资金，鼓励金融机构运用信贷等手段支持社会力量举办
学前教育。

　　第三，开辟城市建设配套投入的新渠道。政府相关部门加大与开发商的
合作，开辟城市建设配套投入的新渠道，加强小区配套幼儿园管理（与小区
开发建设统一规划、同步施工，住宅小区建成 50% 前交付使用），建好、管
好、办好小区配套幼儿园，通过科学规划，优化幼儿园建设法规保障。对于

小区配套幼儿园的开发商，给予相应的土地优惠、税收优惠和减免措施。2015 年年底前，各辖市（区）完成对 2012 年之前小区配套幼儿园的清理工作，积极引进国内外学前教育品牌机构，举办优质民办幼儿园，满足人民群众对不同层次学前教育的需求，多形式扩大学前教育资源。

第四，财政资金和教育资源用好存量，进一步扩大增量投入。在幼儿园建设和改造支出方面，镇江市在用好存量的同时，进一步扩大增量投入。首先，积极进行闲置厂房改造，将其投入学前教育领域。充分利用现有空置楼宇、厂房和学校等资源，将其置换或改造成幼儿园，增加学前教育资源。中小学布局调整后的闲置校舍，优先改建成为幼儿园。其次，新增教育经费主要用于提高民办幼儿园幼儿教师工资和公办幼儿园非在编幼儿教师工资、购买教学教具等，进一步提高学前教育办学质量。镇江学前教育经费投入增长明显。相比于学前教育发展取得的成绩，这部分经费投入是用到了实处。可以说，镇江学前教育是"花小钱，办大事"。

第五，足额安排学前教育扶困资金，健全儿童资助体系。镇江市健全以政府资助为主体、以幼儿园减免收费等为补充、社会力量积极参与的学前教育资助政策体系。按照《江苏省学前教育家庭经济困难儿童政府资助经费管理暂行办法》，对家庭经济困难儿童实行政府资助，所需经费由所在辖市（区）财政保障，资助儿童比例不低于 8%。根据家庭经济困难程度，分别资助 800 元、1000 元、1200 元。对革命烈士或因公牺牲军人和警察子女、城乡最低生活保障家庭和持特困职工证、残疾人证人员的子女及孤残儿童，全额免除保教费。鼓励有条件的辖市（区）实施在园农村儿童免除一年保教费政策。2014 年，全市各类幼儿园共资助儿童 4876 人，资助资金296.88 万元，其中政府资助 260.94 万元，幼儿园自筹 35.15 万元，社会资助 0.79 万元。

2. 经费投入成效显著，学前教育数量和质量均有提升

截至 2013 年年底，镇江学前教育经费投入成效明显，学前教育三年行动计划目标任务圆满完成。各辖市（区）新建、改扩建及新增了一批小学附属幼儿园，扶持企事业单位办园。在集体办园和建设普惠性民办幼儿园方面，镇江市也取得了显著成效。各辖市（区）在公共财政预算中安排学前教育专

项经费，资金主要用于学前教育改革发展示范区创建、省优质幼儿园创建。同时，镇江市建立园长和幼儿教师奖补标准，落实优秀园长和幼儿教师培养的资金奖补。到 2014 年年底，一级及以上成型幼儿园在省优质幼儿园中的占比达到了 75%，使 80% 以上的儿童能进入省优质幼儿园就读。公益性幼儿园占比达 90%，满足 90% 以上的流动人口随迁子女在公益性幼儿园就读的需求。至 2014 年年底，镇江市提前实现了 2015 年的发展目标，儿童"入园难"问题得到初步缓解，长期制约幼儿园发展的幼儿教师队伍的编制、待遇、培养培训等突出问题逐步得到解决，学前教育逐步实现了普惠优质发展。下一阶段，镇江学前教育将迈入更加注重内涵式发展的道路，在经费投入达到一定程度后，通过经费投入的体制机制改革，提高经费的使用效益，进一步通过加强幼儿园内部管理、改善幼儿园课程设置等来实现学前教育质量提升和跨越式发展。

3. 强化学前教育经费投入体制机制变革

学前教育经费投入制度的建设，不仅在于扩大学前教育经费投入的规模，而且在于建立起长效的学前教育经费投入体制机制。在试点过程中，镇江市不断开拓创新，在学前教育经费投入体制机制建设方面做出了大胆尝试。

（1）农村学前教育经费投入管理体制机制改革初见成效

农村地区学前教育经费投入按照"政府主导、财政投入为主、公办教育为主"的农村学前教育发展思路，构建"辖市（区）统筹，以镇为主，市（区）镇共建"的农村学前教育管理体制，增加农村学前教育资源，加大财政对农村幼儿园（办园点）的资金奖补力度。对通过镇江市标准化验收的改扩建、新建农村幼儿园（办园点），市级财政给予一次性 10 万元的设施设备奖励。如扬中市实施农村在园儿童免除小班一年保教费政策，减轻了家庭的学前教育负担。

镇江市加大对农村学前教育的经费投入和改善管理，截至 2014 年，无论是乡镇中心幼儿园、小学附设幼儿园，还是村办幼儿园等，专任幼儿教师数和班级数都有明显增长，农村民办幼儿园均建设为普惠性幼儿园（见表 7）。

表7　2009—2014年镇江市农村幼儿园发展情况统计

项　目		年　度	2009	2010	2011	2012	2013	2014
基本情况		乡镇总数（个）	11	11	11	14	12	12
		有幼儿园的乡镇数（个）	11	11	11	14	12	12
公办幼儿园	乡镇中心幼儿园	园数（所）	16	16	15	15	15	16
		班数（个）	114	119	114	117	123	129
		儿童数（人）	4823	4988	4813	4976	5030	4648
		专任幼儿教师数（人）	228	238	228	234	246	258
	小学附设幼儿园	园数（所）	16	16	15	15	15	16
		班数（个）	114	119	114	117	123	129
		儿童数（人）	4823	4988	4813	4976	5030	4648
		专任幼儿教师数（人）	228	238	228	234	246	258
	小学附设幼儿园（班）	园（班）数（所）	11	10	9	9	9	8
		班数（个）	19	20	20	20	19	14
		儿童数（人）	675	612	577	570	513	396
		专任幼儿教师数（人）	38	40	40	40	38	28
	村办幼儿园	园数（所）	7	8	9	9	9	9
		班数（个）	21	27	36	35	31	42
		儿童数（人）	860	983	1189	1005	902	1225
		专任幼儿教师数（人）	42	54	72	70	62	84
普惠性民办幼儿园		园数（所）	2	2	2	2	2	2
		班数（个）	13	16	15	17	17	19
		儿童数（人）	491	612	585	638	598	709
		专任幼儿教师数（人）	26	32	30	34	34	38

（2）公办幼儿园、社会公办[①]幼儿园和民办幼儿园协同发展

在推动学前教育发展的过程中，镇江走出了一条三种办园模式协同发展、

----

①社会公办幼儿园是指未纳入事业单位机构编制管理的机关、企事业单位办幼儿园。——作者注

普惠和谐的办园之路。镇江市政府提出学前教育应该朝着多元化的方向发展，鼓励多元化办园，规范和扶持社会力量举办学前教育，有效促进了民办幼儿园多元化、特色化发展，在规划布局、财政扶持等方面为民办学前教育发展留出空间，逐步做到公办幼儿园与民办幼儿园同等待遇，重点扶持面向大众、收费较低的普惠性民办幼儿园发展。

首先，加大投入，实现公办幼儿园的良性发展。2014 年 3 月开展的镇江学前教育办园成本调查显示，公办幼儿园的财政性收入占比较大，占总收入的 58.74%。特别是在保教费收费标准低、政府投入大的地区，财政性收入的占比更大。如扬中市公办幼儿园的财政性收入已占总收入的 79.5%。对公办幼儿园来说，财政性收入是维持其运转和支持其发展的主要支柱。在政府投入的大力支持下，公办幼儿园逐步走上良性发展的轨道。公办幼儿园能够维持正常运转，尚有合理的盈余，在一定程度上也保证了公办幼儿园自身的发展。考虑到保教费是公办幼儿园经费的另一重要渠道，镇江市还积极探索并科学制定公办幼儿园保教费收费标准，实现普惠性民办幼儿园的保教费收费标准和公办幼儿园相当，这对学前教育的发展起到重要作用。

其次，提高对社会公办幼儿园的财政支持力度。镇江市非常重视社会公办幼儿园的发展。社会公办幼儿园的财政性收入（包括上级给予其的补助）与公办幼儿园类似，仅存在程度上的差异。社会公办幼儿园在获得各种国有、社会资金的支持下，运转良好。特别是一些名园或者规模大的幼儿园，其学前教育发展存在一定的规模经济①。镇江市对规模较小的社会公办幼儿园进行合并和整合，改善其营运环境，给予其进一步发展的资金支持。

最后，加大对普惠性民办幼儿园资金奖补力度。镇江市政府和教育部门非常重视鼓励社会力量参与举办普惠性幼儿园，扩大优质学前教育资源，满足适龄儿童就近入园，以委托代理、购买服务等方式，加大公共财政对普惠性民办幼儿园的扶持力度。镇江市拟制《镇江市普惠性民办幼儿园认定与管理办法（征求意见稿）》，对认定程序、成本核算、限价收费、质量监管和财

---

①规模经济是指厂商利用基本的投入资源，生产经营具有一定共通性的多种产品，从而带来成本减少，产生的原因是降低了相对生产的成本和经营风险，扩大了经济效益。——作者注

务审计等做出具体规定。对提供普惠优质服务的民办幼儿园（包括未纳入事业单位机构编制管理范围的企事业单位办幼儿园、集体办幼儿园），实行与公办幼儿园统一的办园成本、办园质量考核与扶持政策，给予"人、财、物"等补助和奖励。经过认定的普惠性民办幼儿园，在生均公用经费、园舍维修经费、设施设备和玩教具及图书更新补贴、参加人事代理幼儿教师的社会保险费、人事代理费补贴等方面，执行与公办幼儿园相同的补贴标准。镇江市积极探索建立政府购买普惠性民办幼儿园学位的机制，制定了《镇江市民办幼儿园设置和管理办法（试行）》（镇教发〔2015〕71号），规范了民办幼儿园财务管理、园舍管理、教职工管理等制度。

4. 建立学前教育经费支出标准体系

儿童"入园贵"是重要的民生问题。为了深入了解镇江学前教育发展的现状，进一步健全学前教育经费保障机制，规范保教费收费标准，科学制定收费标准，镇江市于2013年在全市范围内开展了幼儿园成本调查。近些年来，镇江市在学前教育经费投入领域取得的最大突破就是依据对幼儿园成本的调查分析，提出建立科学合理的幼儿园办学经费支出标准，完善幼儿园经费分担机制，拓展经费收入渠道，合理确定公办幼儿园和普惠性民办幼儿园的收费标准。镇江市通过以下两方面的工作，使财政经费运行保障机制获得进一步完善。

（1）建立合理的生均公用经费标准

生均公用经费是幼儿园正常运转的重要保障。镇江市通过对幼儿园办学成本及其构成和收入状况的分析，比较各种类型幼儿园运行的生均成本，探索建立财政拨付生均公用经费动态调整机制。公办幼儿园生均公用经费和园舍维修经费财政拨款标准达到小学标准的一半，保教设施设备和玩教具及图书更新财政补贴标准达到生均每年200元，所需经费由所在地政府承担。未纳入事业单位机构管理的机关、企事业单位办幼儿园和普惠性民办幼儿园享受以上同样的生均财政拨款政策和标准，所需经费由所在地政府承担，逐步提升政府成本分担比例和投入比例。

（2）在科学合理的成本核算基础上建立生均经费标准

该标准基于以下两方面的核算。第一，基于对幼儿园完全成本的科学合理核算。通过成本调查和分析研究，镇江市测算出2013年全市幼儿园的生均成本为每学年6237元，其中由教育部门主办的公办幼儿园的生均成本为每学年6486元、由其他国有部门主办的幼儿园的生均成本为每学年6070元、民办幼儿园的生均成本为每学年5238元。第二，基于对公用经费支出和人员经费支出的合理测算，镇江市制定了新的财政政策投入标准，研制生均经费标准，探索建立了财政拨付生均经费动态调整机制。未纳入事业单位编制管理的机关、企事业单位办幼儿园享受以上同等的生均财政拨款政策和标准，所需经费由各辖市（区）政府承担，保教费收费政策参照普惠性民办幼儿园执行。

如表8所示，镇江市通过落实生均财政投入政策，预计到2018年政策完全到位后，新增公办幼儿园和普惠性民办幼儿园的投入相比于2015年将增加1628.6万元，增速非常明显。

表8　镇江市生均财政投入政策落实后幼儿园新增财政性收入汇总

（单元：万元）

辖市（区）	2015 年			预计 2018 年政策全部到位后		
	公办幼儿园新增财政性收入	普惠性民办幼儿园新增财政性收入	合　计	公办幼儿园新增财政性收入	普惠性民办幼儿园新增财政性收入	合　计
丹阳市	143.4	162.7	306.1	573.5	263.3	836.8
句容市	91.7	30.5	122.2	366.7	50.0	416.7
扬中市	43.9	21.1	65.0	175.5	33.5	209.0
丹徒区	43.4	117.3	160.7	173.5	183.4	356.9
京口区	40.6	112.3	152.9	162.2	190.2	352.4
润州区	29.2	88.3	117.5	116.6	145.9	262.5
镇江新区	36.2	8.7	44.9	144.6	19.0	163.6
合计	428.4	540.9	969.3	1712.6	885.3	2597.9

5. 提高在编和非在编幼儿教师的工资待遇

首先，实施"定编、定岗、不定人"的财政核拨政策。对公办幼儿园（特别是农村集体幼儿园）非在编幼儿教师工资和社会保障给予适当补助，逐步纳入财政预算。各辖市（区）按照师生比1∶16的比例，核定公办幼儿园编制总额；按照编制总额和在编幼儿教师工资标准，核定公办幼儿园教师工资总额；自 2015 年起逐步提高拨付比例，到 2018 年达到核定工资总额的 60%以上。

其次，足额安排幼儿教师的教育培训经费。确保幼儿教师的教育培训经费达到幼儿教师工资总额的 1.5%以上。镇江市教育部门每年安排专项经费，对全市幼儿园园长和骨干幼儿教师进行提高培训。

最后，足额安排人事代理奖补资金。对缴纳的社会保险费用中幼儿园应承担的部分，财政按每人每年 1000 元的标准进行补助。人事代理费每人每年补助不超过 480 元，其中镇江市财政在学前教育发展专项经费中承担 1/4，其余部分由各辖市（区）财政承担。

6. 建立科学合理的学前教育经费分担机制

学前教育的所有经费都由政府负担并不现实，全由家长承担更与学前教育的公益性相违背。为了促进镇江市学前教育的持续均衡发展，所需经费需在政府与家庭之间合理分担、公办幼儿园与民办幼儿园之间均衡投入。

首先，探索建立客观、科学、满足学前教育品质要求的生均培养成本范式。其次，在客观生均成本的基础上，对现有学前教育机构的收费标准给予规范，制定合理的、家庭可承受的保教费收费标准。再次，在确立生均经费客观成本、规范保教费标准的前提下，制定政府对学前教育经费的投入标准。最后，对公办幼儿园的新建和改扩建项目、大型修缮、大型教具的支出等涉及新增固定资产的项目，编制单独预算进行管理与实施。

镇江市通过以上四个步骤的配套政策实施，逐步建立了"政府投入占55%—60%、家庭承担占 40%—45%；在编与非在编幼儿教师队伍稳定；各类型、各等级学前教育机构均衡发展"的镇江学前教育经费分担机制。

7. 完善经费收支管理体系

（1）加强学前教育经费管理、监督和考核

首先，进行科学合理的预算编制、执行和监督。镇江市通过科学合理的预算编制、执行和监督，有效减少了支出预算数、实际执行数和决算数之间的差异。第一，细化学前教育支出预算编制。学前教育经费投入将预算细化到具体项目和具体的收支分类科目，提高了预算的年初到位率。第二，在预算执行过程中，通过加强管理和控制，减少在预算执行过程中的过多调整，使学前教育经费预算执行到位，预算支出达到了相应的效果。第三，以绩效为目标，重视提高奖补资金的使用效益，注重加强对预算的监督和考核。镇江市各级财政、教育部门建立督促检查、绩效评价、考核奖惩和问责机制，确保发展学前教育的各项政策措施落到实处并取得实效，逐步建立资金"谁使用、谁负责"的制度，对经费安排使用、项目进展、政策效果等情况进行监督检查，及时发现并解决问题，对违法违纪行为依法追究当事人和负责人的责任，充分发挥城乡基层组织、家长和社会公众的监督作用。

其次，强化幼儿园财会制度建设。镇江市各辖市（区）注重强化幼儿园财会制度建设，督促指导幼儿园加强各项收支核算和管理，严格按政策规定的使用范围合理开支，提高使用效益。镇江市为公办幼儿园和接受政府补贴的普惠性民办幼儿园建立预决算制度，有条件的地区纳入教育会计结算中心进行核算。普惠性民办幼儿园逐步委托教育会计结算中心代理财务或委托社会机构代理财务。公办幼儿园经费纳入财政预算管理，由各地教育会计结算中心统一核算、统一财税票据、统一实行"收支两条线"。幼儿园所收经费严格按国家政策规定的使用范围合理开支，任何部门不得截留、挤占或挪用。实行收费公示制度，确保学前教育经费使用规范、监管科学。民办幼儿园参照《中小学校会计制度》逐步完善账务制度，做到制度健全、账目清楚、核算规范。

最后，探索等级定价和优质优价相结合的定价模式。为鼓励镇江市幼儿园等级提升和品牌发展，在目前实行登记收费的前提下，镇江市积极鼓励部分幼儿园努力改善办园条件，形成先进办学理念，开展新颖的特色教育活动并提供优质服务，在同级收费标准的基础上进行适当浮动。镇江市通过制定相关标准、范围和评审评定，拉开幼儿园品质差价，进一步推动幼儿园办出特色、办出成效，同时督促幼儿园建立和完善资产管理、收费公示、财务公开等制度，进一步加强对幼儿园的收费管理，使家长对幼儿园的管理和运行更加清楚，使幼儿园管理更加公开透明，也起到防范财务风险的作用。

第一，公办幼儿园实行等级收费，区分服务性收费和代收费标准。公办幼儿园保教费、服务性收费实行政府指导价。公办幼儿园保教费标准根据当地城乡经济发展水平、办园成本、居民承受能力等情况，会同同级市、辖市（区）价格主管部门、财政部门审核后，报本级人民政府批准后执行。①实行等级收费。公办幼儿园保教费实行等级收费标准，具体分为省优质幼儿园、市优质幼儿园、合格幼儿园三个等级。②收费标准集中统一公示。各辖市（区）城区范围内公办幼儿园保教费按照省优质幼儿园、市优质幼儿园、合格幼儿园进行收费，原则上每学期不突破每生2000元、1600元、1150元。农村范围内公办幼儿园中的省优质幼儿园、市优质幼儿园、合格幼儿园，每学期不突破每生1750元、1200元、1000元，具体标准由各辖市（区）价格部门确定。各辖市（区）各类幼儿园保教费收费标准集中由市价格主管部门对外公布，各幼儿园在园公示栏向家长公示，接受社会监督。③明确服务性收费和代收费标准。幼儿园伙食费执行《镇江市中小学学生食堂伙食费管理暂行办法》的规定。幼儿园除保教费和伙食费以外，不得收取其他任何费用。除节假日外，幼儿园在周一至周五不得以开设兴趣班、特色班、实验班、留守班等为由另外收取费用。严禁收取与幼儿园挂钩的赞助费等其他费用。鉴于托儿班收托儿童年龄小的特点，幼儿园可在保教费基础上增加一定金额，每生每学期不超过250元。④公办幼儿园严格收费标准，从严控制各类公办幼儿园以合作办园、引进课程等名义提高收费标准。保教费收入主要用于儿童活动和学习、生活用品等支出。严禁收取赞助费，有效杜绝"择校"现象的发生，为推进学前教育优质均衡发展打下制度基础。

第二，不断改革民办幼儿园收费标准。①民办幼儿园保教费标准按照不以营利为目的执行。保教费的制定和调整根据保育教育、服务成本自行合理确定，然后报当地价格、教育主管部门备案后执行。②普惠性民办幼儿园收费标准在参照公办幼儿园收费标准的基础上适当上浮，上浮幅度最高不超过同等级公办幼儿园收费标准的20%并报当地物价部门备案。③民办幼儿园保教费主要用于教职工工资及津补贴、福利费、社会保障费、公务费、业务费、儿童活动和学习费、生活用品费、图书设备购置费、房屋修缮费、固定资产折旧费等正常办园经费支出。普惠性民办幼儿园执行较低的收费标准，切实减轻人民群众的学前教育支出负担。政府在对民办幼儿园收费进行严格管理和监督的同时，在财政补贴上也加大了对民办幼儿园的投入力度。镇江市越来越重视民办幼儿园的发展，将逐步建立更加合理的民办幼儿园收费来源比例。

（2）实现对结转结余资金的合理管理

对于幼儿园的结转结余资金，镇江市建立定期清理机制，压缩结余结转资金规模。对于超过一定期限仍未落实到具体项目和实施单位的资金，收回其总预算并用于其他学前教育急需项目。完善据实结算项目下达方式。下一年度继续安排的，据实结算项目资金，实行预拨清算制度。每年据实结算项目资金，下年度进行清算。结转两年及以上仍未使用完毕的，一律视同结余资金，收回地方本级财政统筹管理。在编制下一年度幼儿园预算时，适当压缩幼儿园财政拨款预算总额。

第三节　突破瓶颈：学前教育经费投入的有益经验

相比于我国的一些发达地区，镇江学前教育经费投入总量并不大。但就是在这样的经费投入规模下，镇江学前教育发展却取得了可喜的成绩，基本做到了学前教育的优质均衡发展。在投入制度建设方面，镇江经验可概括为六个方面：第一，加大财政投入力度；第二，扩大社会资本对学前教育的投入；第三，依据科学合理的成本进行核算，建立学前教育成本分担机制，更好地使用学前教育经费；第四，注重对各类幼儿园的专项补助，在多个领域给予相应的优惠；第五，通过政府购买服务等多种形式，加大对普惠性民办幼儿园的投入，对学前教育投入总量和结构进行调整；第六，规范收费制度，进一步确保学前教育收费科学合理。

试点探索给镇江学前教育发展创造了良好的制度环境，但同时在此过程中也暴露了一些改革中存在的问题。追寻这些问题的成因，可以让我们更好地总结镇江经验，为全国各地的学前教育财政投入制度建设提供有益经验。

一、镇江学前教育经费投入中存在的问题

通过前面的介绍，我们发现，镇江学前教育经费投入的试点成效是有目共睹的，但由于区域经济发展的不均衡和内涵建设的高标准，镇江在学前教育经费投入方面还存在一些问题。

1. 经费投入还不足以满足儿童数量的迅速增长

在城镇化进程中，部分地区，如丹阳市的一些新建大规模小区配套幼儿园投入没有跟上。农村地区的学前教育资源尚处于布局调整阶段，一些村办幼儿园（班）先后被撤销，再加上外来务工人员随迁子女大量的涌入，所以导致部分幼儿园生均资源不足。江苏省作为人口流入大省，镇江市作为省内较发达地区，自身的学前教育资源和基础较好，吸引着省内外大量流动儿童涌入，但许多乡镇中心幼儿园不能同时满足这么多儿童入园。

2. 经费投入力度还不能完全满足学前教育内涵发展的要求

硬件投入的效果立竿见影，但软件投入的效果不但滞后，甚至有时是隐匿的。在镇江市各辖市（区）的经费投入制度建设中，不少地区经费投入的重点是教职工薪酬，而对玩教具、课程建设、幼儿教师培训的投入则相对不足。

3. 不同区域间缺乏经费投入的统一标准

镇江市下辖七个辖市（区），各区域在学前教育经费投入上并不均衡。其中，幼儿园经费投入占当年投入最高的是扬中市，高达 79.5%。由于投入到位，扬中市学前教育机构布局合理，规模适当，幼儿园场地设施配套标准高。而在辖区和镇江新区中，京口区、润州区又好于丹徒区和镇江新区，丹徒区和镇江新区的学前教育财政投入仅占 15% 左右，远低于平均值。经费投入占比高低直接影响到当地学前教育机构的办学水平与发展。

4. 公益性、普惠性的民办园幼儿教师工资保障有待提高

当前，镇江市民办幼儿园与公办幼儿园未能实现同步发展，部分地区的民办幼儿园数量过少，学前教育机构多为公办幼儿园。特别是在市区，民办幼儿园无法形成公办幼儿园的有益补充。虽然如此，大部分民办幼儿园仍在

走公益性、普惠性之路，保教费标准与公办幼儿园差距不大，但同时在履行与公办幼儿园相似的职能。虽然镇江市对民办幼儿园中优质幼儿园的财政支持力度在逐渐加大，特别是在公用经费支持上，力度更大，但是人员经费的保障依然面临一些困难。民办幼儿园办学成本压力较大，部分幼儿教师薪酬过低，师资队伍不稳定、发展乏力，只能勉强维持发展的局面。

5. 非在编幼儿教师工资有待进一步提高

近年来，镇江市逐步提高了非在编幼儿教师工资，但增长的幅度尚不及在编幼儿教师。非在编幼儿教师在整个学前教育机构在职幼儿教师中的占比超过70%，但薪酬仅占学前教育机构薪酬总额的48.4%。不论是公办幼儿园还是民办幼儿园，过低的工资都严重影响了广大非在编教职工的工作积极性，影响了教职工队伍的稳定。这对学前教育机构的持续发展不利，也不利于其教学质量的提高。即使在政策到位后的2018年，在编幼儿教师和非在编幼儿教师的工资差距仍非常明显（见表9）。学前教育师资的编制数量难以突破、在城镇化过程中流动人口随迁子女的大量涌入，这些都对幼儿园数量、幼儿教师数量和师资福利水平的保障提出了新的挑战。

表9　2018年政策到位后镇江市三类幼儿教师人均工资情况预测

（单位：万元）

教师性质	应发工资	单位缴纳的社会保险	单位缴纳的住房公积金	人均工资总额	个人缴纳的社会保险	个人缴纳的住房公积金	实发工资
在编幼儿教师	8.38	0.57	0.91	9.86	0.31	0.61	7.46
人事代理幼儿教师	5.17	1.64	0.52	7.33	0.57	0.52	4.08
临时用工	2.73	0.27	0.00	3.00	0.05	0.00	2.68

6. 保教费收入占总收入的比重较低，标准不统一

从全市情况来看，保教费收入仅占幼儿园总收入的46.77%，其中，公办幼儿园更低，仅占39.9%。该占比最终导致幼儿园过分依赖财政投入维持运转。同时，保教费标准在辖市（区）之间差距较大。如丹徒区公办幼儿园保教费收入占其总收入的81.2%，扬中市公办幼儿园保教费收入占其总收入的

20.14%。保教费标准偏低、发展不均衡，在某种程度上背离了现行的政策导向。

二、镇江学前教育经费投入问题存在的症结

学前教育经费投入制度的完善有赖于环境的整体变革，其既受制于政府发展学前教育的政治意愿，也受制于区域经济发展的各种条件；既受制于镇江市区域范围内的政策体系，也受制于全国学前教育发展的政策趋向。纵观镇江市学前教育体制改革试点改革中出现的问题，其缘由大致包括以下五个方面。

1. 受制于当前经济新常态下宏观经济的整体格局

镇江市的经济发展形势在 2011 年实现了大提升，然而在近年来却出现增速明显乏力的现象。近年来，镇江市地区生产总值增长速度有所放缓，经济新常态必然带来财政收入的新常态，也势必会影响财政性学前教育经费的投入。从 2013 年到 2014 年，镇江市财政性学前教育经费投入占财政性教育经费投入的比例略有下降。

2. 在对流动儿童的学前教育投入上，缺少上级政府的支持

与其他中西部地区不同，镇江市地处苏南地区，经济发达，教育质量较高，自然吸引了很多外来务工者举家迁徙至此，其儿童入园问题亟须当地政府解决。然而，学前教育并非义务教育，镇江市的经费投入可用的资源太少。同时，中央和省级政府在学前教育投入与支出上的责任承担不够，镇江本地政府在其上承担又过多。

3. 改革没有完全到位，改革成果有待检验

任何一项改革都不是一蹴而就的，镇江学前教育体制改革也是在摸着石头过河，在探索中前进，在经验教训中成长。现在，回过头来看镇江学前教育的发展，其经费投入与管理改革也处于不断调整和完善中，特别是人员经费支出政策还在不断完善。

4. 区域内学前教育发展模式和投入情况差异较大，经费标准难统一

镇江各辖市（区）经济发展差异较大，对学前教育的支持和重视程度

也不一样，导致很多政策标准难以有效统一，进而需要加强市一级的统筹力度。

5. 民办学前教育资源没有得到充分的开发和利用

镇江市的经济发展，既有很好的乡镇企业作为基础，也有大量的私人投资者作为基础。就目前情况看，民办学前教育可开发的空间很大，可利用的资源很多。

三、镇江学前教育经费投入改革的推广价值

如前所述，镇江学前教育经费投入与全国其他地区学前教育经费投入既有相似之处，又有不同之处。镇江在试点改革中积累的经验、暴露的问题、提出的对策，在其他地区只能进行有限借鉴。但同样需要看到的是，镇江也生长在整个中国的政治土壤、经济环境和文化取向中，其所取得的成效、积累的经验在一定意义上也会对全国学前教育财政投入制度的建设产生有益影响。

1. 加强顶层设计，完善考核制度，出台配套政策

镇江市在学前教育经费投入制度建设方面的试点不是囿于学前教育的内部改革、局部改革，而是着意于进行顶层设计、系统统筹、全盘考虑，如镇江学前教育体制改革制度框架的整体设计、涉及各领域的配套学前教育政策、真抓实干的学前教育改革领导小组和学前教育改革发展联席会议制度、一票否决的督政考核等。

以督政考核为例。镇江市每年都要对各辖市（区）政府进行发展学前教育的指标考核，其在政府督政指标中的权重占比较高，这迫使各辖市（区）政府高度重视学前教育年度目标的完成。可以肯定的是，镇江学前教育各项试点改革任务的圆满完成，与督政制度的严格执行是分不开的。

2. 调整财政支出结构，应对经济新常态

与全国一样，镇江学前教育也面临着经济新常态带来的困扰。镇江市自试点改革以来，财政性学前教育经费投入占财政性教育经费投入的占比逐年提高，7 个辖市（区）均已达到 5% 以上，其中 3 个辖市（区）达到 7% 以上。

但是，财政性学前教育经费投入的比例不可能无限制地上涨，而是会维持在一个合理的区间。因此，为了促进镇江学前教育的均衡发展，切实解决经济新常态下的财政压力，各地政府一方面要更多依靠政府与全社会的共同努力，对财政投入政策的可持续性进行分析；另一方面需要加大对财政投入的分类资助政策进行前瞻性预判，以实现财政资金更好的引导和激励作用，发挥社会资本的办学效率，提高办学质量，形成多元化的办学模式。

（1）公办民办并举，公平和效率兼顾

镇江学前教育长期以公办幼儿园为主，已形成"五为主"的学前教育发展模式。近年来，随着经济和社会的发展，外来人口大量涌入，这使得当地公办幼儿园难以承担所有流动人口随迁子女的学前教育问题。如果镇江学前教育长期以公办幼儿园为主，继续加大财政投入比重，财政最终难以承担，并且会超过政府的承受能力而遭受到各种财政风险。

因此，在试点改革中，镇江市一方面大力发展公办幼儿园，另一方面开始关注对普惠性民办幼儿园的扶持，通过财政资金的合理分配方式促进学前教育的多元发展，提高学前教育的公平和效率。在"五为主"的发展思路下，民办幼儿园无论是发展规模还是发展质量，与公办幼儿园的差距都非常明显，这也导致区域内的竞争消失，使民众的学前教育选择权受阻。

全国其他地区在学前教育财政投入制度改革中，要借鉴镇江经验，在扩大公办幼儿园规模的同时，积极扶持普惠性民办幼儿园发展，确保有限资金的激励效应与引导效应的产生。具体而言，各地政府要有效引导社会资金加大投入，开展多种形式的公私合作模式，通过民办公助、政府购买服务等方式，激励普惠性民办幼儿园的发展，以更好地实现学前教育资源公平和效率。

（2）建立针对不同类型民办幼儿园的分类资助体系和标准

对于不同类型、不同规模和不同办园质量的民办幼儿园，政府需建立有针对性的分类资助体系和标准。在资助的方式上，政府对民办幼儿园可从直接支持和间接支持两方面来实施资助。在资助的主体上，民办幼儿园主要由省、市地方政府管理，财政支持主要由区县地方财政负担，省市财政给予必要支持。不同的区县可根据本地区的实际需要和财政能力做出不同的规定。

（3）加大对学前教育的间接投入力度

各级政府除了增加预算内学前教育经费外，还应该在其他社会政策层面对学前教育进行间接投入，主要包括：对家长交纳的保育教育费，在合理的范围内允许其在个人所得税前进行扣除；对公办和非营利民办幼儿园用地和园舍建设减免税费；规定幼儿园按民用价格标准使用水电气；规定家长就业单位报销一定数额的保育教育费。镇江市通过这些方式形成"财政投入与家庭投入并重，税收、土地和社会捐赠等多方支持"的多渠道学前教育投入体制。

（4）支出重点应注重缩小办学差距、人员经费

经过几年努力，镇江市与全国的大多数地区一样，重视对幼儿园的新建、改扩建投入，已基本纳入年度预算。在下一阶段的财政支出结构中，政府应更多地考虑如何解决质量差距、人员经费差距问题。当然，在我国一些流动人口导入地区，办园资源在一定时间内还非常紧张。但从总体上看，幼儿园规模建设已基本满足需要。之后，各地政府要着力解决的是城乡均衡、体制均衡、师资均衡、质量均衡等深层次问题，在财政投入上要有所倾斜。

3. 进一步完善儿童资助甄别体系

镇江市地处经济发达地区，本地人口收入差距较大，而外来人口的涌入则进一步加大了收入差距。针对学前教育阶段的儿童资助政策，必须统筹考虑资助幼儿园类型、受资助儿童类型、资助标准，建立相应的儿童资助甄别体系，使需要资助的家庭和儿童能够真正获得相应的资助，避免财政资金在资助过程中出现浪费。经济状况较好的家庭不应当享受免除保教费的优惠政策。普遍且过低的保教费收费标准并不利于增大学前教育经费投入、改善学前教育办学条件和资源配置。因此，政府需要进一步完善儿童资助甄别体系，提高部分地区和幼儿园的保教费收费标准。

4. 建立更完善和可持续发展的学前教育投入长效机制

当前，镇江学前教育经费投入长效机制，是在将学前教育作为投入重点的情况下实施的。在人口结构变化和城镇化的大背景下，镇江学前教育的长效投入机制可能难以持续，最现实可行的办法是尽快完善镇江学前教育生均经费拨款标准，以此作为财政部门拨款的重要依据，建立起学前教育有制度

可依照、可持续发展的经费投入长效机制。这意味着，中央政府要加快出台幼儿园生均财政拨款、生均公用经费拨款的国家标准或指导意见，完善幼儿园生均成本的核算办法，对核算内容和具体标准给予具体说明，从而加强对地方政府在执行过程中的指导和监督。此外，中央还要制定幼儿园质量标准和课程标准，从硬件和软件两方面全面提升学前教育的办学质量。

5. 建立科学合理的学前教育成本分担机制

与全国大部分地区不同，在镇江学前教育成本分担结构中，政府分担比例较高，这一方面得益于其收费管理体制的建立，另一方面缘于其在成本核算基础上建立的成本分担机制。

（1）改革和完善幼儿园收费管理体制

镇江市在试点改革中较好地解决了不同类型幼儿园的乱收费问题，建立了完善的收费管理办法，其具体经验表现在以下四方面。首先，建立了幼儿园成本计算办法，要求按规范的方法计算成本，以此作为确定收费标准的基本依据。成本信息要以报表的形式向政府报告并向社会公开。其次，物价部门制定和完善了成本监审办法，对幼儿园提供的成本报表进行实质审核，或者要求其提供社会审计机构出具的审计报告并对审计报告进行监审，确保幼儿园提供真实准确的成本和其他财务信息。再次，以审核后的成本为基础，由省级或地市级政府制定本辖市（区）内各类公办幼儿园的指导性收费标准，由区县政府对民办幼儿园的收费标准进行备案。最后，物价部门每年随机抽取一定比例的幼儿园，对其收费情况进行监督和检查，依法对违法违规收费行为进行严厉惩处。

（2）建立五级政府共同分担的财政投入体制

在镇江的试点经验中，市级统筹、县镇共建是其重要的经验。从全国层面来看，省域范围内学前教育的均衡发展不能仅靠市级统筹，而必须由五级政府共同分担。在中国的行政体系中，基层政府财力相对薄弱，难以承担教育投入的主要责任。学前教育政府投入不能仅仅依靠基层政府，还必须让中央和省级政府承担更大的责任。国际经验和我国普及义务教育的实践都证明，将学前教育经费负担责任下放到财力不足的基层政府，其经费是不可能得到保障的，普及学前教育的目标也难以达到。

因此，我国应根据现行财税体制下中国中西部地区、部分东部地区的区县和乡镇（街道）财力不足的实际，改革现行的学前教育财政负担体制，建立中央、省和地（市）三级政府共同承担部分学前教育财政责任、五级政府共同分担的政府投入体制。各级政府财政责任的划分，可以参照农村义务教育经费保障机制的经验。中央政府主要承担对家庭经济困难儿童的资助责任和一定比例的公用经费责任，负担比例不低于预算内学前教育总经费的20%。省级政府制定本地的幼儿园生均经费标准和生均财政拨款标准，与地（市）级政府一起承担新建和改建幼儿园的经费、幼儿教师培训经费和一定比例的教职工工资福利经费，负担比例不低于预算内学前教育总经费的30%。区县和乡镇（街道）承担幼儿园建设和改造的土地供应责任、一定比例的教职工工资福利经费和公用经费责任，负担比例不高于预算内学前教育总经费的50%。

6. 开展政府与社会资本合作

相比于广东、广西，镇江市在试点过程中较少采取政府与社会资本的深度合作方式，更多强调的是政府主导、社会参与、公办民办并举的主流思路。随着经济下行压力的进一步加大，政府对学前教育的多元投入方式会日益重要。因此，我们需要从镇江市的既有探索中生发出去，尝试政府与社会资本的有限合作。

（1）政府与社会资本针对新建幼儿园的合作

政府与社会资本的合作内容既包括基础设施、幼儿园教学楼建设、教学器材的采购等硬件内容，也包括与教学相关的师资安排、课程设计、教材教具提供等信息中介服务以及与后勤服务相关的食堂、校园保洁等在内的软件内容。在具体的合作实施中，双方可以根据需求，将软硬件的部分内容局部打包并进行合作，也可以将幼儿园的所有软硬件内容整体打包进行合作。

（2）政府与社会资本针对已建幼儿园的合作

政府与社会资本针对已建幼儿园的合作包括两种方式，即以融资为目的的合作和以改善综合绩效为目的的合作。

①以融资为目的的合作。对于经费投入不足、办学困难的已建幼儿园，政府可通过将幼儿园现有基础设施或管理经营权转让的方式获得融资，缓解

当前财政支出压力。该合作涉及基础设施或管理经营权的转让与移交，政府需根据幼儿园的现实情况、融资需求以及财政承受能力，科学界定合作范围和合作期限，在此基础上对经营权转让的定价进行科学评估，通过竞争性方式选定社会投资人，然后再由政府与社会投资人签订合作协议，在协议中明确规定服务标准、价格管理、回报方式、风险分担、退出机制、绩效评价等内容。社会资本根据协议约定，承担基础设施建设或幼儿园的管理经营活动，并在合作期结束后将管理经营权移交给政府。在这种模式下，幼儿园获得的财政经费、保教费收入是社会资本的主要收入来源，不足部分由政府根据绩效评价结果予以补贴。此外，政府鼓励社会资本在合作过程中开拓新的创收项目，减少财政补贴，提高投资人的收益水平。

②以改善综合绩效为目的的合作。第一，针对基础设施条件较好但办学相对困难、教学质量不高或与市场需求对接不畅的幼儿园，政府通过委托经营管理的方式，与社会资本合作。委托经营管理主要涉及幼儿园经营管理权的转移，受委托管理的幼儿园的办学体制、学校性质、收费标准等不发生改变。政府可通过竞争性方式选定社会资本合作方，如办学质量高、社会声誉好的优质民办幼儿园，规模化运作和专业化经营的民办学前教育集团，或者是幼儿教师培训培养和管理能力较强的大型幼教师资培训机构和民办学前教育机构。政府将公办幼儿园的经营管理权移交给社会资本，然后自己作为监督者和合作者，通过购买服务、运营补贴等形式将其作为社会资本提供公共服务的对价，以绩效评价结果作为对价支付依据，保障社会资本获得合理回报。第二，对于基础设施投入不足、办学条件较差、教学体制机制以及运营管理机制难以适应市场需求、入学吸引力不足的已建幼儿园，政府开展与社会资本的合作，通过竞争性方式选择在教学实施与管理方面更专业的学前教育机构作为社会资本，对已建幼儿园的发展定位、课程设计、师资安排、教学与培训计划等教学运行体系以及幼儿园的决策体系、监管机制、分配机制等管理运行机制进行重建，依靠其灵敏的市场嗅觉、精细化的建设管理、专业化的教学设施等优势，实现学前教育管理的科学化、运作的规范化、服务的市场化。政府作为监督者和合作者，通过补贴、购买服务等方式对社会资本进行约束，设计科学、合理的绩效考核机制，在确保其公共属性的同时，

为社会资本提供良好的运营环境和持续改进经营的动力，最终实现学前教育的良性、可持续运转。

回溯镇江市的学前教育体制改革历程，我们发现，镇江市始终坚持"政府主导、多元投入、公办民办并举、合理成本分担，科学保教"的改革导向，以建设"优质均衡公益普惠"的现代学前教育为改革目标。总结镇江市这几年来学前教育体制改革取得的经验，将有助于我们实现《规划纲要》提出的学前教育发展任务。

第四章
公平发展：镇江学前教育的师资建设

在学前教育体制改革试点中，镇江市不仅在管理体制、投入体制方面进行了各种制度创新，而且在师资队伍建设方面也有颇多创举。所谓制度创新，是指人们在现有的生产和生活环境条件下，通过创设新的、更能有效激励行为的制度、规范体系，实现社会的持续发展和变革创新。所有的创新活动都有赖于制度创新的积淀和持续激励，通过制度创新得以固化，并以制度化的方式持续发挥作用，这就是制度创新的积极意义所在。学前教育的重要性已不言而喻。在国家大力倡导发展学前教育而学前教育发展依旧面临重重问题的背景下，制度创新显得尤为重要。发展学前教育，就要敢于攻坚克难，敢于进行制度创新。

第一节　立足实际：幼儿教师概况分析

学前教育是国民教育体系的重要组成部分，是终身教育的第一环节，起着基础性、奠基性的作用。同时，它也是重要的社会公益事业。办好学前教育是党的十八大的明确要求，是教育发展的必然选择。发展学前教育事业、提高教育教学质量，幼儿教师队伍的建设是重点。师资的数量与质量，是办好学前教育的核心要素和关键环节。不解决好师资问题，"办好"学前教育就会沦为空谈。

一、发达国家学前教育师资培养概况

发达国家把师资培训列为学前教育事业的基本建设内容。他们认为，教育的主体是人。教育活动的动力不是资金和设备，而是教师和儿童。因此，重视对学前教育师资的培训是必要的。[①] 20 世纪 60 年代以来，世界各国政府开始重视学前教育对促进社会发展的重要作用，加快了学前教育事业发展的步伐，特别是在学前教育师资队伍建设方面，更是做出了诸多努力。20 世纪 70 年代，日本政府通过《教育职员许可法及其实行法》，明确规定了幼儿教师的培养层级。20 世纪 90 年代，美国政府颁布《0—8 岁儿童教师任职资格标准》，对幼儿教师的职业特征和专业知识技能做了明确规定。2000 年以来，新加坡政府投入大量资金以保障对幼儿教师的培训工作，承担了幼儿教师在职培训 70%以上的费用。同期，澳大利亚建立了多个大学与幼儿园的合作项目，促进幼儿教师队伍的专业发展。[②]

以加拿大为例。加拿大多个省份通过联邦政府拨款等途径，吸引教学人员到学前教育领域工作，以稳定现有的幼儿教师队伍，通过提高教学人员薪酬、推行奖励和质量改进激励机制、补偿培训成本等方式吸引大批学前教育专业人员进入幼儿教师行列，有效地扩大了幼儿教师队伍数量。[③] 在幼儿教师质量方面，加拿大卑诗省提高了对幼儿教师专业知识与技能的要求，逐步扩大幼儿教师的培养层次，加大对幼儿教师的培训力度。如今，该省幼儿教师学士学位的普及化趋势已经成型。[④] 美国国家研究院早期教育委员会认为，幼儿教师应该拥有儿童发展和学前教育方面的大学学历。世界上其他国家，如澳大利亚、奥地利、葡萄牙、西班牙、瑞典和挪威，都明确规定幼儿教师需

①王承绪，顾明远. 比较教育 [M]. 北京：人民教育出版社，1999：128.
②姜勇，严婧，徐智利. 国家学前教师教育政策研究 [M]. 上海：华东师范大学出版社，2012：102-179.
③Beach J.，Friendly M.，Ferns C.，Prabhu N.，Forer B.. Early and Research Unit [EB/OL]. [2013-03-10]. http：//www. childcarecanada. org/ECEC2008/childhood education and care in Canada 2008. Toronto：Childcare Resource x. html.
④Pawliuk S. A.. Experiences and Beliefs of Pre-Service ECEC Teachers in British Columbia [D]. Victoria：University of Victoria，2007.

达到本科以上学历，这是取得幼儿教师资格证的最低学历要求。①

二、中国学前教育师资培养的实践

改革开放三十多年来，我国学前教育事业取得了长足进步。但从总体上看，当前学前教育事业发展仍然在幼儿教师队伍建设、经费投入和基础设施等方面存在诸多难题，幼儿教师队伍建设是其中最为关键的一个难题，其主要表现在队伍的整体数量不足、质量不高和分布不均三大方面。尽管中央政府曾多次在政策文件中强调幼儿教师队伍建设对于学前教育发展的重要性，并提出过多项改善举措，但是离目标实现还是任重而道远的。幼儿教师队伍建设问题十分复杂，既有数量上的问题，也有质量上的问题；既有空间配置的问题，也有机构选择的问题；既有普遍性问题，也有特殊性问题。同时，它还受到培养培训方式、经费投入规模、资格认定管理机制、外部环境条件等因素影响。

幼儿教师是学前教育工作的主要承担者，是儿童学习活动的支持者、引导者和合作者。幼儿教师专业发展在很大程度上影响着学前教育质量的提升。幼儿教师队伍建设问题，受到了党和国家的高度重视。近些年来，从中央到地方，各项政策措施陆续推出，幼儿教师专业发展遇到了前所未有的良机。在中央层面，2010 年颁布的《规划纲要》明确指出："要严格执行幼儿教师资格标准，切实加强幼儿教师培养培训，提高幼儿教师队伍整体素质，依法落实幼儿教师地位和待遇。" 2010 年，《关于当前发展学前教育的若干意见》提出要"多种途径加强幼儿教师队伍建设"。2011 年，国务院常务会议研究决定增加财政投入，支持发展学前教育。2011 年，教育部出台《关于大力推进教师教育课程改革的意见》。2012 年，教育部印发《幼儿园教师专业标准（试行）》。2012 年，《教育部中央编办财政部人力资源和社会保障部关于加强幼儿园教师队伍建设的意见》出台，对加强幼儿教师队伍建设提出了包括

---

①OECD. Starting Strong Ⅲ：A Quality Toolbox for Early Childhood Education and Care ［R］. Paris：OECD Publishing，2011：168.

补足配齐幼儿园教师、完善幼儿园教师资格制度、提高幼儿园教师培养培训质量等在内的多项措施，明确了幼儿教师队伍建设的目标，"各地要按照构建覆盖城乡、布局合理的学前教育公共服务体系的要求，结合本地实际，科学确定幼儿园教师队伍建设的目标。到 2015 年，幼儿园教师数量基本满足办园需要，专任教师达到国家学历标准要求，取得专业技术职称（职务）的教师比例明显提高。到 2020 年，形成一支热爱儿童、师德高尚、业务精良、结构合理的幼儿园教师队伍"。2013 年，教育部印发《幼儿园教职工配备标准（暂行）》，进一步规范各类幼儿园用人行为。2014 年，全国共有幼儿园20.99 万所，比上年增加 1.13 万所。在园儿童数 4050.71 万人，比上年增加156.02 万人。幼儿园园长和幼儿教师共 208.03 万人，比上年增加 19.52 万人。学前三年毛入园率达 70.5%，比上年提高 3%。① 尽管入园率有了长足发展，但从总体上说，学前教育事业发展中的核心要素与关键环节——幼儿教师队伍的数量与质量问题并没有得到全面、及时、妥善的解决。在一定程度上和在某些方面，问题和矛盾依然存在，甚至是愈演愈烈。镇江市的探索值得引起重视。

三、镇江市学前教育师资培养制度概况

学前教育是整个教育体系的基础。幼儿教师是整个教师队伍的重要组成部分，也是学前教育工作的首要承担者。他们对儿童早期发展起着至关重要的作用。镇江市认识到学前教育的重要性和学前教育师资的关键作用，先后出台了加强学前教育教师队伍建设的相关文件，如《关于加强公办幼儿园机构编制管理工作的意见》（镇编办〔2012〕71 号）、《镇江市幼儿教师素质提升培训计划》、《关于幼儿园非事业编制教师实行人事代理制度的实施意见》等。其总体思路是：建立以政府为主导的学前教育管理新体制，明确政府的主导责任；确定县级政府负责统筹规划本辖区内学前教育事业规划布局，落

---

① 中华人民共和国教育部. 2014 年全国教育事业发展大数据［EB/OL］.（2015-07-31）［2014-08-04］. http://www.moe.edu.cn/jyb_ xwfb/s7600/201508/t20150803_ 197298.html.

实学前教育经费，统筹管理各类学前教育机构；建立以政府投入为主的多渠道经费保障新机制；建立以在编幼儿教师为主体的学前教育师资队伍，建设"聘、管、培"一体化新机制（见图6）。落实和健全幼儿教师资格准入制度和专业技术职称（职务）评定制度，按省定标准核定幼儿教师编制数量，配足配齐人员，完善幼儿教师在职培训体系和小学教师转岗支教机制；提高幼儿教师工资待遇。加强师德建设和考核，落实相应待遇，保障合法权益，有序推进幼儿教师专业提升的"十百千"工程。

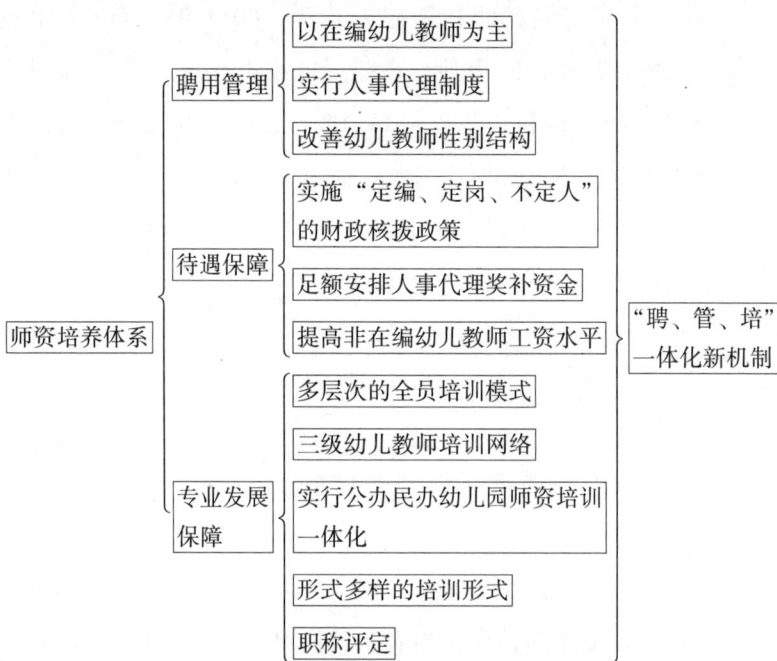

图6 镇江市学前教育师资培养体系

完善经费保障机制是发展学前教育的基本前提，创新师资队伍建设机制是学前教育内涵特色发展的有力保证。镇江市一方面千方百计增加幼儿教师编制数量，另一方面盘活现有资源，鼓励小学教师"转战"学前教育。同时，该市通过面向社会公开招考幼儿教师、有计划招收免费幼儿师范男生等举措，使学前教育师资得到快速充实。

第二节　在编为主：幼儿教师聘用管理

2012 年，《教育部中央编办财政部人力资源和社会保障部关于加强幼儿园教师队伍建设的意见》指出："补足配齐幼儿园教师。国家出台幼儿园教师配备标准，满足正常教育教学需求。各地结合实际合理确定公办幼儿园教职工编制，具备条件的省（区、市）可制定公办幼儿园教职工编制标准，严禁挤占、挪用幼儿园教职工编制。企事业单位办、集体办、民办幼儿园按照配备标准，配足配齐教师。采用派驻公办教师等方式对企事业单位办、集体办幼儿园和普惠性民办幼儿园进行扶持。各地根据学前教育事业发展和幼儿园实际工作需要，建立幼儿园教师长效补充机制。公办幼儿园教师实行公开招聘制度。加强对各类幼儿园教职工配备情况的动态监管，把教职工资质及流动情况作为幼儿园保教质量评估监测的重要内容。启动实施支持中西部农村边远地区开展学前教育巡回支教试点工作，吸引优秀人才到农村边远贫困地区幼儿园任教。"

镇江市在加强学前教师队伍建设的举措中，充分发挥了政府的主导作用，将幼儿教师招聘与培养纳入中小学教师统一规划，每年给予一定编制作为幼儿教师的补充，逐年增加幼儿教师编制数量，积极推进中小学教师转岗，实施非在编幼儿教师人事代理制度，实现学前教育师资以在编幼儿教师为主。同时，镇江市通过专门招收男幼儿教师，改善幼儿教师的性别结构；通过流动机制，促进不同地区间的师资均衡。据统计，2011—2015 年，镇江市共增补在编幼儿教师 549 人、转岗幼儿教师 120 人、人事代理非在编幼儿教师 1081 人（见图 7），在编幼儿教师占比由 2010 年的 22% 增加到 2015 年的 46%，很好地充实了学前教育师资力量。

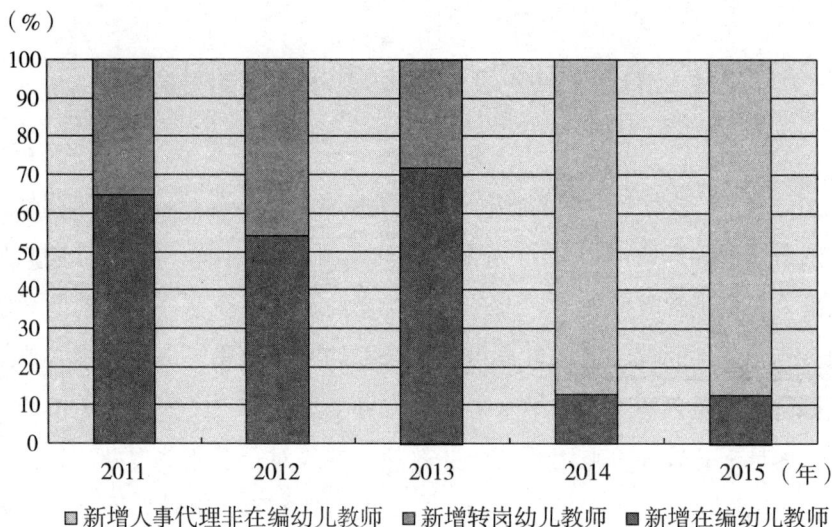

（%）

图7　2011—2015年镇江市新增幼儿教师分布情况①

一、以在编幼儿教师为主

镇江市在学前教育师资队伍建设上，坚持政府主导，落实各级政府责任，实行"辖市（区）统筹，辖市（区）、乡镇（街道）共建"的管理体制。首先，明确了辖市（区）、乡镇（街道）、教育部门共管的职责。特别要注意的是，乡镇（街道）承担着发展农村和社区学前教育的责任。经过改革，镇江市逐步形成政府主办、教育行政部门主管、园长负责的办园模式。其次，实行与有关部门分工负责的运作机制。编制要与教育、财政、人社等部门积极协调配合，共同做好学前教育师资队伍的体制改革试点工作。再次，将学前三年教育纳入国民教育体系。统一办学形式，逐步将其他部门主办的公办幼儿园划转到教育部门，进行资源整合。最后，坚持总量控制、动态调整的编制管理原则。将现有的单个公办幼儿园编制管理方式逐步调整到与区域总量控制相结合上来，区域内统筹调剂，解决因生源变化引起的师资失衡问题。

政府牵头，与教育编制部门协调，加大幼儿教师进编力度，让现在岗但

①2011—2013年没有"新增人事代理非在编幼儿教师"一项，2014—2015年没有"新增转岗幼儿教师"一项。——作者注

不符合任职资格的非在编幼儿教师转岗到保育员岗位，实现"两教一保"的配备要求。建立非在编幼儿教师待遇逐步提高保障机制，尽快为非在编幼儿教师解决社会保险问题。对非在编幼儿教师培训和学习给予政策倾斜，划拨一定培训经费，提高非在编幼儿教师的学历达标率。通过公开招聘、转岗培训、招考在编教师、幼师"回归"等多种渠道，进一步增加在编幼儿教师数量，确保实现幼儿园"两教一保"。进一步丰富学前教育培训资源，加强对各类从业人员的培训，不断优化师资队伍的整体素质，加快提升幼儿园管理水平和办园品质。加强幼儿教师队伍管理，进一步畅通园际流动，建立城区幼儿教师到农村园任教、骨干幼儿教师结对帮扶薄弱园、公办幼儿园与民办幼儿园之间流动等机制与制度，促进优质教育资源共享，推动各类学前教育和谐发展。加强与高等院校的合作，为在职幼儿教师提供更多的进修、培训机会，促进幼儿教师专业成长，加快名师队伍建设。

1. 加强幼儿园编制管理

编制是我国教师人事管理制度的核心内容，是影响我国教师人事管理实践与教师待遇的重要因素。我国现有的、唯一的幼儿园教职工编制标准是1987年劳动人事部和国家教委联合下发的《全日制、寄宿制幼儿园编制标准（试行）》。该试行标准公布施行近三十年，已严重不适应当前学前教育的发展形势。由于其本身的可行性就存在问题，所以自问世之日起始终未得到贯彻执行。

长期以来，我国幼儿教师编制无独立系列，导致地方政府在幼儿教师编制配置过程中一直参照中小学编制配置标准（参见《关于制定中小学教职工编制标准的意见》），幼儿教师长期混编于中小学教师队伍。由于一些人事执行部门对学前教育性质和地位认识不足，所以幼儿教师编制很容易被中小学教师挤占。而且，由于中小学教师编制政策本身存在着明显的城市取向，所以农村幼儿教师编制配额极缺，其待遇无法保障。

所以，政府应合理确定幼儿园教职工编制，制定幼儿教师编制政策，逐年增加公办幼儿园中在编幼儿教师的比例。新增幼儿教师编制应主要用于农村公办幼儿园。按要求配备专任幼儿教师和保健人员，省优质幼儿园（示范幼儿园）全部达到每班"两教一保"，合格幼儿园全部达到省定标准。逐步实现城镇、农村公办幼儿园中在编幼儿教师比例达到50%以上，向农村倾斜。足额配齐幼儿园教职工编制，通过小学富余教师培训转岗、高等学校学前教育专业学生招聘上岗、非在编幼儿教师择优竞岗等多种途径，逐年提高公办幼儿园在编幼儿教师的比例。

各辖市（区）保证每年增加一定数量的在编幼儿教师，公办幼儿园每班至少配备一名在编幼儿教师，保证幼儿园每班达到"两教一保"。事业编制配制向专任幼儿教师倾斜，同等条件下可优先选聘符合幼儿教师任职条件且从事学前教育工作三年以上的在岗非在编幼儿教师。纳入事业单位编制管理的各类公办幼儿园，逐步实行统一的在编幼儿教师配置政策。落实幼儿园独立法人资格，附属在小学的公办幼儿园实现独立建制。

2012年，镇江市编办印发《关于加强公办幼儿园机构编制管理工作的意见》，要求各地要保证公办幼儿园有一定比例的事业编制，用于配备管理人员和骨干幼儿教师，建立一支以在编幼儿教师为主的师资队伍。小学富余教师经培训合格后可转入幼儿园。独立建制的公办幼儿园编制按以下办法核定。①班级规模：小班（3—4岁），20—25人；中班（4—5岁），26—30人；大班（5—6岁），31—35人。②核编办法：每班核1名幼儿教师编制，全园核园长、保健教师、会计编制各1名，三轨以上幼儿园增核1名副园长编制；边远地区、省优质公办幼儿园（示范幼儿园）以及有条件的地区可在此基础上适当增核人员编制。③公办幼儿园的其他教学人员、保育人员、后勤服务人员可以实行社会化用工。

如丹徒区自2010年起在教师进编计划中逐年增加幼儿教师比例。特别是在2014年，全区40个进编计划中的24个用于幼儿教师，使丹徒区公办幼儿园在编幼儿教师比例从2013年的32%快速升至2014年的44%（含4名男幼儿教师）。同时，丹徒区采取有效措施，努力提高幼儿教师的持证率。2014年，取得幼儿教师资格证的专任幼儿教师占比从2013年的49%激增至2014年的81%。2015年，全区在园幼儿教师实现全部持证上岗。

如丹阳市在严格控制、紧缩各类编制员额的情况下，给幼儿教师编制"开绿灯"。自2012年起，每年投放编制40个左右，数量约占全市全年教师进编指标的1/3。其中，90%的编制全部放入农村公办幼儿园。为保持幼儿教师质量的平衡，丹阳市坚持城乡流动制度，要求青年教师必须具有五年的农村工作经历。每年由城区幼儿园选派骨干幼儿教师到农村幼儿园支教，农村幼儿园选派幼儿教师到城区幼儿园学习。有过在农村工作经验的幼儿教师，在职评评定、骨干幼儿教师评审时给予优先照顾，镇政府也给予相应补贴，进一步提高了幼儿教师流动的积极性。

如句容市将幼儿教师招聘与培养纳入中小学教师招聘与培养统一规划，每年划拨一定编制给幼儿教师。2011—2014 年，全市增加在编幼儿教师88 人，很好地充实了学前教育师资力量。句容市还印发了《句容市幼儿教师素质提升培训计划》（句教发〔2014〕3 号）、《关于进一步提高中小学（幼儿园）教师学历层次的意见》（句教发〔2013〕54 号），实施和完善了学前教育各级拔尖人才的培养管理体系；以目标导向、名师引领、同伴互助、自主进修等方式，强化学前教育骨干教师队伍和学科领军人才建设，形成了阶梯式学前教育拔尖人才格局。

如扬中市在新增编制十分紧缺的情况下，每年确保教师招聘总数的1/3 用于选聘优秀师范毕业生充实到幼儿教师队伍中，安排一定名额用于幼儿园在岗非在编幼儿教师在综合考核后择优进编。2014 年，全市 15 所公办幼儿园共有教师 355 人，其中在编幼儿教师有 305 人，占比达 86%。近年来，扬中市通过向人事部门争取编制、向非在编幼儿教师开通进编渠道、实施跨学段转岗工作等方式，设法增加幼儿教师的编制数量，从而稳定师资队伍（见表10）。

表 10　2010—2014 年扬中市在编幼儿教师招聘情况①

年　度	招聘教师总数（人）	招聘幼儿教师总数占招聘教师总数比例（%）	新招聘在编幼儿教师数（人）	非在编幼儿教师进编数（人）	机关幼儿园招聘数（人）	招聘在编幼儿教师总数（人）	转岗数（人）
2010	50	30.00	10	2	3	15	0
2011	50	42.00	12	4	5	21	1
2012	39	20.51	4	1	3	8	3
2013	54	27.78	8	4	3	15	4

①机关幼儿园为扬中市机关事务局举办，由扬中市教育局代为招聘新教师。——作者注

续表

年 度	招聘教师总数（人）	招聘幼儿教师总数占招聘教师总数比例（%）	新招聘在编幼儿教师数（人）	非在编幼儿教师进编数（人）	机关幼儿园招聘数（人）	招聘在编幼儿教师总数（人）	转岗数（人）
2014	47	36.17	13	3	1	17	1
合计	240	31.67	47	14	15	76	9

如镇江新区按照在编教师每年增长 10% 的幅度，逐步提高公办幼儿园在编幼儿教师占比。2015 年上半年，镇江新区招聘在编幼儿教师 20 人，从根本上解决了镇江新区幼儿教师队伍整体薄弱的问题。镇江新区对幼儿教师任职资格严格把关，对尚不具备相关任职资格的在岗人员，通过在职培训、自学考试、参加教师资格证考试等方式，要求其在三年内取得任职资格。

2. 小学教师转幼儿教师

为解决学前教育阶段师资不足的问题，和其他地方一样，镇江市政府想到的第一条路子也是编制"腾挪"，即小学转岗教师经培训合格后转变为幼儿园专任教师。从 2011 年至 2013 年，镇江市教育局先后组织了分别为期一年的三期小学教师转岗培训班，转岗到幼儿园的合格小学教师共计 112 人。其中，镇江市教育局承担了 80% 的培训经费、各辖市（区）承担了 20% 的培训经费，解决了学前教育师资队伍的紧缺问题。

如京口区采用多种途径，实现幼儿教师数量的增加。增加在编幼儿教师主要通过新进编制向幼儿园倾斜、从小学转岗分流在编教师等方式来实现。同时，该区根据教育布局和教师结构优化的需要，实行小学教师转岗分流，对有志向、有意愿从事学前教育工作的小学教师进行培训，培训后经考核合格可胜任学前教育工作的小学教师在双向选择后，进入幼儿教师队伍中。截至 2014 年，已有 7 名教师顺利转岗。

3. 严格幼儿教师准入制度

镇江市建立政策导向机制，鼓励高等学校优秀毕业生投身学前教育事业，鼓励在编小学教师转岗从事学前教育工作，同时严把幼儿教师入口关，实行

"凡进必考"。全面落实幼儿园各类人员持证上岗制度。2015年，幼儿园园长、保健员、保育员持证上岗率达80%。2018年，幼儿教师持幼儿教师资格证比例将达95%以上，每所幼儿园具备初级及以上专业技术职称（职务）的专任幼儿教师占比达70%以上。如扬中市自实施教师公开招聘以来，严格执行幼儿教师资格准入制度，新招聘幼儿教师必须为学前教育专业毕业。

幼儿园园长、幼儿教师、保育员、保健人员等均应取得岗位任职资格，实行持证上岗。尚不具备相关任职资格的在岗人员，要通过在职培训、自学考试、参加教师资格证考试等方式，要求其在三年内取得任职资格。严把各类保教人员入口关，新进人员必须具备相应的岗位任职资格。镇江市教育部门统一组织幼儿教师资格考试和资格认定，县级以上教育部门按《镇江市事业单位公开招聘工作人员实施办法》（镇办发〔2012〕24号）等文件精神，在人社部门监督和指导下，具体履行幼儿教师招聘录用、专业技术职称（职务）评聘、培养培训和考核等管理职能。按照150名儿童配备1名专职保健员的比例配备保健员。2015年以后新招录的保健员必须具有国家认可的中专以上医学学历。鼓励保健员参加营养员资格考试，取得营养员资格证。卫计、妇幼保健等机构负责保健员、保育员、营养员的任职和在岗培训。到2015年，全市幼儿教师拥有专科及以上学历占比达76%。

4. 实施免费师范生项目，完善幼儿教师补充机制

如扬中市为了优化师资队伍水平，从2015年起实施免费师范生培养项目，会同人社、财政等部门印发《关于鼓励扬中籍优秀初、高中毕业生报考师范类专业的暂行办法》（扬教〔2015〕22号），与苏州幼儿师范高等专科学校签订培养协议，通过免除学费和住宿费、对家庭经济困难学生补助生活费等政策，鼓励扬中籍优秀初中毕业生报考该校并在毕业后回扬中市长期从事学前教育工作。这样做有两个好处，一是未来幼儿教师队伍的整体素质可以得到保证。2015年，扬中市共有20名初中应届毕业生被苏州幼儿师范高等专科学校录取，录取分数均超过三星级普通高中①录取分数线，最低分为500

---

①江苏省普通高中等级分为无星、二星、三星、四星，其中三星、四星相当于原省重点高中。——作者注

分，最高分为 568 分，较之往年在入学成绩上有大幅度提升，为扬中市将来达到"师德好、业务精、留得住、有专长"的幼儿教师队伍建设目标提供了保障。二是编制保障。三部门联合发文，可以确保到 2020 年，幼儿园当年至少有 20 个进编名额。

二、通过幼儿教师流动促进优秀师资均衡

镇江市统筹学前教育师资，坚持总量控制、动态调整的编制管理原则，将现有的单个公办幼儿园编制管理方式逐步调整到与区域总量控制相结合上来，区域内统筹调剂解决因生源变化引起的师资失衡。在江苏省幼儿园编制标准出台之前，镇江市采取过渡性措施，印发《关于加强公办幼儿园机构编制管理工作的意见》，制定临时性幼儿教师编制标准。各辖市（区）可在编制范围内，盘活现有资源，加大对农村幼儿园和薄弱幼儿园的扶持力度，推进园际师资配置均衡。

如扬中市不断探索多样化的幼儿教师交流模式，建立健全城乡、校际之间幼儿教师定期交流制度，优化均衡城乡幼儿教师队伍结构。目前，扬中市幼儿教师流动方式主要有三种。一是实行城区新招聘幼儿教师满三年无条件调配农村幼儿园制度。从实施效果来看，城区幼儿园的规模、师资优势更利于青年教师成长。绝大多数青年教师在三年培养期满后，均能成为农村幼儿园的骨干力量，部分优秀青年教师可以走上农村幼儿园中层干部岗位。二是实行城乡结对合作交流制度。参照义务教育阶段 15% 的流动比例，三年为一轮，城区幼儿园选派优秀骨干幼儿教师至结对农村幼儿园进行支教交流，农村幼儿园选派青年教师至城区幼儿园进行学习培养。为了便于管理和确保交流效果，在交流期间，幼儿教师除基础工资（国标+基础绩效）以外，其余事宜（包括中层干部竞岗、奖励性绩效考核发放、个人年度考核、评先评优等）均在交流幼儿园进行。三是实行农村教师回城电脑派位与竞聘制度。城区幼儿教师下乡后，城区幼儿园师资一部分靠新招聘幼儿教师补充，一部分靠向农村幼儿教师招聘补充。对符合基本条件的幼儿教师进行电脑派位，按 1∶3 的比例随机产生竞聘人员。公开透明阳光的操作，赋予了各类幼儿教师均等

的进城机会，更可以防止农村幼儿园优秀教师流失，有利于学前教育的均衡发展。

如京口区为在编幼儿教师制定了到民办或薄弱幼儿园交流任职两年的要求，并将其作为专业技术职称（职务）评定、评优评先的先决条件。截至2014年年底，已有54人次到民办或薄弱幼儿园交流任职。

如润州区十分重视偏远地区和革命老区幼儿园的建设，建立了优秀师资流动机制，将后备干部提拔、专业技术职称（职务）评定和去偏远地区任教挂钩，优先培训偏远地区幼儿教师，提供每人每月200元的交通补贴。另外，润州区为了快速提高民办幼儿园的保教质量，有效促进公办民办幼儿园共同发展，让更多儿童享受到普惠、优质、健康的学前教育，出台了《关于润州区公办幼儿园事业编制教师交流工作的实施意见》（镇润教办〔2013〕009号），每年从公办幼儿园中选派优秀在编幼儿教师到民办幼儿园交流，民办幼儿园选派幼儿教师到对口幼儿园进修。公办民办幼儿园结对帮扶的主要任务包括两方面：一是公办幼儿园对民办幼儿园进行专项创建帮扶，二是公办幼儿园对民办幼儿园进行日常保教管理帮扶。具体做法是，公办幼儿园和民办幼儿园签订帮扶协议，通过捆绑式考核助推民办幼儿园保教水平的提升。近年来，润州区通过结对帮扶，帮助9所民办幼儿园创建成省优质幼儿园、12所民办幼儿园创建成市绿色幼儿园、5所民办幼儿园创建成市平安幼儿园。

如镇江新区通过优秀在编幼儿教师派驻民办幼儿园支教、姐妹园结对交流、名园结对帮扶等形式，促进区内公办民办幼儿园优质资源共享，实现镇江新区学前教育优质均衡发展。

三、实施人事代理制度

在理顺了办园体制机制问题后，幼儿园园长的办园积极性也被激发出来。但为了提升幼儿园教育质量，我们还需要进一步解决幼儿园的师资管理问题。长期以来，幼儿园在编幼儿教师数量始终处于比较短缺的状况下，大量的非在编幼儿教师一直辛苦工作在学前教育战线，但薪酬待遇总是处于比较低的水平。在考虑到编制无法有重大突破的前提下，探索建立非在编幼儿教师人事代理制度不失为一种权宜之计。该制度面向所有非在编幼儿教师，尤其农村公办幼儿园在岗不在编的幼儿教师或民办幼儿园幼儿教师。人事代理性质的非在编幼儿教师享受事业单位工作人员待遇，其工资、社会保障等经费由各辖市（区）财政根据相关标准予以拨付。同时，其可以平等地参与专业技术职称（职务）评定和评优评先等。这种方式使农村幼儿园，尤其是农村民办幼儿园的教师待遇、社会保险等有了基本保障，对稳定农村幼儿教师队伍起到非常积极的作用，更为幼儿教师个人职业成长提供了空间，有助于学前教育师资队伍整体素质的提升和学前教育质量的提高。

为进一步深化人事制度改革，创新用人机制，加强学前教育教师队伍建设，根据《关于做好国家学前教育体制改革试点工作的实施意见》《关于进一步深化学前教育体制改革试点工作的意见》《关于镇江市建设苏南教育现代化示范区的实施意见》（镇发〔2013〕32号）的精神，镇江市结合实际，对幼儿园非在编幼儿教师实行人事代理制度。

用"腾挪"的办法可以解决部分问题，但并不是长久之计。事业单位编制"只减不增"，实际上是在宣布教师编制"腾挪"的空间会越来越小。而且在理论上，事业单位编制制度一定会走出历史舞台，一定要被岗位聘任制度所取代，只是现阶段教师在情感上一时接受不了，财政制度按照人员编制确定预算的制度一时改变不了，所以中央政府才以渐进式的方式改革教师编制制度。因此，镇江作为国家级学前教育体制改革试点地区，需要在人员投入制度上有所创新，不能固守已有的制度渠道。镇江市的探索从两个方面展开。

一是理顺办园性质，制度性解决幼儿园编制不足等问题。对于公办幼儿园以外的幼儿园，政府只投入园舍和补贴，不投入幼儿教师编制。2012年7月16日，镇江市编办在全省率先出台《关于加强公办幼儿园机构编制管理工作的意见》，强化对公办幼儿园幼儿教师的编制管理，坚决支持中央政府关于教师编制"只减不增"的政策，在操作层面弱化"财政支出主要是增加编制内教师"的做法。

二是启动非在编幼儿教师人事制度改革，寻找"以幼儿教师编制来投入人员经费"的替代方式。2014年1月21日，镇江市教育局、市财政局、市人社局联合印发《关于幼儿园非事业编制教师实行人事代理制度的实施意见》，镇江市教育局印发《镇江市幼儿教师素质提升培训计划》。镇江市将聘任制引入幼儿教师人事管理中，建立系统的幼儿教师工资标准、变动、晋升、福利等制度，其养老、失业、医疗、工伤、生育等保险和住房公积金按城镇企业职工社会保险的规定执行，逐步缩小其与公办幼儿园在编幼儿教师工资福利待遇水平的差距，到 2018 年各地应保障已实施人事代理的公办幼儿园和普惠性民办幼儿园非在编教师工资不低于在编在职幼儿教师平均工资的 60%，在培训和使用上与在编幼儿教师一视同仁，用地方法规的方式解决了幼儿教师聘任的制度难题。

1. 人事代理的内容

教育行政部门指导督促辖市（区）内幼儿园结合各自实际情况并以幼儿园为单位，将符合条件的非在编幼儿教师名单报教育行政部门学前教育管理责任处（室）审核备案，然后在当地县级以上政府人社部门人才服务机构为其办理人事代理手续。

人事代理的内容包括：人事代理机构为委托单位管理人事关系，代办用工退工手续、聘用合同鉴证；指导督促委托单位作好代理人员考核、奖惩、工资调整等工作；代理人事档案管理，出具以档案为依据的各类人事材料证明和政审材料；代办社会保险金收缴等手续；提供人事代理政策咨询服务；为委托单位承办需要代理的其他有关事项。

2. 人事代理的对象及条件

人事代理的对象为与用人单位签订劳动合同的公办幼儿园的非在编幼儿教师和民办幼儿园教师。参加人事代理的非在编幼儿教师应符合以下基本条件：①遵守国家法律法规，热爱学前教育事业，具有良好品行；②具有幼儿教师资格和合格学历；③年龄在 18 周岁以上，身体条件适应岗位要求。

3. 人事代理人员的招聘

公办幼儿园可在核定的事业编制空编数额内招聘一定数量的非在编幼儿教师。民办幼儿园应根据实际需要和岗位需求通过招聘的方式配齐配足幼儿教师。

目前，在岗非在编幼儿教师由用人单位考核，符合条件的可按规定直接办理人事代理手续。尚不具备相关任职条件的，要通过在职培训、自学考试、参加教师资格考试等方式取得任职资格，然后方可办理人事代理手续。从2014年起，公办幼儿园新招聘非在编幼儿教师一律实行人事代理。鼓励普惠性民办幼儿园在规范财务管理及相关管理制度的基础上实施幼儿教师人事代理。

非在编幼儿教师招聘工作由各地教育行政部门根据当年本地用人需求，通过公开招聘的程序统一组织实施，由新进人员和幼儿园双向选择。

4. 人事代理人员的待遇

人事代理人员的工资参照人才市场的薪酬价位，由幼儿园和人事代理人员协商确定，其养老、失业、医疗、工伤、生育等保险和住房公积金按城镇企业职工社会保险的规定执行，在业务培训、专业技术职称（职务）评定、评优评先等方面享有与在编教师同等的待遇。

各级人社及教育行政部门要加强对落实非在编幼儿教师工资福利待遇的指导。幼儿园应根据幼儿教师的学历、专业技术职称（职务）、从事学前教育工作年限、承担的工作职责及考核业绩，逐步提高非在编幼儿教师工资福利待遇，缩小其与公办幼儿园在编幼儿教师的工资福利待遇水平差距。到2018年，各地应保障已经实施人事代理的公办幼儿园和普惠性民办幼儿园非在编幼儿教师工资不低于在编在职幼儿教师平均工资的60%。

5. 人事代理的资金奖补

各辖市（区）财政部门负责按区域内已实施人事代理的实际人数，统筹安排非在编幼儿教师的社会保险、人事代理补助等奖补资金。

（1）社会保险费用奖补

对缴纳社会保险费用中幼儿园应承担部分，财政按每人每年1000元的标准进行补助，其中市财政在镇江市学前教育发展专项经费中，按每人每年250元的标准给予奖补，其余部分由辖市（区）财政承担。

（2）人事代理费奖补

人事代理费每人每年补助不超过600元，其中市财政在镇江学前教育发展专项经费中，按每人每年150元的标准给予奖补，其余部分由辖市（区）财政承担。

奖补经费由各辖市（区）根据教育督导部门对幼儿园年度评估结果发放。

结果为 A 类的，按 100% 发放；结果为 B 类的，按 80% 发放；结果为 C 类的，按 60% 发放；结果为 D 类（达不到合格要求）的，不予补助。

非在编幼儿教师实行人事代理制度，是学前教育体制改革试点工作的一项重要内容，也是一项旨在保障幼儿教师权益、调动其积极性的重要民生工作。镇江市及各辖市（区）从深入推进国家学前教育体制改革试点工作、积极创建江苏省学前教育改革发展示范区的战略高度出发，切实将非在编幼儿教师人事代理工作放在推进学前教育改革发展的重要位置上，建立由当地政府、教育、财政、人社等部门参加的非在编幼儿教师人事代理工作协调机制，密切配合，齐抓共管，确保工作落到实处，取得积极成效。

如丹阳市农村学前教育在基本实现"从无到有"的转变后，师资又成为制约其学前教育科学发展的问题。全市幼儿园存在一定比例的非在编幼儿教师。为让全市非在编幼儿教师看到希望、安心工作，确保幼儿教师队伍的稳定，2014 年 4 月，丹阳市教育局协调市财政局、市人社局以及市编制办联合印发《关于幼儿园非事业编制教师实行人事代理制度的实施意见》（丹教〔2014〕80 号）。符合条件的非在编幼儿教师在实施人事代理后，其养老、失业、医疗、工伤、生育等保险和住房公积金按城镇企业职工社会保险的相关规定执行，并纳入在编幼儿教师同等管理范畴，其专业技术职称（职务）评定、评优评先等享有与在编幼儿教师同等的待遇，专业技术职称（职务）评定后其工资待遇将有所体现。非在编幼儿教师培训积极对照在编幼儿教师要求进行。在提高其待遇的同时，对不符合专业条件的非在编幼儿教师逐步清理，进一步激发非在编幼儿教师持证上岗的积极性。

将人事代理制度引入对非在编幼儿教师的人事管理中，对学前教育师资队伍建设具有特殊意义。首先，有助于形成一套针对非在编幼儿教师的规范化人事管理方式，使非在编幼儿教师的基本人事管理的各种事项有明确的监管部门以及政策规定，形式规范、畅通的非在编幼儿教师"进出口"和"楼梯口"，形成"能进能出、能上能下"的合理人事管理机制。其次，激活非在编幼儿教师的聘用积极性，一方面通过法律合同明确非在编幼儿教师的基本权利和义务，另一方面建立按岗聘用、公平竞争、能进能出的灵活用人机制，保障非在编幼儿教师的合理流动，促进幼儿教师资源的合理配置。最后，使各项人事管理事务有章可循、有理可依，以规范化人事管理制度保障非在编幼儿教师的基本权益，进而形成一支管理有序、处事有依的"正规军"，从而增加幼儿教师职业吸引力，提升幼儿教师队伍整体素质，增加其稳定性，形成人事管理的良性循环。①

四、着力改善幼儿教师性别结构

在学前教育阶段，"娘子军"现象非常严重，幼儿教师队伍中的男女比例失衡问题一直存在。根据教育部2013年的统计数据，在幼儿园专任幼儿教师中，女性幼儿教师的占比达到98%。镇江市幼儿教师的数据与上述情况相一致，女性幼儿教师占据了幼儿教师队伍的绝大多数，男幼儿教师只有20人，仅占总样本量的0.7%。②为了改善这一现状，进一步推动镇江市幼儿园师资队伍建设，探索男幼儿教师的培养工作，镇江市教育局在2013年根据江苏省文件精神和统一部署，印发了《关于做好2013年五年制师范学前教育专业免费师范男生招生工作的通知》（镇教发〔2013〕55号），要求各辖市（区）教育局宣传到位，确保全市应届初中男毕业生人人皆知。通知指出，凡具有镇江市户籍、身心健康、符合师范类考生体检标准、取得免费幼儿师范面试合格证和有志于从事幼儿园教育教学工作等条件的参加2013年中考的应届初中毕业男生均可报名。镇江市教育局要求各地各校协调配合，形成合力，确保按期顺利完成招生任务。招生计划共40人，包括丹阳市13名、句容市7名、扬中市4名、丹徒区4名、京口区5名、润州区4名、镇江新区3名。到2018年，80%以上的公办幼儿园至少每园要配备1名男幼儿教师。

镇江市《关于做好2015年五年制师范学前教育专业免费师范男生招生工作的通知》（镇教办发〔2015〕49号）指出："各地各校应高度重视免费幼儿师范男生招生工作，要加强领导，明确专人负责，切实落实工作责任。要积

---

①张安然，王默. 人事代理：一种非在编幼儿园教师认识管理的新模式 [J]. 教师教育研究，2015（4）：24.

②李敏谊，管亚男. 镇江市幼儿园教师专业发展情况的调查报告 [R]. 北京：北京师范大学，2015.

极主动做好政策宣传、报名及面试动员和组织志愿填报等工作，正确引导考生积极报考。各地教育主管部门要加大免费师范生招生政策宣传，引导优秀初中毕业男生积极报考。"

第三节　政府兜底：幼儿教师待遇保障

2012 年，《教育部中央编办财政部人力资源和社会保障部关于加强幼儿园教师队伍建设的意见》提出，要"建立幼儿园教师待遇保障机制。公办幼儿园教师执行统一的岗位绩效工资制度，享受规定的工资倾斜政策，企事业单位办、集体办、民办幼儿园教师工资和社会保险由举办者依法保障。幼儿园教师按国家有关规定参加社会保险并依法享受社会保险待遇。对长期在农村基层和艰苦边远地区工作的幼儿园教师，实行工资倾斜政策。鼓励地方政府将符合条件的农村幼儿园教师住房纳入保障性安居工程统筹予以解决，改善农村幼儿园教师工作和生活条件"。

一、保障幼儿教师获得合理待遇的一般政策

镇江市采取各种措施，切实保障幼儿教师的合理待遇。根据省、市有关文件，公办幼儿园在编幼儿教师的工资福利待遇由政府提供保障。从小学转岗到幼儿园工作的在编教职工工资待遇按原岗位执行。公办幼儿园编外聘用幼儿教师和民办幼儿园工作人员的工资福利待遇，依据幼儿园和聘用人员双方约定执行。实施人事代理的非在编幼儿教师待遇标准参照当地在编幼儿教师待遇标准。鼓励各地积极推进公办幼儿园非在编幼儿教师工资改革，根据教师的学历、专业技术职称（职务）、从事学前教育工作年限、承担的工作职责及考核业绩，逐步提高其工资福利待遇，缩小其与公办幼儿园在编教师工资福利待遇水平的差距。到 2018 年保障已经实施人事代理的公办幼儿园和普惠性民办幼儿园非在编幼儿教师工资不低于在编在职幼儿教师平均工资的60%，养老、失业、医疗、工伤、生育等保险和住房公积金按城镇企业职工

社会保险的规定执行，社保费用由财政给予一定比例补助，在业务培训、职称评定、评优评先等方面享有与在编幼儿教师同等的待遇，保持幼儿教师队伍的稳定。对有突出成绩的园长、幼儿教师进行表彰奖励。在评先评优活动中，幼儿教师应占一定的比例。对长期在农村从教的在编幼儿教师，按国家规定实施工资倾斜。

二、保障幼儿教师获得合理待遇的特殊政策

1. 实施"定编、定岗、不定人"的财政核拨政策

对公办幼儿园（特别是农村集体幼儿园）非在编幼儿教师工资和社会保障给予适当补助，逐步纳入财政预算。各辖市（区）按照师生比 1：16 的比例核定公办幼儿园编制总额，按照编制总额和在编幼儿教师工资标准核定在编幼儿教师工资总额。自 2015 年起，逐步提高拨付比例，到 2018 年达到核定工资总额的 60%以上。

2. 足额安排人事代理奖补资金

对缴纳社会保险费用中幼儿园承担的部分，财政按每人每年 1000 元标准进行补助。人事代理费每人每年补助不超过 480 元①，其中镇江市财政在镇江市学前教育发展专项经费中承担 1/4，其余部分由各辖市（区）财政承担。

3. 提高非在编幼儿教师工资水平

镇江市各辖市（区）采取切实举措，提高非在编幼儿教师工资，逐步缩小在编幼儿教师和非在编幼儿教师工资水平的差距。镇江市希望通过几年的努力，力争让公办幼儿园和普惠性民办幼儿园非在编幼儿教师工资到 2018 年达到在编幼儿教师工资的 60%以上。

如镇江新区不断吸纳符合岗位资质的优秀非在编幼儿教师服务镇江新区学前教育事业。镇江新区从 2015 年起开始执行《关于幼儿园非事业编制教师实行人事代理制度的实施意见》，通过人事代理规范用工行为，保证非在编幼

---

①2014 年 1 月文件出台时，镇江市财政对人事代理费的奖补标准为每人每年不超过 600 元。后期在执行时，此标准降为每人每年不超过 480 元。——作者注

儿教师正常的工资待遇福利，稳定幼儿教师队伍，保证其在在职培训、专业技术职称（职务）评定等方面享有与在编幼儿教师同等的待遇。2012 年，镇江新区 8 所教育部门办幼儿园新增镇江新区社会发展局聘幼儿教师 20 名，工资按照镇江市最低工资标准的 1.7 倍发放，享受每年不低于 5000 元的奖励性工资，年工资总额基本超过镇江市上一年度职工平均工资总额 4.5 万元。同时，镇江新区按规定为其足额缴纳社会基本保险。

如京口区主要考虑公办幼儿园非在编幼儿教师和民办幼儿园幼儿教师的工资待遇提高问题。该区教育部门联合物价、卫生等部门，每年定期对所有幼儿园实行财务成本审核，委托第三方机构对家长分担比例进行专题研究，设立自聘教师工资建议最低标准，以保证优秀的人"待得住"。2012 年，该区非在编幼儿教师工资高于镇江市城镇职工平均工资和京口区城镇职工平均工资。2014 年，京口区实行了人事代理制度，为非在编教师足额交齐"五险一金"，确保非在编幼儿教师待遇不低于同级在编幼儿教师。

如丹徒区对非在编幼儿教师与在编幼儿教师实行同等待遇，保障其权益。公办幼儿园在编幼儿教师的工资福利待遇由区财政提供保障，与义务教育学校一同实施绩效工资。非在编幼儿教师的工资福利待遇按在编幼儿教师的90% 的标准执行。2014 年，丹徒区人民政府办公室发文《丹徒区非事业编制幼儿教师实行人事代理制度的实施意见》（镇徒政办发〔2014〕48 号）。区财政负担人事代理人员工资的 20%。对缴纳社会保险费用中幼儿园承担的部分，区财政在学前教育发展专项经费中，按每人每年 750 元的标准给予奖补。同时，非在编幼儿教师在专业技术职称（职务）评定、评优评先、培训学习等方面享受与在编幼儿教师同等的要求、机会、待遇。严格执行《中华人民共和国劳动法》，各幼儿园与每名非在编幼儿教师签订劳动合同，及时为其缴纳社会保险，依法保障非在编幼儿教师的合法权益。

如润州区每年拿出专项资金 50 余万元，用于园长、幼儿教师考核。非在编幼儿教师待遇逐年提高，人均年工资约 4.4 万元，超过城镇职工平均工资水平。同时，润州区为其足额缴纳社会保险和住房公积金。所有幼儿教师在专业培训、专业技术职称（职务）评定等方面享有同等待遇。在编幼儿教师在实施绩效工资后，其工资大幅提高。为了保障非在编幼儿教师的权益并逐步提高他们的待遇，区教育局制定了《幼儿园非在编人员工资奖金发放方案》，增加月津贴750元，工资一律打卡发放。现在，非在编幼儿教师的平均工资已经达到在编幼儿教师的60%以上。同时，区教育局还按照城镇企业职工社会保险的相关规定，为参加人事代理的非在编幼儿教师足额缴纳五险一金，在业务培训、专业技术职称（职务）评定、评优评先方面享有和在编幼儿教师同等的待遇。

4. 执行幼儿教师与中小学教师同工资政策

为了更好、更完善地保证幼儿教师工资待遇，提升幼儿教师职业幸福感，扬中市执行幼儿园在编幼儿教师与中小学在编教师相同的工资政策。工资由扬中市财政统一发放。从2010年1月1日起，该市幼儿园全面实施绩效工资制度。2010年9月，扬中市教育局印发《关于调整幼儿园编外合同聘用人员工资标准的通知》（扬教〔2010〕117号），依法保证幼儿教师的工资水平。

第四节　层级研训：幼儿教师专业发展

2012年，《教育部中央编办财政部人力资源和社会保障部关于加强幼儿园教师队伍建设的意见》指出，要"提高幼儿园教师培养培训质量。全面落实幼儿园教师专业标准，提高教师专业化水平。办好中等幼儿师范学校。重点建设一批幼儿师范高等专科学校。办好高等师范院校学前教育专业。依托高等师范院校重点建设一批幼儿园教师培养培训基地。积极探索初中毕业起点五年制学前教育专科学历教师培养模式。实行幼儿园教师五年一周期不少于360学时的全员培训制度，培训经费纳入同级财政预算。幼儿园按照年度公用经费总额的5%安排教师培训经费。扩大实施幼儿园教师国家级培训计划。加大面向农村的幼儿园教师培养培训力度"。

幼儿教师专业发展的内涵可以从两方面理解。一是就幼儿教师自身而言，幼儿教师专业发展是幼儿教师的专业精神、专业知识与能力以及专业自我等不断更新、演进和丰富的过程。二是就外部条件而言，幼儿教师专业发展是通过政策制度、社会环境、幼儿园文化等外部条件来引导幼儿教师在受尊敬、支持、积极的氛围中促进其的专业成长。① 因此，打造高素质的幼儿教师队伍，不仅需要相应的法律、制度、体制和政策的创新和完善，而且离不开有效的幼儿教师培训。根据《纲要》和镇江市《关于进一步深化学前教育体制改革试点工作的意见》等文件精神，以《幼儿园教师专业标准（试行）》为依据，遵循教育教学规律和人才成长规律，按照"全员推进、分类实施、市区联动"的原则，镇江市加强和改进幼儿教师培训工作，促进幼儿教师专业成长，加快建设一支素质高、技能强、知识面宽的幼儿教师队伍，为学前教育体制改革提供师资保障。

一、多层次的全员培训模式

镇江市建立了以拔尖人才培训为龙头、幼儿教师全员培训为主体、学历提升和资格培训为两翼、通识培训和专题培训相结合的幼儿教师培训机制，具体包括以下四方面的内容。

1. 在岗未获得幼儿教师资格证的幼儿教师资格培训

镇江市全面实施幼儿教师持证上岗制度。现尚不具备相关任职资格的在岗人员，通过在职培训、自学考试、参加教师资格考试等方式，要求其在三年内取得任职资格。逾期仍未获得任职资格的，一律不得在岗任职。对尚未取得幼儿教师资格证的在职保教人员，按照属地管理的原则，由各地教育行政部门对其开展学前教育基本素质与能力、教育学、心理学和普通话等方面的培训，为其取得相应的幼儿教师资格证提供帮助。各级各类学前教育机构的所有人员应持有符合岗位要求的专业岗位证，具备学前教育的正确理念和较高的专业素养，成为立足学前教育机构、面向社区并能指导家庭科学育儿的专业人员。

2. 在岗幼儿教师全员培训

（1）集中通识培训、专题培训和园本研修相结合

每名幼儿教师在每学年接受的相关类型培训应不少于 80 学时。集中通识

---

① 柳国梁. 学前教育教师发展：取向与路径 [M]. 杭州：浙江大学出版社，2013：4.

培训内容以学前教育理论与实践、学前教育政策法规解读、儿童心理发展研究、现代教育技术在学前教育中的运用和开发等为重点。专题培训可针对幼儿园保教工作和幼儿教师的各类实际需要进行，包括新教师培训、幼儿园安全工作培训、幼儿教师实验与研究能力培训、幼儿教师艺术素养培训、幼儿教师信息技术素养培训等。园本研修对象为本园全体保教人员，研修内容以幼儿园保教实践中存在的具体问题为主，通过团队互助、区域合作等形式，研讨、解决幼儿园保教工作中遇到的实际问题，促进幼儿园保教质量的提高和幼儿教师专业成长。

（2）学历提升培训

随着国家对学前教育事业的重视，越来越多高学历的教师投身到学前教育工作中，幼儿园师资力量不断提升。2010—2012 年，大专以上学历的幼儿教师数量不断增加，大专及大专以下学历的幼儿教师比重不断减少，但在总体上，幼儿教师的学历还是以大专及大专以下为主。

镇江市拓宽幼儿教师的学历进修渠道，通过举办大专学历研修班等形式，帮助幼儿教师提高学历。一项关于镇江市幼儿教师专业发展情况的调研结果显示，在参与调研的幼儿教师中，中专及以下学历的幼儿教师共有 88 人，占样本总量的 3%；大专学历的幼儿教师有 957 人，占比为 33.1%；本科及以上学历的幼儿教师有 1846 人，占比为 63.9%（见图 8）。与 2013 年全国幼儿教师中本科及以上学历占比 15.75% 相比，镇江市幼儿教师学历水平明显高于全国平均水平。这也反映出镇江市在提高幼儿教师队伍整体素质、优化幼儿教

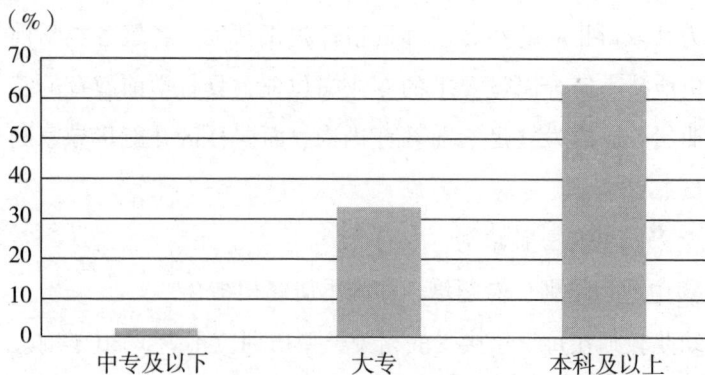

图 8 镇江市幼儿教师学历情况

师队伍结构、完善幼儿教师队伍建设方面做出的不懈努力及取得的较好成效。2014年，镇江市教育局印发了《镇江市幼儿教师素质提升培训计划》，目的在于健全幼儿教师培训体系，加强和改进幼儿教师培训工作，促进幼儿教师专业成长，加快形成一支素质高、技能强、知识面宽的幼儿教师队伍，为学前教育体制改革提供师资保障。

3. 拔尖人才培训

（1）骨干幼儿教师培训

骨干幼儿教师培训的主要培训对象为市区级骨干幼儿教师、学科带头人、教坛新秀及其后备人才。镇江市通过举办专业成长班、专题研讨班和高级研修班等形式，每年选拔500名左右优秀幼儿教师分别参加市、区级骨干培训、选送参加省级培训，造就了一批师德修养好、教育观念新、知识视野宽、智能结构合理、掌握学前教育规律和科学教学方法、具有较强教学能力和科研能力的幼儿教师。

如润州区健全拔尖人才培养机制，出台了《润州区教育局"名师培养工程"实施意见》、《润州区教育局拔尖人才奖励办法（试行）》（镇润教〔2008〕3号）、《关于中小学（幼儿园）拔尖人才进行年度考核的通知》（镇润教〔2013〕81号）等，使拔尖人才培养工作成效显著，共培养市级学科带头人1名、市级骨干幼儿教师9名、区级骨干幼儿教师20名。

（2）名园长培训

园长作为幼儿园的管理者和领导者，其自身文化素质、价值观对于幼儿园的发展来说至关重要。名园长培训的培训对象是各辖市（区）选拔推荐的、富有办园经验并具有较高理论素养和研究能力、办园成效显著的优秀园长，共计50名，其目的是造就一批学前教育改革带头人。培训立足于帮助园长总结办园特色、形成幼儿园个性，使其尽快完成从合格型园长向创新型、专家型、学者型园长的转变。

为了了解镇江市幼儿园园长培训的现状和效果，2015年9月，北京师范大学课题组对镇江市幼儿园园长进行了专业发展的情况调研。调查结果显示，在参与调研的园长中，中专及以下学历的园长共有16人，占总样本量的2.7%；大专学历的园长有127人，占比为21.5%；本科及以上学历的园长占比最高，为 75.8%。与 2013 年在全国幼儿园园长中本科及以上学历占比为 25.21%相比，镇江市幼儿园园长学历水平明显高于全国平均水平。这也反映出镇江市在提高幼儿园园长队伍的整体素质方面做出的不懈努力。

调查结果同时显示，在园长最近三年内参加过的不同形式的进修中，参加教研活动和《指南》培训活动最多，其次是参加继续教育学分培训活动和园长培训班活动，这些进修活动的占比合计超过 50%（见图 9）。

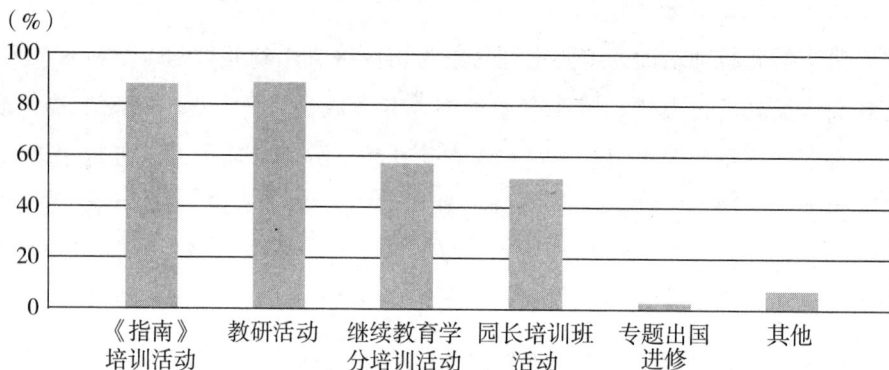

图9 镇江市幼儿园园长参加进修情况

（3）特级教师后备培训

特级教师后备培训的培训对象是幼儿园市级骨干、学科带头人及以上层次的优秀幼儿教师，共 30 名，旨在着力提升特级教师后备人员的教学实践能力、教育理论素养、科研能力和人文素养，帮助他们总结教学经验，分析和梳理研究思路和方向，帮助他们形成独特的教学风格和系统的研究成果，促使他们成为师德的榜样、育人的楷模、教学的专家。

4. 转岗培训

镇江市教育局制定专门文件，规定转岗幼儿教师遴选条件为：热爱学前教育事业，服从教育改革大局和工作需要；正式在编教师，具有大专及以上学历和教师资格；年龄为男不超过 50 岁，女不超过 45 岁；身体健康，能胜任学前教育工作。镇江市在全市各小学超编教师中遴选 10%的人员参加，遴选方法由各辖市（区）制定。经费由镇江市和辖市（区）各支付一半，培训由镇江市教师培训中心承担。转岗培训是为期一年的脱产培训，培训方式为集中培训两周后到幼儿园跟岗实习一周，以此循环进行。在集中培训期间，相关课程涉及基础知识（含学前教育学、学前心理学）、职业技能（含音乐、美术、手工、形体、琴法、普通话、幼儿园活动设计、幼儿园游戏）、综合能力（含《纲要》解读、教育科研方法、与家长沟通方法）等。

二、建立三级幼儿教师培训网络

为保障幼儿教师专业发展，镇江市统筹市、县级培训，推进园本研训，形成相互衔接、互为补充、有序配合的市、辖市（区）、幼儿园三级幼儿教师培训网络。镇江市教育局负责全市幼儿教师培训工作的统筹与计划、组织与管理、指导与检查等，市级培训机构主要承担全市拔尖人才培训、名园长培训、特级教师后备培训、转岗培训等。各辖市（区）教育局及其培训机构承担本地县级骨干幼儿教师培训、幼儿教师全员培训以及新教师培训等，配合市级进行培训管理，指导当地园本研训工作。幼儿园负责园本研修的计划与实施以及对幼儿教师自主研修和专业成长的指导。园长是幼儿教师园本研修的第一责任人。

三、实行公办民办幼儿园师资培训一体化

镇江市各辖市（区）对公办民办幼儿园师资实行统一的培训管理。

如润州区教育局规定，民办幼儿园园长和幼儿教师，与公办幼儿园园长和幼儿教师一样，享受同等的常规培训及高层次培训待遇，所有培训费用均由教育局承担。仅在 2012 年暑期，润州区教育局就投入培训资金达 10 万余元，创造机会让区域内所有民办幼儿园园长与公办幼儿园园长一起赴全国各地参加园长高级培训班。润州区在幼儿教师培训和管理上的这一系列做法，曾经被中央电视台《新闻联播》节目报道。

如镇江新区实行每五年一周期的幼儿教师和园长全员培训，鼓励幼儿教师参加学历进修学习，通过个人学历进修、单位园本研修、教研室专题培训等形式，采取"走出去、请进来"的方式，提高幼儿教师的专业素质。

全区公办幼儿园非在编幼儿教师、民办幼儿园的幼儿教师享有与在编幼儿教师同等的岗位聘用、在职培训、专业技术职称（职务）评定和评奖评优等权利。

如丹阳市实施统一的师资培训计划，由教育行政部门和丹阳市教师发展中心，会同市妇幼保健院、市公安局等共同制订幼儿园保教队伍培养和培训计划，把民办幼儿园教职工岗位培训纳入整个幼儿园培训体系和继续教育管理体系，实施公办民办一视同仁的免费培训制度。

四、开展形式多样的培训活动

1. 建立研训一体化的培训机制

镇江市幼儿教师专业发展的特点之一是构建以区域研训为重点的培训机制。各辖市（区）教育行政、教科研和师资培训等部门以教育科研为导向，以问题解决为目标，各司其职、密切配合、全面规划，建立研训一体化的培训机制，将行动研究与全员培训紧密结合，将各种培训方式有机整合，以训促研、以研带训、训研结合，不断提高培训的互动性、针对性、有效性，发挥区域内拔尖人才的专业引领、示范和辐射作用，组建专家团队，构建《指南》实验共同体，实现区域内优秀资源的相互借鉴与共享共长。

如润州区借助多种形式推动学前教育内涵发展，成立学科中心组，打造幼儿教师研究共同体，加大《指南》实践研究，以《指南》精神为指导，建立了五大领域7个学科、0—3岁早教和幼儿园游戏9个中心教研组。全区各幼儿园根据自身特色和研究专项，成立研究共同体，分组进行专题研究。每学期，区级层面重点开放1—2个学科的研究活动，通过教学研究、竞赛、展示，激发幼儿教师聚焦幼儿园课程的能力，建立区域成长合作共同体，帮助幼儿教师由经验型向研究型转变，寻求个人成长的新突破和生长点。

如在全面深入学习和贯彻《纲要》和《指南》的过程中，句容市大力构建开放式的幼儿园教科研网络，先后成立了"农村幼儿园课程建设共同体""幼儿园《指南》实验园联盟""幼儿园游戏化项目共同体"等组织，让有共同研究愿景的幼儿园集结在一起，用智慧激活智慧，就项目研究和实践中的具体问题，进行合作探究、平等交流、成果共享，根据共同体发展规划和制度，定期开展共同体交流展示活动，将研究成果向全市幼儿园展示和推广，放大研究成果，实现推动园际间幼儿教师相互学习、合作研究与共同成长的目的。幼儿园之间进行多种形式的对口支援活动，使得薄弱幼儿园保教质量有了明显提高，也使得全市幼儿园保教质量得到整体提升和优质发展。

2. 采取"走出去，请进来"的培训方式

如扬中市与北京师范大学、南京师范大学、苏州幼儿师范高等专科学校等高等学校合作，通过"走出去、请进来"的方式，有计划、有重点地组织幼儿园各类人员进行岗位培训、技能比武、继续教育等。截至 2015 年，扬中市共有江苏省教育评估院幼教评估组专家 5 名、江苏省特级教师 1 名、镇江市学科带头人 3 名、扬中市学科带头人 7 名、镇江市中青年骨干教师 7 名、扬中市中青年骨干教师 22 名。

3. 建立培训基地

如丹阳市教师发展中心是国家级示范性县级教师发展中心，承担着全市教师专业培训的任务。丹阳市借助该中心的优势，完善幼儿教师培训模式，采取集中培训与送培到园、传统培训与网络培训、高校培训与自主研修相结合等方式，实行小班教学，采取案例式、探究式、参与式、情景式、讨论式等多种方式对幼儿教师进行培训，以提高青年骨干幼儿教师实施素质教育能力和水平为重点，科学设计培训课程，努力构建符合时代要求、贴近教育教学实际、体现不同类别和层次幼儿教师需求的培训内容体系。

2011 年 9 月，丹阳市教育研究和培训中心（原丹阳市教师发展中心）创建为江苏省教师培训基地，专门增设了学前教育管理处。同时，正则幼儿园创建为江苏省教师培训中心幼儿教师研修基地，当时是江苏省唯一一所设在县级市的幼儿教师研修基地。开发区中心幼儿园创建成江苏省教育科学研究院基地幼儿园，为幼儿教师的专业化培训提供支撑。各园制订了切实可行的园本培训计划，帮助幼儿教师制定个人发展规划，积极鼓励幼儿教师进行学历进修，实行短期培训与专业学习相结合、"请进来"与"走出去"相结合、公派学习和自费学习相结合的培训模式，以教研活动、竞赛活动、案例研讨、课题研究、师徒结对等为载体提高幼儿教师专业化水平。

另外,丹阳市还加强了镇江高等专科学校(丹阳分部)学前教育专业的基地建设,同时组织对幼儿教师的培训,曾先后组织两批共90名小学转岗教师进行为期一年的专题培训。另外,丹阳市加大幼儿教师的岗位培养力度,在2011年对幼儿园园长、农村骨干幼儿教师、保育员等进行专题培训共4376人次,基本做到全年每人有一次培训机会。

如句容市为给幼儿教师接受专本科函授教育提供便利,积极办好江苏省开放大学句容办学点,举办"与《指南》同行"幼儿园园长培训班,开展幼儿教师普通话达标培训,推行幼儿教师持证上岗制度,加大保育员队伍规范化管理,不断加强园本"研训赛",优化学前教育师资队伍水平。

五、制定切实可行的保障措施

切实可行的保障措施是幼儿教师专业发展的必要条件。为了保证幼儿教师培训的实施效果,镇江市教育局及各辖市(区)教育局及相关部门从制度、经费、质量等方面为幼儿教师专业发展提供保障。幼儿教师年平均在职培训次数和学时等指标,远高于全国平均水平。

1. 制度保障

2014年,镇江市教育局印发《镇江市幼儿教师素质提升培训计划》,其目标是健全幼儿教师培训体系,以园级骨干幼儿教师为第四层面、区级拔尖人才为第三层面、市级拔尖人才为第二层面、省特级教师(正高级教师)为第一层面,以提高教师职业道德和专业技能为核心,完善四级名优教师选拔、培养、使用和评价过程,建立"四级人才梯队"幼儿教师素养提升及名优教师培养机制。

各辖市(区)制定了相应的制度,确保培训质量。如润州区先后印发了《润州区新任教师上岗通识培训方案》、《润州区教育系统教师培训管理办法》(镇润教〔2013〕39号)、《关于市发〈润州区中小学校本培训工作的指导意见(试行)〉的通知》(镇润教〔2008〕019号)、《润州区教育系统名师培养规划(2011—2015年)》、《关于成立润州区名校(园)长成长工作室的通知》（镇润教〔2012〕108号），出台了《润州区教育局"名师培养工程"实施意见》《润州区教育局拔尖人才奖励办法（试行）》《关于中小学（幼儿园）拔尖人才进行年度考核的通知》等制度。

另外，镇江市严格实施幼儿教师继续教育制度。全市幼儿教师均需按规定完成每年80学时的相应类型和相关内容的培训，经培训考核后获得相应学时。幼儿教师参加培训的情况，将作为其专业技术职称（职务）评聘、岗位晋升、评优评先的必备条件。幼儿园组织开展的幼儿教师培训情况，将作为幼儿园年度考核和等级评估的重要依据。

目前，在镇江市幼儿教师中，大专及以上学历的幼儿教师占比已从2010年的70%升至2015年的97%，五年一周期的全员培训计划全面落实，幼儿教师出国培训达10余人次，省级培训263人次，区名师讲堂、菜单式培训2800人次，受培训的幼儿教师数量占比达100%。

2. 经费保障

镇江市规定，幼儿教师培训经费要占幼儿教师工资总额的比例达1.5%，幼儿园年度公用经费用于幼儿教师培训的部分要超过5%。实行专项经费补助、辖市（区）和幼儿园分担、幼儿教师个人自付相结合的经费保障办法。其中，市、辖市（区）级骨干幼儿教师培训经费分别由市、辖市（区）幼儿教师培训专项经费全额承担。全员培训经费由各辖市（区）按相关政策落实。幼儿教师资格培训、幼儿教师学历进修等费用，按相关文件规定执行。幼儿教师参加培训所需的交通费、食宿费等，在原则上由本人向所在幼儿园报销。镇江市教育局，督促幼儿教师培训经费的落实及对辖市（区）相关培训的奖励。

如润州区明确规定，每年生均公用经费的5%用于幼儿教师培训，每所幼儿园均制订师资发展三年规划和年度实施计划，每名幼儿教师均制订个人发展三年计划，形成相应的考察、评比、激励机制，制定教职工学历进修培训费报销办法，大幅度提高专任幼儿教师的学历层次。

3. 质量保障

为了促使幼儿教师培训取得良好效果，镇江市采取了一系列质量保障措施：第一，强化对幼儿教师培训的过程管理，完善学时管理控制系统；第二，建立幼儿教师培训管理档案，逐步实现幼儿教师培训管理信息化、制度化；第三，建立幼儿教师培训质量评估机制，完善幼儿教师培训质量评估体系，加强项目过程评价和绩效评估；第四，将幼儿教师培训工作纳入教育督导，对各地幼儿教师培训工作进行督导检查；第五，规范幼儿教师培训证书颁发制度。

六、镇江市幼儿教师专业发展的效果

为了检验政策效果并找出镇江市幼儿教师专业发展中存在的问题，北京师范大学研究团队于 2015 年 9 月对镇江市幼儿教师专业发展情况进行了调查①。调查分别采用幼儿教师专业发展现状量表、幼儿教师专业发展需求量表、幼儿教师实践量表、幼儿教师合作量表、幼儿教师自我效能量表，对镇江市 2891 名幼儿教师进行调查分析，探讨幼儿教师在专业发展现状、专业发展需求、教育实践、合作、自我效能等方面的表现。各量表均为李克特式五点计分量表。在对各量表总体及各维度情况进行分析时，研究者采用了多数学者在运用李克特五点量表时会采取的判断标准，即以 3、3.75、4.25 为分界点。得分小于 3 分的，视为得分很低，表现情况差。得分介于 3 和 3.75 之间的，视为得分一般，情况一般。得分介于 3.75 和 4.25 之间的视为得分较高，表现情况较好。得分大于 4.25 的，视为得分很高，表现情况很好。

此次调查发现，各辖市（区）的省优质幼儿园数量的占比均达到 75%，实现了"到 2014 年年底，一轨及以上成型幼儿园、省优质幼儿园占比达75%"的工作目标。在幼儿教师学历方面，本科及以上学历的幼儿教师数量均达到本辖市（区）样本量的 50%，明显高于全国平均水平（2013 年全国统计数据）。除了镇江新区以外，其他辖市（区）取得幼儿教师资格证的幼儿教师数量占比达到 50%。在专业技术职称（职务）方面，各辖市（区）无专业

---

①李敏谊，管亚男 . 镇江市幼儿园教师专业发展情况的调查报告［R］. 北京：北京师范大学，2015.

技术职称（职务）的幼儿教师均占较大比例，这说明各辖市（区）在幼儿教师专业技术职称（职务）评定方面还需进一步完善，仍有较大的提升空间。扬中市、丹阳市、京口区、润州区、丹徒区、镇江新区作为学前教育改革发展示范区，其学前教育的发展水平在一定程度上也代表了镇江市最先进的学前教育发展水平。

1. 幼儿教师专业发展现状

调查结果显示，镇江市幼儿教师专业发展现状总体情况平均得分是 3.84（标准差是 0.42），说明镇江市幼儿教师专业发展现状整体较好。

幼儿教师专业发展现状各维度的平均得分在 3.43—4.22 之间。具体而言，在幼儿教师专业发展现状量表排前三的维度中，首先是专业知能，平均得分最高，为 4.22；其次是通用知能，平均得分为 3.89；最后是学科知能，平均得分为 3.81。此三个维度上的平均得分都介于 3.75 和 4.25 之间，得分较高，说明幼儿教师在此三个维度上的表现情况较好。专业精神得分最低，平均得分为 3.43，说明幼儿教师在这一维度上表现情况一般（见图 10）。

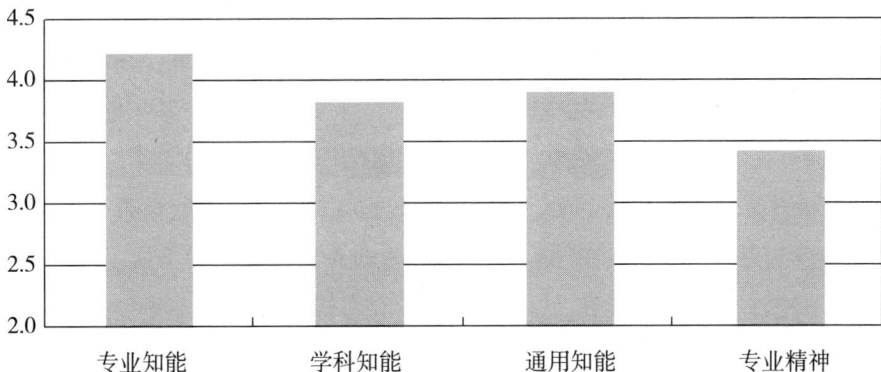

图 10　幼儿教师专业发展现状各维度得分情况

2. 幼儿教师专业发展需求情况

被调查的幼儿教师在幼儿教师专业发展需求量表中的得分较高，平均得分是 4.02（标准差是 0.67），说明幼儿教师在专业发展过程中更关注专业内容，所以在此方面的专业发展需求程度更高。

幼儿教师专业发展需求各维度的平均得分在 3.94—4.08 之间，说明幼儿教师对不同的专业发展内容有不同程度的需求，但各需求程度之间相差不大。具体而言，在幼儿教师专业发展需求量表中，首先是专业知能需求和学科知能需求的平均分最高，平均得分均为 4.08；其次是专业精神需求，平均得分为 4.02；最后是通用知能需求，平均得分为 3.94。这些都说明幼儿教师对专业发展内容的需求程度较高（见图 11）。

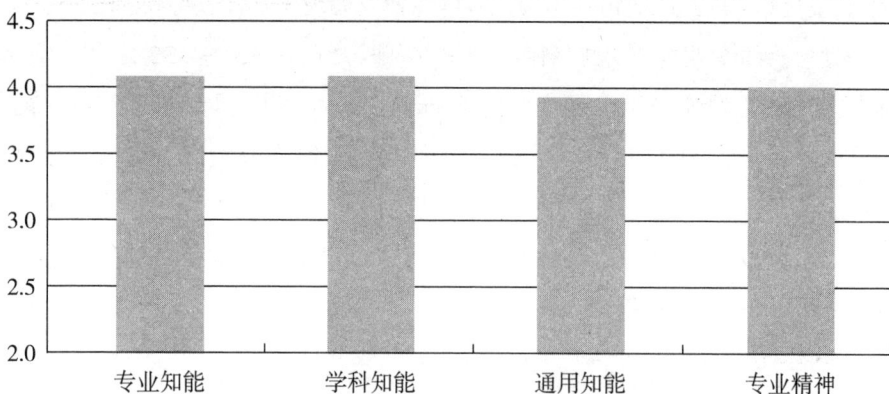

图 11　幼儿教师专业发展需求各维度得分情况

3. 幼儿教师实践情况

被调查幼儿教师在教师实践量表中的得分越高，越说明幼儿教师在实践活动中关注儿童的主动性，而不是强制灌输。就幼儿教师实践量表整体而言，其平均得分是 3.63（标准差是 0.47），说明幼儿教师在实践上的得分处于中等水平，也表明镇江市幼儿教师实践表现一般。

在教师实践量表中，各维度的平均得分均在 2.31—4.08 之间，说明幼儿教师在实践的不同方面存在较大差异。具体而言，首先是教学方法和教学组织的平均得分最高，均为 4.1；其次是材料选择，平均得分为 4。这三个维度的平均得分均在 3.75—4.25 之间，说明幼儿教师在此三个维度上的表现较好。课堂管理得分最低，平均得分为 2.31，这说明幼儿教师在课堂管理上的实践情况很差（见图 12）。

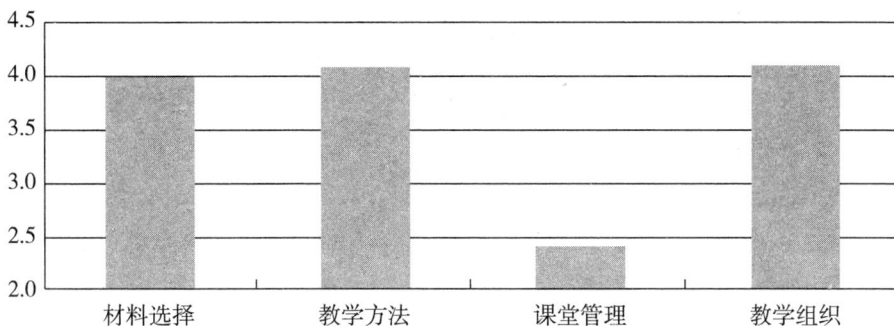

图 12　幼儿教师实践各维度得分情况

4. 幼儿教师合作情况

幼儿教师在幼儿教师合作量表中得分越高，越说明他们有较强的合作意识，能够更好地参与到合作活动中。就幼儿教师合作量表整体而言，其平均得分是 3.79（标准差是 0.63），说明镇江市幼儿教师合作表现较好，也表明幼儿教师在合作上的得分处于偏上水平。

就各维度而言，幼儿教师在集体教研这一维度上的平均得分最高，为 4.23；其次是共同规范与信念，平均得分为 3.99；再次是反思性对话和开放式教学实践，平均得分分别为 3.7 和 3.53；最后是互助协作，平均得分为 3.49。由此可以看出，集体教研和共同规范与信念这两个维度上的平均得分在 3.75—4.25 之间，说明幼儿教师在此方面表现较好。反思性对话、开放式教学实践和互助协作这三个维度上的平均得分介于 3.25—3.75 之间，说明该幼儿教师在这三个方面表现情况一般（见图 13）。

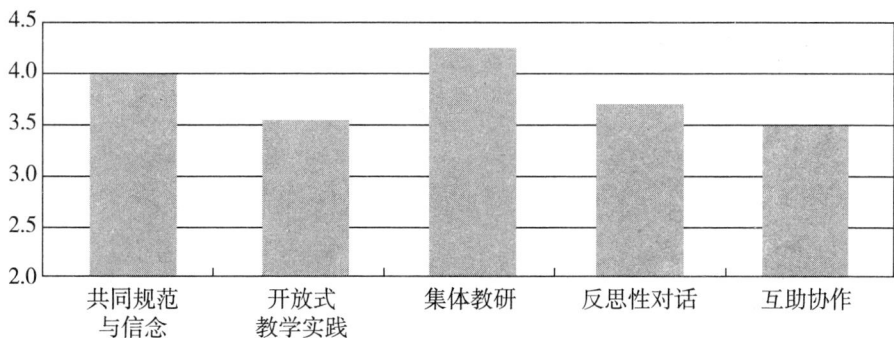

图 13　幼儿教师合作各维度得分情况

5. 幼儿教师自我效能情况

被调查幼儿教师在幼儿教师自我效能量表中得分越高，说明他们对工作效果的认可程度越高。就幼儿教师自我效能量表整体而言，其平均得分是4.13（标准差是0.54），这说明镇江市幼儿教师自我效能表现情况较好，也表明幼儿教师自我效能的得分处于中等偏上水平。

就各维度而言，幼儿教师首先在学生参与这一维度上的平均分最高，为4.16；其次是课堂管理，平均得分为4.15；再次是专业职责，平均得分为4.12；最后是教学策略，平均得分为4.1。由这些数据可以看出，四个维度的平均得分均在3.75—4.25之间，说明幼儿教师在这些方面表现较好（见图14）。

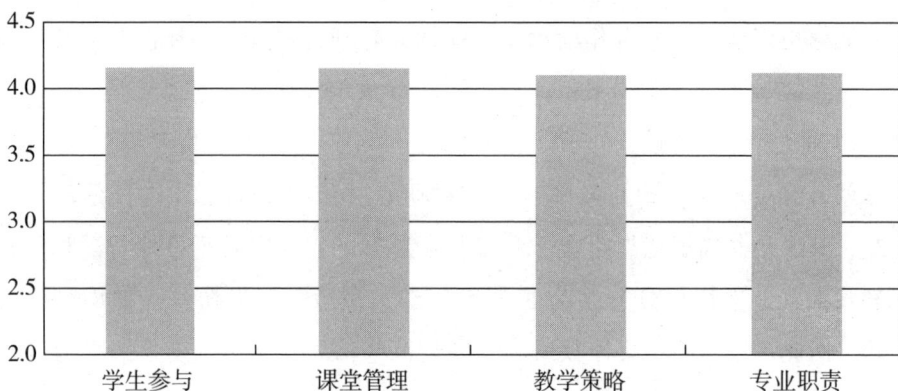

图14 幼儿教师自我效能各维度得分情况

总之，镇江市通过各种师资培养的制度创新，使幼儿教师队伍建设水平获得了很大提高，各项评价指标均高于全国平均水平。

第五章
儿童本位：镇江学前教育的课程实施

　　无论是学前教育的内部改革还是学前教育的外部改革，其终极目标都是促进儿童的可持续发展。镇江学前教育体制改革试点不但关注管理体制、投入体制、幼儿教师队伍建设，而且关注幼儿园课程建设。本章主要围绕行政部门的职能定位、课程质量的提升路径、儿童本位的课程实施三方面，梳理镇江市的试点经验，为全国其他地区的改革提供有益借鉴。

第一节　科学规范：行政部门的职能定位

　　2011 年 4 月印发的《关于做好国家学前教育体制改革试点工作的实施意见》拉开了镇江学前教育体制改革的序幕。2012 年 5 月，镇江学前教育设施布局规划专家论证会将镇江学前教育设施布局规划纳入城乡建设整体规划。此后，镇江市有关园舍建设、经费投入、师资队伍发展等方面的文件相继出台，建立了"市级统筹、辖市（区）为主、辖市（区）乡镇（街道）共建"的学前教育管理体制。

　　近几年来，镇江学前教育在硬件、资金、幼儿教师待遇等方面发生了重大变革。管理体制变革的核心和宗旨实质上是提升学前教育的保教质量，为提升学前教育的内涵和质量提供先决条件和保障。在管理体制的改革拉开序幕后，镇江市连续出台了一系列有关学前教育质量提升的文件和举措，如《镇江市幼儿园办园水平督导评估实施方案》（镇教督〔2013〕5 号）、《关于进一步规范幼儿园保教工作的实施意见》、《镇江市幼儿教师素质提升培训计划》，区域推进学前教育质量提升的成效非常显著。

一、课程管理与课程发展

课程管理，是指管理者以课程为对象而施加的决策、规划、开发、组织、协调、实施等管理活动和管理行为的总称。根据课程管理范围的大小以及课程管理性质、目的和任务的不同，课程管理可划分为课程宏观管理与课程微观管理。课程宏观管理是关于一个国家或地区的课程管理活动和行为。课程微观管理是一个学校以课程实施为重点的管理活动与行为。

简楚瑛认为，课程发展是指创造课程的完整历程，包含课程的设计、实施以及再回头修正课程时所经历的阶段，是循环的课程演进过程。[①] 地区行政管理的思路、策略决定着地区课程发展的方向与质量。有质量的课程管理就是通过管理促进课程的发展。就课程发展的动力而言，其可分为三种取向：第一，行政模式，其课程发展的动力是以贯彻政策为导向；第二，草根模式，其课程发展的动力来自社会，注重社会的参与；第三，示范模式，其动力来自研究与发展工作，偏向于知识导向。[②] 如果课程发展的动力是以上三种动力的合体，那么它应该成为课程发展道路上的最佳模式。三种动力合体是否能够形成，取决于教育行政部门的工作思路和工作策略。

多年以来，我国基础教育课程管理体制逐渐从高度集中统一走向集权与分权的整合。尤其是在学前教育领域，自从《指南》颁布以来，幼儿园课程的发展、质量的提升以及管理有了更大的空间。从课程管理与课程发展的关系来看，国家、地方、幼儿园三级课程管理的角色、任务和定位是不同的，具体体现在三个方面：一是由谁来管理，是一元主体还是多元主体，是一级主体还是多级主体；二是管理的权限与职责，一元、一级主体必然要求管理权力的集中与收拢，多元、多级主体必然要求管理权力的分享和均衡，必须

①② 简楚瑛. 课程发展理论与实践 [M]. 北京：教育科学出版社，2010：13.

明确管理的权限与职责；三是管理的方式和途径，是强调管理的统一性、计划性和直接性，还是强调管理的灵活性、选择性和间接性，最终会导致管理方式、途径和手段的选择和运用产生相应的差异。对这三个方面问题的不同回答，体现了不同的课程理念，因而会形成不同的课程管理政策并构成不同类型的课程管理体制。

从课程行政管理角度来说，课程管理的内容主要包括以下几方面：①课程计划。主要包括课程设置、课程结构与课时规定等。②课程标准。主要包括对国家课程标准、地方课程标准、学校评价标准、教科书标准等的理解与探讨。③课程编制。主要包括对学校教育目标的制定、年度教学计划的拟订、教学日数与课时的确定、课时表的制作等。课程编制是课程管理的核心部分。④课程实施。主要包括教材研究、教学目的确定、教材教具准备、教案编写、班级管理指导等。⑤课程实施的条件。主要包括教材教具的整理、设施设备的整理、教科书和参考资料的选择等。⑥课程评价。主要包括学习指导、测验管理、课程改进等。

儿童的年龄特点和学习特点决定了幼儿园课程与基础教育阶段其他课程的不同，主要表现在：首先，幼儿园没有像中小学那样的系统课程体系和课程标准，幼儿园只有国家印发的纲领性文件，如《纲要》《指南》等；其次，幼儿园没有硬性的、规定要使用的教材，高质量的、适宜的学前教育教材应追随与支持儿童经验的获得；最后，幼儿园课程评价以及儿童的学习与发展水平，即课程质量，不是通过学科分数来体现的，也没有考试和测评，这对行政领导的课程管理提出了更高的要求，即要求行政领导专业化，要对国家有关学前教育的方针政策进行专业理解并制定相关政策，引领幼儿园课程的发展。

作为国家学前教育体制改革试点地区，镇江市探索了一系列卓有成效的促进幼儿园课程发展的举措，明晰了地方教育行政部门在学前教育体制、布局、经费、幼儿教师编制与待遇等方面以外所应发挥的作用。

二、地方教育行政部门在幼儿园课程发展中发挥的作用和职能

地方教育行政部门作为幼儿园课程的管理者与推进者，绝不仅是国家课程政策的"中转站"和简单执行者，也不仅是幼儿园课程发展的管理机构，而是整个地区幼儿园课程管理的能动主体，更是不可缺少的主体，对所管辖范围内的幼儿园课程开发与实施负有直接责任，发挥着中央政府及省级行政部门难以替代的作用。地方教育行政部门在幼儿园课程发展中的主体地位，不是中央给予的，也不是地方争来的，从根本上讲，是当前我国幼儿园课程发展的需要所给予的。

镇江市教育行政部门认识到，地方教育行政部门作为幼儿园课程管理主体，所应发挥的职能与作用既不同于学校，也不同于中央及省级教育行政部门，而是应履行自己的独特职能。

1. 制定镇江市幼儿园课程发展的指导性意见

镇江市教育行政部门重视提高幼儿园保教质量，重视幼儿园课程管理中的规划、指导、决策与检查，认识到幼儿园是课程的实施者，引导幼儿园根据《指南》审视和诊断课程、开发和组织实施课程。镇江市针对不同层次、不同类别的幼儿园分别加以引导，通过对各辖市（区）的调控管理、统筹安排与规划协调，使不同层次、不同类别的幼儿园课程形成了在自己原有水平上的发展规划与方案，在幼儿园课程发展方向、内容性质上给以必要的规范与督察，逐渐改变幼儿园教育"小学化"的倾向，避免幼儿园课程发展的紊乱无序与方向的迷失。

2011 年，镇江市印发《关于进一步规范幼儿园保教工作的实施意见》。文件就规范镇江市幼儿园保教工作提出了工作目标，主要是：儿童发展为本，强化质量意识；规范保教工作，完善管理意识；解决突出问题，促进内涵发展。同时，文件提出了工作举措：科学编制并严格执行保教工作计划；合理设计并有效实施课程方案；增强《教师指导（参考）用书》的使用规范性；建立园本培训长效机制；加强幼儿园保健工作；加强幼儿园保育工作；提高幼儿园食品卫生和营养工作水平；加强幼儿园安全工作；规范幼小衔接工作；

建立科学的质量评价机制。文件还对各辖市（区）工作提出了具体要求。文件具体列出的《镇江市幼儿园保教活动一日常规》，分别从幼儿园的生活活动、运动活动、游戏活动、学习活动等方面提出对儿童发展的基本要求及保教人员的工作规范。

2. 建立健全幼儿园课程方案实施的督导与评估制度

地方教育行政部门的主导作用不仅体现在制定相关政策措施、积极创造条件并认真组织、全面落实幼儿园课程实施计划、引导幼儿园和幼儿教师切实转变幼儿园课程实施观念、规范幼儿园课程实施的行为上，而且体现在加强监督与指导、确保各辖市（区）内各级各类幼儿园课程发展的质量内涵、制定本地幼儿园课程评价的指导性意见、对幼儿园课程的开发实施和质量进行评价、建立和完善幼儿园课程评价的检查反馈指导及奖惩机制、全面客观地了解本地区幼儿园课程评价的状况、分析存在问题、提出改进建议和意见上，最终使课程评价制度化、规范化、科学化。

2013 年，镇江市研制了幼儿园办园水平督导评估标准，印发了《镇江市幼儿园办园水平督导评估实施方案》，从指导思想、评估范围到评估标准、组织实施评估程序等方面，对督导评估工作提出具体要求，其评估的导向是过程性、延续性的。

3. 引领幼儿园课程发展

地方教育行政部门除了在政策、经费、办园体制、幼儿教师培养等方面采取措施并为学前教育的发展提供良性的外部条件以外，还注重学前教育内涵质量的建设。地方教育行政部门的引领主要表现在其作为教育领域的专业领导者，不仅要了解学前教育领域的国家政策，还要理解国家关于学前教育改革发展的方向；不仅要认识到儿童的特点与学习方式、幼儿园与其他学段教育的不同、引领区域内幼儿园课程的改革与发展，还要对本地区的实际情况从专业的角度进行分析和把脉，使得在贯彻国家有关课程改革的方针政策时更加专业、有效。地方教育行政部门不仅是幼儿园课程发展的引领者，还是幼儿园课程发展的推动者和参与者。幼儿园课程的推动者和参与者要改变观念，树立正确的儿童观、课程观，在制定区域推进幼儿园课程改革相关文件和政策时引领正确的方向，深入实践并通过参与科研和教研活动了解幼儿园课程实施的现状，调整行政引领幼儿园发展的手段和措施，调整行政工作的方向和思路。地方教育行政部门通过参与幼儿园课程改革，使幼儿园课程改革的进程少走弯路且卓有成效。

2013年6月，镇江市转发《省教育厅关于开展3—6岁儿童学习与发展指南实验区建设工作的通知》（镇教办发〔2013〕136号）。地方教育行政部门不仅要充分理解《指南》的理念和精神，而且要在操作层面上针对镇江市的实际状况，提出实施《指南》的路径和策略，充分体现教育行政推进本地域内幼儿园课程发展的专业为先管理思路。

如该通知明确指出，要"精心组织全员培训，加强《指南》的学习"，具体要求如下："1. 以园本培训为基础。各级各类幼儿园要建立以儿童为本的理念，依据《指南》扎实开展五大领域以及生活活动、游戏活动、学习活动等形式多样的培训，帮助幼儿教师、保育员等教职工了解相关领域的儿童学习与发展目标、典型表现及操作建议；结合实际可举办'一个精彩保教故事''一个精品教育活动''一个精细管理案例'等研讨活动，实现在培训中分享、在实践中反思、在反思中理解、在理解中运用。2. 以区域研训为重点、以教育科研为导向、以问题解决为目标。各辖市（区）教育行政、教育科研和师资培训等部门各司其职、密切配合、全面规划，建立研训一体化的培训制度，将行动研究与全员培训紧密结合，将各种培训方式有机整合，以训促研、以研带训、训研结合，不断提高培训的互动性、针对性、有效性。要发挥区域内拔尖人才的专业引领、示范和辐射作用，组建专家团队，构建《指南》实验共同体，实现区域内优质资源的相互借鉴与共享共长。3. 以市级展评为示范。市级将结合幼儿园'十百千'教师培训项目，开展镇江市级骨干教师、优秀教师的《指南》培训。举办'贯彻《指南》，我们可以做什么?'、教师论坛、'镇江市幼儿园三年发展规划优秀方案征集'以及优秀教师、精品项目、特色园所等系列展评活动，遴选出符合《指南》精神、适宜于儿童学习和发展的经验与做法，倾心打造一批省、市有影响的名教师、名项目、名园所。"这些具体的、有针对性的内容引领了《指南》的贯彻实施，拉开了镇江全面提升幼儿园课程质量的序幕。

第二节　外援内聚：课程质量的提升路径

在由谁来决定幼儿园课程发展的问题上，我们认为，其一般存在两类不同的主体，即专家主体与教师主体。前者是指地方教育行政部门聘请专家来决策，实施自上而下的政策，以确保地区的幼儿园课程质量。后者是指学前教育机构人员，包括由园长、幼儿教师及家长代表来决策，解决幼儿园课程"行进中"存在的问题，自下而上形成发展的方向和解决问题的策略，可视为幼儿园的自主模式。在这两种模式中，行政领导无论参与与否，都会主动或被动地发挥行政管理的责任和作用。如果政府和教育行政部门能认识到行政管理在幼儿园课程发展中的角色和职责，就能最大化地整合各方面力量并成为幼儿园课程改革与发展的催化剂。

提高学前教育质量是当前世界范围内各个国家关注的问题。对于任何一个国家来说，学前教育质量的提升都是复杂和艰巨的。学前教育质量提升既是一项宏观工程，与整个社会经济文化发展、政府投入和重视程度有关，也是一个在微观领域（幼儿园课程）需要理论与实践研究不断深入的内容。衡量一个国家、一个地区学前教育质量的不仅是经费投入、入园率、房舍设备等外部条件，而且包括幼儿园课程的内涵和教育水平。幼儿园课程的理念、结构、实施与儿童学习与发展之间有着必然的因果关系。因此，政府对学前教育的投入不仅要关注外部环境和硬件投入，更要在幼儿园课程质量的提升上发挥作用。教育行政部门的有效作为能更有效地保证幼儿园课程质量的提高。

在推进幼儿园课程发展、提升幼儿园课程质量方面，镇江市教育主管部门清醒地认识到自己的角色、责任和义务，采取了一系列的措施。在"十二五"期间，镇江区域内的学前教育内涵质量获得了前所未有的提升，区域内幼儿园课程整体发展有序而有效。

一、制定政策，引领方向

镇江市在大力推进"广覆盖、保基本"的学前教育事业改革发展的同时，更注重"有质量"甚至是"高质量"的学前教育改革发展。镇江市提出的"高质量"就是让儿童的童年更幸福，就是让儿童在幼儿园期间能有较大的自主活动空间、时间以及使用各种资源、材料、环境的权利，真正将玩还给儿童，使其不被干扰地、专注地开展所喜欢的探索研究、游戏学习等活动，从而为未来的成长打下坚实的基础。

根据《省教育厅关于开展3—6岁儿童学习与发展指南实验区建设工作的通知》的明要求，镇江市要"建立健全保障机制，确保《指南》的执行"，要求"各地科学组织、大力推动，通过扎实有效的工作，把《指南》贯彻好、落实好，让《指南》的思想、观念、要求和方法转变为广大学前教育工作者的实际行动，转变为幼儿园科学保教的有效实践，转变为幼儿快乐生活、健康成长的丰硕成果"。

1. 加强组织领导

各地要以国家学前教育体制改革试点地区、江苏省学前教育改革发展示范区建设和《指南》实验区建设为契机，巩固加强行政推动、科研引领、专家指导、典型示范的《指南》实施工作机制。深入各级各类幼儿园进行指导，及时解决幼儿园贯彻落实《指南》遇到的困难和问题，建立覆盖全区域的学前教育质量指导和监控体系。各幼儿园要以《指南》实施为新起点，将工作重心转移到提升保教内涵质量上来，加大幼儿园制度建设和管理改革，建立自主管理、自主办园的现代学校制度。

2. 加大保障力度

各地各园要将《指南》的培训学习纳入教职工培训项目中，根据《关于进一步规范幼儿园办园行为的意见》（镇教发〔2013〕68号）要求，规范办园行为，积极探索幼儿园和小学的双向衔接，坚决杜绝"小学化"倾向，探索建立符合儿童身心发展规律和学习特点的一日活动组织模式，在经费、人员、时间等方面给予保障。

3. 营造良好氛围

教育主管部门和幼儿园要加大宣传力度，开展形式多样的宣传活动，广泛宣传《指南》的教育理念和教育方法，引导家长和社会各界自觉抵制违反儿童身心发展规律的活动，创设有益于儿童身心健康发展的良好的社会环境，形成幼儿园、家庭、社会共育的合力。

镇江市认识到，学习《指南》、践行《指南》，是推进学前教育体制改革向质量发展的必然、必由之路。为了贯彻《指南》、提升质量，镇江市建立了"四位、四全"的培训机制和策略。"四位"即"行政、师培、教研、幼儿园"四位一体，共同参与培训方案的制定、实施和考核。"四全"包括四方面。一是全员参训。即组织人员全体，参加人员全覆盖。市级培训面向每位管理者及省市级拔尖人才，区级培训面向每名幼儿教师，园级培训面向每名教职工与家长。几年来，镇江市先后组织《指南》市级骨干幼儿教师培训、后备拔尖人才培训、园长培训等专题培训以及实验园项目培训等培训活动，培训人员达 1000 人次。二是全新方法。以实践工作需要和问题为导向，将专家讲课、实习场参与、专家跟踪指导、现场展示相结合，培训与工作推进相结合。三是全程重效。培训前制定培训菜单，征求幼儿园及专家、幼儿教师意见；培训内容要有针对性，聘请高水平专家，如国家级资深专家、名园长、名教师，进行培训；培训中重管理考核。四是全面造势。组织开展多种形式的《指南》宣传月活动，倡导科学育儿观，营造良好的社会氛围。

同时，镇江市还充分发挥"三级、三强"实验工作推进机制，依托省、市、区三级《指南》实验区（园），本着"先实验后推广、试点先行、以点带面、滚动推进"的原则，规范化、常态化地开展《指南》实验工作。"三强"包括三方面。一是强共进。2013 年 10 月，镇江市确立首批 7 所市级《指南》实验园，强化实验项目研究的统筹共进，提出"一园一方案、一园一专家、一月一研讨、一学期一总结、一年一评比"的实验工作要求，形成行政管理部门组织推进、实验基地实践跟进、省级专家团队指导促进、教研部门课程管理同进、辖市区合作协进的实验工作机制。二是强引领。2014 年 9 月，镇江市教育局与江苏省教育科学研究院签订了《〈指南〉实验基地项目合作协议》，每组、每园明确一名省级专家作为责任导师，明确项目专家全程引领指导，建立市级大组交流、日常活动小组轮值的跨园、跨区、跨行的专家、行政、教研、幼儿园共参与的实验研究共同体机制。三是强保障。镇江市明确各级学前教育行政和教研员承担的《指南》质量管理要求。附属在小学的中心幼儿园全部独立建制，提高幼儿园管理的自主性。加大力度推进幼儿园新建、改扩建项目建设，全市幼儿园平均班额从 2012 年的 36 人下降到 2015 年的 34 人。重视队伍建设，全市整体师生比从 2012 年的 1：12.9 下降到 2015 年的 1：10.3。市级学前教育专项经费向对《指南》实验工作及内涵质量发展的考核奖励倾斜。各辖市（区）成立县级《指南》实验园。《指南》实验工作逐步向片、面辐射。

一系列的措施保证了镇江市幼儿园课程发展、内涵提升的步伐。2014 年 11 月，江苏省贯彻《指南》现场推进会在扬中市举办。镇江市践行《指南》工作取得初步成效。

二、外援内聚，形成合力

地区学前教育的发展需要研究引领，一方面需借助外力，即专家团队作为支持，另一方面需要整合内部力量，即组织科研、教研、幼儿园共同开展研究。镇江市将内外力量整合在一起，形成合力，推动幼儿园课程改革。

镇江市教育局与江苏省教育科学研究院签订《〈指南〉实验基地项目合作协议》。江苏省教育科学研究院幼教与特教研究所按照镇江市教育局的要求，针对实验基地和实验园的具体情况制订项目总计划、年度推进计划，同时制定学期工作内容以及每次活动的方案。每年，镇江市组织召开一次贯彻实施《指南》工作年会，交流实验园经验及成果。每学期，镇江市组织一次实验基地的专题学术交流活动，至少对每个实验基地进行一次实地指导与研讨。在条件允许的情况下，镇江市教育局承担实验园境内外高级研训活动的组织工作，建立实验园网络交流平台，解答实验园提出的各种问题，指导其总结提炼教科研成果。同时，镇江市教育局提供保证项目正常运行的经费和后勤保障，做好为实验基地提供项目开展所需要的人、财、物的保障，做好项目的组织、管理工作，要求实验基地做到：根据本园的实际情况，按照项目要求确定贯彻实施《指南》的研究方向和计划，按计划认真开展相关的工作；按时、按要求参加基地项目的各项活动；由专人负责项目的联络工作；为项目的开展提供研训和交流现场。

同时，镇江市相关部门及各辖市（区）教科所、教研室负责学前教育工作的教研员，与江苏省教育科学研究院的专家团队一起，定期、定点开展贯彻《指南》研究和现场推进工作，积极推进"五进"工作模式，即行政组织推进、省级专家团队指导引进、实验基地实践跟进、教科研部门教研同进、辖市（区）合作协进。从启动学前教育体制改革试点工作开始，镇江市教育局就将质量作为改革的核心并且不断健全完善制度，将《指南》理念落实到幼儿园，落实到幼儿教师的行为上，表现在儿童的发展上。

1. 建立育、研、培、导一体化的教研创新制度，助推幼儿教师专业成长

育就是培育师德师风，研就是研究实践中发现的真问题，培就是提高幼儿教师的师能，导就是导师指导引领。一体化将这四个方面的内容融合贯穿在教研的全过程中。幼儿教师在教研内容选择上，关注幼儿园课程改革热点、难点、需求点，激发参与兴趣；在教研方式选择上，关注过程，强调设计，教研前有预告与前期经验准备，教研中有专家引领和同伴互助，教研后梳理经验、反思实践、再次验证。循环螺旋式的方式推进提升幼儿教师的实践智慧，促进幼儿教师专业成长。

2. 结对共建教研协同发展制度，形成多元融合科学发展态势

镇江市外聘江苏省教研室教研员毛曙阳，江苏省教育科学研究院张晖、叶小红、何峰，江苏省特级教师陈国强等组成专家团队，领衔开展立体式、同质、异质等多维结构研修，形成了以江苏省教科研专家领衔的《指南》实验基地研究共同体、江苏省教育厅和南京师范大学专家领衔的课程游戏化研究共同体、江苏省教研室专家领衔的新课程实验基地研究共同体、各级教研员领衔的区专题研究共同体、城乡结对园研究共同体、名特优教师与新教师结对研究共同体等，形成了纵横交错、网状立体式的研究团队，加强了区域、园际、幼儿教师之间的交流与合作，发挥了专家团队的引领作用，形成了区域、园所教研之间的互动发展机制，构建了研究"磁场"，呈现了群体智慧，

共建了品质课程。

三、问题诊断，以点带面

作为国家学前教育体制改革试点地区，镇江市从试点开始就积极进行实验区建设，以此作为提升内涵、深化《指南》的实践策略。

镇江市组织评估工作，择优向江苏省教育厅申报省级《指南》实验区。最终，扬中市在全省专家评估后，被确定为省级《指南》实验区。同时，镇江市确定首批市级实验园7个。实验区中的各级各类幼儿园，不论办园体制、规模、类别如何，均可参与《指南》实施的实验工作。镇江市要求各辖市（区）结合实际，确定1—2个县级实验园。就此，镇江市形成了三级三类实验园，实施分层分级管理。随着贯彻《指南》的进一步深入，镇江市教育局与江苏省教育科学研究院签订《〈指南〉实验基地项目合作协议》，增加了8所实验园。自上而下的幼儿园课程改革推进需要激发和调动幼儿园自下而上的改变意愿。行政如能尊重幼儿园意愿，根据幼儿园的实际情况，帮助幼儿园找到改变的切入口和空间，就能引发幼儿园进行变革的内在需求。

镇江市教育局组织实验园在专家的引领下，学习领会《指南》精神，对照本园实践，诊断幼儿园课程发展中存在的问题，寻找幼儿园课程改革的方向和起点并形成方案。每所幼儿园的实际情况不同，如有城市幼儿园，有农村幼儿园，有的幼儿园房舍陈旧、空间狭小，有的新办幼儿园的幼儿教师队伍年轻，有的幼儿园规模大、师生比高。提升幼儿园的保教质量，不能等所有外部条件全部改善后再实施，幼儿教师的教育理念和行为才是决定幼儿园保教质量高低的关键。实验园分别确定了自己的改革方案，制订了翔实的实施计划。以丹阳市练湖中心幼儿园为例。作为第二批市级实验园，该园通过全园幼儿教师的讨论、专家的诊断、行政的引领，确定的改革突破口是目前幼儿园课程改革中最大的困惑。该园在从背景到现状、从实施目标到实施措施、从对问题的理性认识和反思到解决问题的计划步骤等方面，都做了仔细分析。

实验园根据地域、研究的不同问题分成五个小组，每个小组由省级专家、市级行政、市级教科研、区县教研员组成相对固定的指导团队，定期开展实验园、大组、小组等不同层次的专家一对一进园指导研训观摩活动，做到小组一月、大组每学期两次、市级每年一次。现场研训主题及方式交给专家，行政负责组织协调，教研共同参与。各实验园、各组的每次活动及专家讲座动态记录编制成《〈指南〉简报》印发，逐步建立了引领与执行并行的工作机制。对于研讨活动的成功经验，其他幼儿园根据自己的实际情况拿来即用，在区域内推广。发现的共性问题及时在区域内讨论。研训的内容及专家的指导意见在区域内分享。实验园的研究与探索，像星星之火，很快在区域内点燃。区域内推进幼儿园课程改革与发展的力度、速度与质量都取得显著效果。

四、研究先导，定期推进

在幼儿园课程改革发展过程中，以科学研究的态度和方法引领幼儿园课程发展，不仅在提升幼儿教师的专业能力上有显著作用，而且对于问题的解决也卓有成效。镇江市主要采用行动研究的方法解决问题。

1. 以科研推进幼儿园课程改革

在每次活动前，幼儿教师要在教育实践中寻找问题。问题是教育科研的起点。课题因问题而产生。围绕问题而产生的课题是有价值的，也是教育实践中的真问题。这些问题也应是幼儿教师共同面对的问题，即共性问题。同时，这些问题是幼儿园课程行进的困扰和"瓶颈"。问题的解决是循序渐进的。当一个问题被讨论或解决后，新的问题又会产生。只要每次活动的研讨主题源自实践并且有价值，那它就能产生辐射效应。尤其是在小组活动或者大组活动时，问题更要聚焦。

2. 在围绕问题开展研讨活动时，提前发布活动方案

所有参与活动的幼儿教师带着问题参加研讨活动。在活动开展时，承办活动的实验园要成为真实的研究现场，幼儿教师在现场观察后再进行研讨。观摩现场的真实性、常规性是非常重要的。为了"接待"而特意准备的尽善尽美的现场，不利于教研活动中的问题解决，更不能切实提高幼儿园课程质量。区域内的教研活动还要注意研究的伦理性，也就是尊重研究对象——儿

童，以不干扰儿童的活动为前提。进同一个班观察的幼儿教师数量不超过 5
人。每次研讨形成的思考和问题、策略都通过研究平台（如实验园 QQ 群）
分享，在区域内分享。这种分享使得幼儿教师在幼儿园课程行进中少走了很
多弯路。

第三节　儿童为先，重视儿童的当下生活

幼儿园课程发展的成效主要体现在儿童发展上。一个地区的课程质量不
是通过几个硬件条件好、师资队伍齐备的幼儿园来体现的。整个地区，尤其
是农村地区幼儿园的质量提升，才能真正体现地区的学前教育质量，这也是
教育均衡发展和公平的体现。

美国哥伦比亚大学的 C. 豪斯（C. Howes）和 S. L. 赫尔本（S. L. Helburn）
将保教质量定义为反映儿童感受到的体验和获得经验的过程质量、反映儿童
所处周围环境的条件质量、间接影响保教机构里儿童行动的劳动环境质量。
同时，研究者对上述质量进行了要素分析，形成一整套完整的质量评价标准，
如过程质量包括儿童与保育者的相互作用、保育者对儿童的态度、学习活动
的组织、保育环境的健康安全、设施设备资源环境等环境条件的适宜性等。
过程质量是保教质量的核心要素，条件质量和劳动环境质量是过程质量的有
力保证，儿童的日常生活体验和经验质量本身是保教质量的核心问题。[1]

镇江市践行重视儿童生活的保教观念，以《指南》实验园为重点和突破
口，将珍视游戏和生活的独特价值、创设丰富的教育环境、合理安排一日生
活、保证儿童生活的连续性及其生活环境的质量、让儿童度过快乐而有意义
的童年作为幼儿园课程建设的首要目标。

一、幼儿教师课程观的转变

在教育实践过程中，教师的教育理念决定着教育行为。一方面，教育理

---

[1] 大宫勇雄. 提高幼儿教育质量［M］. 李季湄，译. 上海：华东师范大学出版社，2012：42.

念的改变不是一蹴而就的，是通过不断的学习和深入思考来实现的。另一方面，教育理念的改变不是喊口号和写文章，而是通过教师的教育行为体现出来的。教师的教育行为又会不断激发教师去反思教育理念。教育的质量正是在教师教育理念与教育行为之间的循环往复中不断提升的。教师的教育理念与教育行为是课程变革的根本。镇江市幼儿教师课程观也是在这样的过程中不断发生转变的。

以扬中市新坝镇中心幼儿园课程实施为例。1952 年 9 月，新坝幼儿园诞生，设在新坝中心小学内并隶属于小学管理。1995 年，扬中市机构编制办批准幼儿园为独立建制全民事业单位。从 2011 年起，幼儿园享受生均 500 元的公用经费补助、校舍维修专项补助、覆盖率达 8% 的贫困家庭助学政策和新坝镇助学兴教政策。2013 年，幼儿园成为镇江市首批《指南》实验园。此后，幼儿园经历了"坚守、局部改造、全面改造、积极创新、整体构建"这样一个以儿童生活为先的幼儿园课程改革发展探索之路。

第一阶段："沙就是沙"。

幼儿园所在地地处长江流域的扬子江畔，农村沙土资源丰富，有扬中"沙洲"之美誉。沙土是儿童喜欢的游戏材料。玩沙游戏为儿童提供了自由探索的最佳机会，非常符合儿童的生理和心理特点。在玩沙游戏中，儿童兴趣得到满足，天性自然流露，积极性、主动性、创造性也得以发挥，从而有效促进儿童人格的健全发展。

为此，幼儿园"就沙而沙"地展开了探究，在一日生活中组织玩沙活动，营造玩沙的环境氛围；在五大领域中组织玩沙活动；在集体学习、游戏区域、户外活动中组织玩沙活动。在"就沙而沙"的探究中，幼儿教师学习理论知识，构建课程框架，忙得不亦乐乎。然而，这样的课程实施真的是每名儿童需要的吗？能代表幼儿园的整体发展水平吗？能体现《指南》精神吗？幼儿教师意识到，为了特色而特色，是"捡了芝麻，丢了西瓜"，会造成理念认识肤浅、资源利用单一、课程实施片面、活动开展拘谨。

第二阶段："沙不仅仅是沙"。

在践行《指南》精神的过程中，幼儿教师发现每名儿童的兴趣、爱好、需要是不一样的，每名儿童的学习方式、学习品质也是千差万别的。怎样才能为每名儿童提供更多的学习机会与挑战、让每名儿童真正主动地进行"玩中学",成了困扰幼儿园的难题。尊重每名儿童的个体差异和发展机会,成为幼儿园着力研究的重难点。为此,幼儿园着眼于以下幼儿园课程建设的核心开展工作。

1. 形成幼儿园课程理念

幼儿园坚持"一日生活皆课程"的理念,坚持游戏精神,坚持尊重每名儿童,坚持儿童经验的自主连续性建构。

2. 挖掘幼儿园课程资源

幼儿园课程资源可进行相对划分与归类,如物质资源和人文资源。园内的绿化植物、建筑、幼儿教师、家长等都是重要的资源。幼儿园在每幢楼内设置了幼儿园课程资源中心,每位教职工以及家长随时可搜集资源。幼儿园门口创设栏目"本周资源重点提供",利用电子设备开发内部网络课程资源地图,围绕幼儿园周边环境开展课程资源分布图和利用价值的大搜索。园本课程资源也从第一个层次的"一沙一世界",逐渐衍生到第二个层次"一水一江洲"(新坝镇所在地的特有资源)、第三层次"一风一中国"(中国传统民间工艺)。

3. 丰富幼儿园课程环境

环境是促进儿童成长的有效载体。幼儿园拓展游戏空间,努力满足每名儿童的游戏与学习需求:一是延展"生活场",主要是户外游戏空间,充分利用户外的每个角落;二是丰富"实习场",主要是儿童工作坊,提供个性化的学习空间,满足每名儿童的发展需要;三是优化"游戏场",主要是班级游戏区,助推儿童成长的每个契机。

4. 完善幼儿园课程结构

一是时时、处处体现"一日生活皆课程"。幼儿园积极鼓励儿童的自主建构行为。幼儿园在一日环节中准备了许多图标或儿童可自主参与的互动材料。入园、晨间谈话、值日、喝水等一日流程各环节都渗透在儿童的可参与性活动中。柜子上、午睡室床边、楼道边以及取放玩具处、盥洗室都有儿童自制的图标。游戏区里有柜子和桌子,还有儿童自己设计的工具书,从而为儿童提供学习和游戏参考。此外,游戏区还有师生共同设计的游戏流程图、家园共同丰富的各种各样的游戏材料等。可互动参与的环境给儿童的学习与生活提供了有效支撑。如在过渡环节中，幼儿园用迷你音响播放搜集整理的适合各年龄段儿童欣赏的朗朗上口的儿歌、动听悦耳的歌曲等，给儿童以耳濡目染的熏陶。

二是立足"游戏场"开展活动。首先，改变组织方式，重点利用游戏区开展个别化学习活动，指导幼儿教师重点观察和介入，促进每名儿童获得自主成长。幼儿园根据儿童的兴趣需求，合理预设必须开展的集体教学内容，将可以融入区域进行的个别化学习内容分解到各个班级的区域"游戏场"中，也可根据需要分解到户外"生活场"、工作坊"实习场"中。其次，改变空间布局。为了方便儿童随时入区活动，避免安全隐患发生和时间浪费，幼儿园提供两套儿童座椅，集体活动用一套，区域活动用一套，变桌椅排列为常态化入区，变平面布置为空间的有效利用，方便儿童自主参与游戏活动。

三是立足"实习场""生活场"，开展微课程研究。幼儿教师和儿童一起拟定自己班级预想开展的主题项目。项目结合区域内容开展微课程探究，在项目内容的捕捉、过程开展、展板设计与展示中以儿童、幼儿教师、家园的参与来反映幼儿园课程实施的轨迹。

四是家园共建共研幼儿园课程。幼儿园走近每个家庭，了解每名儿童的成长经历，邀请家长志愿者来幼儿园开展互助活动。幼儿园开展"金沙闪亮、见证成长"活动、"一沙一世界"活动、"明星家长进园、互助共研同行"亲子专题活动等，形成新的工作机制和制度。

5. 组织幼儿园课程实施

幼儿园拟定幼儿园课程实施方案，从幼儿园课程目标、实施、评价以及作息时间、资源安排利用、互动质量评价等方面开展工作。

首先，进行作息时间调整。幼儿园设有两套作息时间，幼儿教师可灵活选择使用。特别是在板块式作息时间的使用中，游戏与学习板块主要集中在晨间和上下午。针对集体教学活动的特点，在主题活动实施中，幼儿教师如发现儿童都处在"最近发展区"内，则开展集体活动，其形式可以是片段式的，也可以是区域分享。在生活板块中，幼儿园提倡点心自主取用、室内外饮水自主、午睡午餐统一、餐前和离园前分享交流等。

其次，改变儿童的参与方式。全园提供室内外组合区域活动套餐 6 组，按各室内外区域可容纳的人数分配混龄组合中小中大班的儿童数量。每个混龄组合按照套餐顺序，每天轮流活动。幼儿园课程实施遵循以下流程：①游戏区教师熟悉各年龄段主题、儿童已有经验，做好幼儿园课程预设与生成准备；②游戏前，各班儿童自主选择活动；③家长志愿者或本班另一名幼儿教师、保育员送儿童到各个游戏区；④游戏区教师和该班幼儿教师简短交流；⑤游戏区教师组织儿童讨论、交流，了解儿童情况；⑥幼儿游戏；⑦幼儿教师及家长志愿者观察、支持儿童学习；⑧游戏区教师组织分享交流；⑨回班后，各班幼儿教师组织班内分享交流；⑩中午及下午研讨时，游戏区教师和各班幼儿教师交流儿童游戏时的情况，提出改进对策。

6. 幼儿园课程审议与儿童活动诊断

在项目实施前，幼儿园组织幼儿教师共同体、教研组进行园级审议，在活动中和活动后进行定期评价。一是延伸在集体活动后对重点游戏区域的观察。幼儿教师根据本班儿童的发展情况，预设目标和观察指导要点，制定详细的记录表，利用"1、2、3；A、B、C；★、△、◇"等方式观察记录每名儿童选择游戏区的次数、达成目标的程度、学习品质倾向等，确保幼儿教师了解每名儿童。二是进行保育方面的常规观察与统计，如午睡、大便观察等。三是运用多种观察方法，分析和评价儿童学习与游戏状况，如定点观察、扫描观察等，在班级设置观察墙。四是利用阶段诊断表、作品分析、全息图诊断表等了解儿童的发展情况。五是参考美国"互动质量图"[①]，进行一日生活质量的自我评估。

第三阶段：当"沙不仅仅是沙"以后……

当"沙不仅仅是沙"以后，幼儿教师欣喜地发现，儿童在快乐地成长着，因为他们身上多了专注与面对挑战的能力。儿童的表情不一样了，兴趣关注点不一样了，饭量和肤色不一样了，在资源衍生后的活动中更加自由了。

---

①互动质量图是美国 CLASS 课堂评估系统中的一种评价工具，关注幼儿教师对儿童情绪、认知、交往的敏感性回馈。——作者注

幼儿教师也在幸福地收获着，因为儿童在前、教师在后，因为专业之美。幼儿教师不再是"装修工"，不再是"纯粹地只顾自己布置游戏区的人"，而是要更重视观察，通过"留白"让儿童自主完成。幼儿教师不再独立行走，而是有了专家、行政工作者的不断引领。

幼儿园更有底蕴了，因为有"每一粒沙"的闪耀，有"爱在每一天"的誓言，最终"聚沙成塔"。

二、支持儿童学习与发展的户内外环境的转变

英国伍斯特大学教授托尼·伯特伦（Tony Bertram）指出，质量取决于儿童所在的环境，这个环境应该具有合作性和建构性，应该能够解决社会、儿童、成人之间的互动，也就是联合建构。他强调儿童的社交和情感、学习方式和认知，因为这两项是难以用分数测量的，但却关乎儿童一生。[1] 因此，创设一个满足儿童发展需要的适宜环境是支持儿童学习与发展的重要先决条件，而环境变化的背后体现的是幼儿教师教育理念的变化。

1. 户外环境的改变——以句容市袁巷中心幼儿园为例

袁巷中心幼儿园是一所农村公办幼儿园。老幼儿园因校舍严重陈旧老化，全部定为 D 级危房。新幼儿园于 2014 年 8 月投入使用。自从申报了镇江市第二批《指南》实验园以来，幼儿教师的教育理念发生了很大转变，意识到环境对儿童发展有重要影响。在课程游戏化项目建设过程中，他们采取了各种措施，努力让一草一木成为儿童学习的资源。

（1）减小塑胶场地面积，开辟百花园

幼儿园的塑胶场地面积原来有 1800 平方米，但由于面积过大，到了夏天会散发出气味，所以对儿童健康不利。因此，幼儿园将塑胶场地的东北角进行改造，开辟了近 500 平方米的百花园。百花园内花木品种丰富，春有海棠、

---

①托尼·伯特伦. 什么是"高质量"的学前教育［EB/OL］.（2015－08－26）［2016－03－01］. http://www.aiweibang.com/yuedu/46489255.html.

迎春，夏有紫薇、木槿，秋有桂花、红枫，冬有紫荆、蜡梅，四季交替，百花开放，成为儿童感知四季、认识自然的最佳场所。

（2）巧用原有绿化，开辟百果园

最初，幼儿园在教学楼周围的绿化带内种植了矮小灌木，后来栽种了30余种果树，桃、枣、杏、柿、梨等应有尽有。种植果树不是为了欣赏，而是让其成为儿童学习的资源。果树的生长变化是儿童鲜活的课程内容。2014年，橘树刚刚栽下不久，冬天就来了。儿童发现橘树的叶子冻得卷曲了，就从家里带来稻草，为橘树"穿冬衣"。2015年春天，枇杷树冒出了新芽，儿童争着和枇杷树比身高，后来发现连续一个月没有下雨了，地上干得起了裂纹，又找来喷水壶为枇杷树浇水。

（3）利用闲置空地，开辟小竹园、小菜园

小竹园内竹子种类有10种。幼儿园为每种竹子制作了二维码，教师带领儿童，通过扫码就可以认识各种竹子，这里也成了赏竹、品竹、学竹、画竹的大课堂。在小菜园内，每班有一块地，种什么全由儿童决定，翻土、播种、施肥、浇水、收获都由儿童独立完成。这里的蔬菜也成了儿童自制食物的原材料。

2. 室内环境的改变——以丹阳市云阳幼儿园为例

云阳幼儿园大班班额人数多，室内外空间狭窄。如果按照人均2.32平方米的标准来要求，儿童的活动空间远远不够。《指南》强调，要遵循儿童发展规律和学习特点，关注儿童身心全面和谐发展，尊重儿童个体差异。在创设环境的过程中，幼儿教师常为空间小难以操作而犯愁，区域环境则太小。一到游戏时间，儿童就会出现各种各样的行为问题，幼儿教师每天花大部分时间在维持秩序和纠正儿童行为上，儿童也没有获得参与游戏的乐趣。如何在拥挤狭小的环境中满足儿童的学习、生活和游戏需要？这是幼儿园大班教师一直困惑的问题。

幼儿教师在仔细观察教室格局后，找出了症结所在：①材料与区域分离，儿童拿取材料困难，需要穿梭不停，经常会干扰别人或被别人干扰；②在拥挤的教室地面上活动的儿童，其作品常会被经过该处的他人踢倒，从而引发冲突、告状等一系列行为产生；③为了安置人数众多的儿童，教室内只见桌椅，不见区域，桌椅摆放过于小学化，其中以长条形摆放居多。只有桌椅的教室，很难引发儿童的学习动机，也造成儿童注意力不集中；④区域分割混乱，隔断少或无隔断，固定区域少，造成儿童在经常移动桌子的过程中丢失材料，幼儿教师管理负担重，儿童总是串区域活动或和其他儿童绕着桌子追打，造成在一定程度上的安全隐患。

如何合理利用空间，让小空间一样满足儿童的游戏需求？在重新审视原来的布局后，幼儿园根据《指南》精神，在不断的反思和实践后采取了以下措施。

（1）开放区域空间

在较小的区域中，儿童容易产生高层次的社会性交往及认知游戏需要，因为在较小的区域中，儿童更专注，与环境、同伴的互动频率更高。但是，桌椅排列朝一个方向的设计，强烈暗示了儿童只能面向幼儿教师去专心听讲，而不能进行人际沟通和交往，所以这是低活动量的设计。幼儿园放弃了以往根据教学需要摆放的小学化桌椅形式，利用可移动的柜子等隔断，为儿童隔出了若干开放性的活动空间，至少保证有 4 个固定的区域和若干机动的开放区域。在组织活动时，幼儿教师让儿童到教室中间按半圆形围坐，这样保证每个人都可以看到集体中的其他人，提高儿童的专注力，鼓励儿童进行人际交流与互动。

（2）创设公共区域

公共区域能突破传统区域活动仅限本班儿童使用的限制，有效扩大游戏的活动空间，使材料、经验得到共享，减少投放材料的重复。幼儿园充分考虑走廊和过道等可利用空间的特点，创设了两个公共区域，形成了班级与楼层互动、分时段让班级循环使用的公共区域创设思路。

（3）充分利用三维空间

①利用上层装饰空间。在符合儿童审美情趣的基础上，幼儿教师和儿童一起根据主题和游戏内容，将可随意更换内容的透明膜、废旧材料和儿童作品布置在走廊上。各种富有教育性和装饰性的物品实现了空间的有效利用。

②利用墙面。班级墙面的可利用性很强。幼儿教师充分利用多种材料与空间的结合，让其变成儿童游戏的桥梁。如用牛皮纸袋按标记内置儿童活动

所需的各类材料，纸袋的最外层用儿童的美术作品装饰，然后整齐地悬挂在走廊外墙，既可以当作儿童作品袋美化环境，又可以发展儿童对物品的有序管理能力。由于教室空间小，所以幼儿教师尽可能多地利用墙面，把一些区角布置成操作墙面。在固定区域的周围，教师将儿童自制的游戏规则张贴在儿童视线可及的墙面上，培养了儿童的观察力和动手能力。

③利用窗户、储物柜。在大班的教室中，窗户占了墙面的很大面积。为了充分挖掘其可利用度，幼儿园在篮子里装上操作材料，然后悬挂在墙面和窗台上，让儿童在游戏中可随时使用，既整齐美观，又不占空间。

（4）利用寝室、过道、地面空间

大班的寝室空间大，但床铺摆放后就占满了整个寝室。幼儿教师把床铺统一靠墙整齐摆放，将多余的空间作为游戏室，既提高使用率，又增加室内活动的人均面积。教师在教室外的地面上粘贴地面飞行棋，在户外摆放体育器械和大型积木，让儿童将运动与建构活动相结合。

（5）选择区域隔断材料

为了让班级的弹性空间和幼儿的活动空间变大，教师用 PVC 管、屏风、KT 板等设计了可收可放的区域隔断，当不用的时候将它们收纳在墙边放置，既美观又方便，还节省空间。

经过多次实践和探索，小空间区域环境的创设有了以下四个方面的转变，即从封闭性到开放性的转变、从观赏性到有效性的转变、从保守性到创造性的转变、从单调性到适合性的转变。小空间现象在很多地方都很普遍。面对现状，我们需要做的是将不利因素转化成有利因素，使小空间成为满足儿童游戏需求的高质量区域。

三、游戏活动方式的转变

《指南》指出："幼儿的学习是以直接经验为基础，在游戏和日常生活中进行的。要珍视游戏和生活的独特价值，创设丰富的教育环境，合理安排一日生活，最大限度地支持和满足幼儿通过直接感知、实际操作和亲身体验获取经验的需要，严禁'拔苗助长'式的超前教育和强化训练。"如何让游戏成为儿童的基本活动？如何在现有的条件下改变理念并把更多的自主权和游戏权还给儿童？镇江市幼儿园在这些方面做了许多尝试。无论是在室内还是在室外，幼儿教师都在转变理念，把更多的空间、时间和材料还给儿童，创设环境和条件，给予儿童更多的机会和自主性。

1. 跨班区域游戏的实践——以镇江新区大港中心幼儿园为例

区域游戏是促进儿童学习与发展的重要途径，也是深入贯彻落实《指南》精神的有效方式。跨班区域游戏创新了幼儿园区域游戏的开展模式，让班级之间、教师之间、师生之间、儿童之间的合作性更强，改变了以往各自为营、单一的游戏模式，实现了智慧共享、空间共享、资源共享，真正发挥了主题活动在区域渗透中的价值。同时，跨班区域游戏的组织形式为儿童创造了更多的交往机会，有利于儿童的社会性发展，能让儿童始终保持对游戏的新鲜感，促进儿童的全面发展。

（1）特色区域"招投标"，突显跨班区域游戏的环境优势

跨班区域游戏打破了班级界限，充分利用各班资源以及幼儿教师自身特点，鼓励各班在开设基础性游戏区域的基础上，利用相对独立的接待室或走廊等公共空间，有侧重地创设特色区域。首先，幼儿教师在班级中进行儿童游戏兴趣调查，广泛听取儿童及家长的意见。其次，幼儿园公布区域游戏"招标"内容，幼儿教师结合儿童兴趣和自己的专业特长，申报两个特色项目。再次，幼儿教师组织儿童"投标"，选出最适合本班特色的区域游戏内容，设计出比较详尽的区域设置方案。最后，同一年级组的幼儿教师根据各自提供的方案进行商量、调整。这种自主申报、集中"招投标"的形式，一方面能尽可能地发挥各班优势，另一方面能避免区域设置的雷同。每个班可集中力量在接待室或走廊等空间创设相对宽敞的精品游戏区域，尽显区域活动的丰富多样性。

（2）做好准备工作，确保跨班区域游戏的有序开展

跨班区域游戏打破了班级界限，为儿童提供了更多的游戏机会。在每天上午同一时间，同一年级的每个班开展跨班区域游戏，这对于儿童来说，无疑是一件令人兴奋的事。但是，由于儿童来自不同的班级，如果前期工作没做好，那么游戏就可能处在混乱中，甚至发生安全事故。所以，幼儿教师在

活动前要做好以下准备工作。

①标志清晰。每个区域都要在学具、玩具、材料上贴好图标，规定好放置的地方，使儿童能根据图标就知道物品的位置。这也是儿童在区域活动后有序摆放材料的重要依据。

②游戏规则可行。游戏规则由幼儿教师和儿童共同商议确定，这些游戏规则涉及玩具和材料的摆放、游戏过程、文明礼貌行为、合作交往等。游戏规则用相应的照片、简笔画符号和儿童化语言表示，以便让儿童看得懂。为了让跨班区域游戏有序进行，幼儿园还设计了相同形式的标志牌，班与班之间用颜色区分，这样便于幼儿教师了解各班儿童的进区情况。

③信号统一。跨班区域游戏每周进行三次。为了保证各班区域游戏同步开放，幼儿园以音乐作为离班进区、收区评价、有序回班的指令，统一跨班区域游戏起始时间。当音乐响起时，儿童井然有序地到自己选择的班级进行活动。当音乐再响时，儿童立即收拾玩具，由所在班级的幼儿教师带领儿童针对游戏情况开展自评和他评。当音乐又响起时，儿童有序回到自己所在班级。

④小步推进。跨班区域游戏对儿童、幼儿教师都是挑战，只有小步推进才能稳步开展。在游戏开展的第一周，各班先让儿童熟悉自己班级的区域游戏玩法，在儿童在本班参与几次不同区域游戏并基本熟悉本班游戏材料摆放位置和游戏玩法后，从第二周开始进行不同班级的交叉互换，班级一名幼儿教师带一半儿童留在本班，另一名幼儿教师带另一半儿童去互换的班级。四个平行班通过三周分批互跨，实现全年级儿童对平行班所有游戏项目的全面了解，在此基础上实现年级跨班互动，儿童可根据自己的喜好自由选择活动班级、活动区域。

（3）多手段实施，实现教与学的双赢

在跨班区域游戏中，教师之间、师生之间、儿童之间发生着千丝万缕的联系。其中，游戏活动环节的有效设置、游戏过程中的适时介入指导、师生的有效互动，都对游戏的开展起着良好的推动作用。

①巧妙组织活动前谈话活动，提高儿童参与活动的积极性。在活动开始前，幼儿教师用大约5分钟的时间与儿童进行谈话："你们今天想进哪个活动

区?"儿童之间互相交流："你今天到哪里去玩?"然后，幼儿教师提出相应的跨班活动要求。通过这样的活动前谈话，儿童能有目的性地选择活动并在活动结束后与同伴交流和分享。

②以观察为前提，了解儿童现有的发展水平。在区域活动中，教师特别注重对儿童的观察，随身携带一个便签本，随时观察记录儿童的游戏行为，了解儿童的现有发展水平，随机和有效地指导儿童参与活动。通过观察，幼儿教师及时了解儿童的各种需求，及时解决儿童遇到的问题。

表 11　区域游戏观察记录（综合观察）

班级：＿＿＿＿＿＿　　主题：＿＿＿＿＿＿　　周次：＿＿＿＿　　记录人：＿＿＿＿

区域名称					
游戏目标					
儿童姓名					
儿童表现	完成较好				
	基本掌握				
	未完成				
情况分析	可以从知识技能、情绪情感、社会交往以及材料整理等方面进行分析，也可以对区域的整体情况进行分析，还可以对个体行为进行分析				
反思调整	可以对材料、目标、人员安排等进行反思				
材料损耗	记录材料的损耗情况				

表 12　区域游戏观察记录（个案观察）

班级：＿＿＿＿＿＿　　时间：＿＿＿＿＿＿　　观察者：＿＿＿＿＿＿

区域名称	
参加儿童	
材料提供	
观察重点	
儿童行为表现	
评　析	
策略与措施	

③以儿童为合作伙伴，适时给予帮助和指导。在跨班区域游戏活动中，幼儿教师始终是支持者、合作者和引导者，积极参加不同的跨班区域游戏活动，细心观察儿童的活动情况。幼儿教师主要采取以下几种方式对儿童进行指导。一是个别帮助指导。在面向全体儿童的同时，幼儿教师要选择在一段时间内对某一区域进行重点指导，制定相应的目标，针对不同儿童给予具体指导。二是共同参与。儿童来自不同的班级，幼儿教师面对这些"小客人"，应主动"蹲下来"，成为他们的伙伴，甚至是玩伴，在活动中以玩伴的角色介入，与儿童玩成一片，彻底驱散儿童心中的烦躁和不安，让他们玩得畅快淋漓。三是"小主人"助力游戏开展。在游戏中，儿童可以和同伴一起选择自己最喜欢的区域去活动，选择留在本班活动的儿童也会因熟悉环境而成为"小主人"。他们向新来的同伴介绍自己班里的区域，和他们一起参加区域活动。在这样一个开放性的活动中，儿童之间有了互相学习的机会。特别是对于那些平时被幼儿园认为能力一般或者较差的儿童，他们也能充分发挥自己的优势，获得快乐和自信。

④注重在活动后引导儿童进行讨论交流。活动后的讨论交流也十分重要。每次活动后回到教室，幼儿教师引导儿童互相讨论和交流："你今天到什么地方玩？你和谁在一起玩？你有什么好的经验介绍给大家？把你在活动中高兴的事情说给大家听，好吗？"鼓励儿童将自己的所见所闻、情绪体验与同伴分享交流。通过分享交流，儿童学到了他人的经验，提高了参加跨班活动水平，获得了以后参加类似活动的经验。同时，儿童通过自由讨论和交流，发展了自己的语言表达能力、思维创造能力。

2. 小场地自主户外游戏的实践——以丹阳市练湖中心幼儿园为例

户外活动是儿童一日活动的重要组成部分，有利于儿童亲近阳光和空气，增强儿童的抵抗能力，符合儿童好动与探究的天性，满足儿童自主游戏的需要，而这些是室内活动所不能达到的。但是，练湖中心幼儿园的户外活动场地小，满足不了所有儿童同时进行活动的需要。怎样发挥现有场地的最大功能，服务于儿童的户外活动呢？幼儿园尝试进行了"歇人不歇场地"的做法。

（1）户外活动场地使用的三个阶段

随着生源数的增加，练湖中心幼儿园的户外活动场地使用经历了三个阶段。

①全园同时户外活动阶段。幼儿园严格按照常规的一日作息时间安排活动。全园600多名儿童在晨间8：00—8：40之间分布在操场的每个角落，同时进行活动。由于人多、场地小，儿童玩得不够尽兴。

②隔天轮换户外活动阶段。在发现场地严重影响了儿童户外活动的效果后，幼儿园将全园15个班级分成两组，隔天轮换进行户外晨练活动，保证在户外活动时儿童有足够的空间和材料。不参加户外晨练的儿童在室内进行自主游戏，下午再进行户外活动。幼儿园通过户外活动告知牌，提醒来园的儿童及时到户外进行活动。这样一来，空间和材料有了保证，但儿童户外活动的时间又得不到保证。

③每天自主户外活动阶段。怎样才能既保证儿童活动的场地和材料，又保证儿童有充足的户外活动时间？幼儿园大胆地进行了一日作息时间的调整，将上午时间分成三个时间段，分别安排三个年龄段儿童轮流进行户外活动，做到"歇人不歇场地"。

（2）自主户外场地使用的四个尝试

①设置游戏时间。儿童的游戏时间受活动场地限制。于是，幼儿园不得不因地制宜，一改以往惯常的晨间锻炼时间，将户外活动时间分解成三个时间段，让三个年龄段儿童轮流进行户外活动。幼儿园制定了户外自主活动时间安排表，对幼儿园户外活动场地进行合理分配，每个年龄段儿童都有不同的活动内容，尽量避免受到幼儿教师指令的干扰。分解户外活动时间为儿童开展自主户外活动提供了时间保障，同时对幼儿园的户外场地实现了充分而有效的使用，为儿童留出了自主活动、自由把控的时间。

②科学安排器械位置。原先，幼儿园的户外活动器械全部集中在一楼的晴雨操场。考虑到所有班级的儿童同时去取拿器械容易发生拥堵且不安全，所以幼儿园只允许幼儿教师带个别儿童进晴雨操场帮忙，这样一方面剥夺了儿童自主选择的机会，另一方面也错失了对儿童进行收拾整理教育的契机。于是，幼儿园将活动器械全部搬到了室外，在活动场地四周建了一些低矮的

收纳棚，分类摆放并请儿童贴上图标。儿童清楚地知道了每种器械的具体存放位置，方便自主选择和放回时整理归类。

③规划布局活动场地。幼儿园从安全的角度出发，在考虑各区域活动的性质和要求的基础上，将户外活动场地划分为游戏区和运动区。游戏区包括建构区、大型玩具区、沙水区。运动区包括车类区、投掷区、平衡区、攀爬地带、综合球场等。每个区域都有各自的图标和活动范围，便于儿童选择。

④多重设置活动内容。第一，巧妙融入韵律操元素。考虑到整个上午时段操场的使用情况以及儿童户外活动时间和活动量充分，所以幼儿园取消了原来固定时间的早操活动。但考虑到操类活动的独特价值，如儿童喜欢伴随着明快而熟悉的音乐，轻松、愉快地做各种动作，所以幼儿园决定把原先的韵律操元素融入户外活动中。第二，多元化投放游戏材料。《指南》指出："为幼儿准备多种体育活动材料，鼓励他选择自己喜欢的材料开展活动。"幼儿园在投放材料时考虑了材料的层次性，满足不同能力儿童的发展需要。幼儿教师根据运动目标投放适宜的材料，让每名儿童都能找到适合自己发展水平的活动材料。材料的投放还考虑儿童的年龄特点。小班提供同一种类但数量较多的游戏材料，避免儿童因相互模仿而争抢玩具。中大班提供丰富、有变化的游戏材料，让儿童参与游戏材料的收集、设计和制作，因为儿童收集、设计和制作游戏材料也是游戏的组成部分。为了让儿童保持对活动的长久兴趣，幼儿教师在材料的投放上改变策略，增加了低结构材料的投放，让不同结构程度的材料相互组合、相互补充。材料的表面作用可能单一，但经过儿童的重新组合，其被赋予了新的玩法。第三，巧用环境引导儿童进行活动。由于户外活动是混班进行，所以活动的同伴和场地对于教师而言，有可能是儿童不熟悉的。为了保证儿童能够自由而有序的活动并形成良好的规则意识、保障活动的有序进行，幼儿教师在每个活动区张贴形象图标和活动规则，这些活动规则都是儿童在活动后与幼儿教师共同商定的，由儿童自己绘制。第四，鼓励儿童玩出新花样。幼儿教师要尊重儿童的意愿，不要用自己的建议去左右他们的想法。游戏的主体是儿童，游戏的权利也在儿童自己，要保证儿童在活动中有充分的自由度。在户外活动中，儿童要玩什么玩具、和谁一起玩、怎么玩、玩多长时间，都让儿童自己选择、自己做主。在活动中，幼

儿教师逐步地放手，敢于站在儿童的后面，让儿童尽情去玩，不规定今天一定要玩什么，对儿童所有的想法、玩法都给予充分肯定，鼓励儿童，让儿童体验到参与自由游戏的幸福和快乐。受班级文化影响，各班儿童对同一种材料会有不同的解读，玩法也不尽相同。混班以后，幼儿园做到了游戏材料价值的最大限度发挥。

自主户外活动将园内物质资源、环境资源、人力资源进行有效整合、高效利用，既减轻了幼儿教师的负担，又让儿童真正得到了实惠。在自主户外活动中，儿童的同伴交往能力、身体素质以及活动创造力、自主性都得到了前所未有的发展。当然，幼儿教师在此过程中对儿童的观察是最为重要的。幼儿教师站在儿童的立场，欣赏并尊重儿童在活动中的表现，为儿童创造最适宜的成长环境，将游戏与运动相互融合，真正促进儿童的全面发展。

四、观察儿童成为幼儿园课程实施的出发点

观察儿童不仅是教育活动的出发点，而且是幼儿教师必备的专业能力。提高幼儿教师的观察能力，不仅可以让幼儿教师的教育行为更加有效，而且可以帮助幼儿教师改变教育观念，尤其是改变对儿童的认识与看法，树立正确的儿童观。同时，对儿童的观察与评价也是幼儿园课程评价的重要内容。长期以来，在幼儿园课程的发展过程中，幼儿教师重视目标，重视教育内容，重视教育措施和策略，重视如何教，关注教材和文本，关注教育活动过程。而对教育对象的了解，幼儿教师缺少相应的了解和研究，也看不到儿童的学习过程与发展特点，更无法进行有效的幼儿园课程评价。近些年，我国开始重视对儿童的观察，职前教育也开设了有关儿童行为观察的课程。所以，观察儿童成为幼儿教师专业发展中一个难点，也成为学前教育领域研究的热点。

镇江市针对普遍存在的幼儿教师观察能力不足、培训方式单一等实际问题，采用行动研究法、文献分析法，从旁观者和管理者视角出发，分析研究幼儿教师观察能力现状、实施路径等方面的问题，依据观察记录内容、幼儿教师指导策略与培养质量之间的内在联系，将观察作为重要的研究突破口、

作为幼儿园课程改革的关键点，全面推进以观察为起点的幼儿园课程实施，不仅形成了园本教研中提高幼儿教师观察能力的培训模式，而且有效提高了整个区域内幼儿教师观察儿童、解读儿童的能力。

1. 提升幼儿教师观察能力的实施路径

镇江市借助行动研究，探索提升幼儿教师观察能力的实施路径。以丹徒区驸马山庄幼儿园为例。

（1）解读心声，营造空间，让观察成为可能

以往的研究经验表明，幼儿教师观察意识欠缺，对观察方法也了解甚少。在"我了解多种观察方法，如叙事性描述法、时间抽样法、时间取样法"的行为和意识选择上，选择率仅为8%和4%，观察总体水平参差不齐。

在无领导式访谈中，幼儿教师提出，自己的工作繁杂、笔头资料多、有效性不强。后来，管理层尊重幼儿教师意愿，调整了管理策略，如"用减法对待幼儿教师的手头资料，为幼儿教师观察思考留出时间和空间"。

（2）选择路径，行动跟进，提高观察能力

虞永平指出："观察能力需要培养，更需要实践锻炼。坚持观察是幼儿教师观察能力提升的关键。"[1] 幼儿园结合实际，从最简单、易操作的方法入手，通过三条路径让全园幼儿教师行动起来。

路径一：先行动再研究。幼儿园组建了《指南》实验小组，成员由骨干幼儿教师组成，采用先行动再研究的方式，摸着石头过河，探索适合本园园情的路径。

路径二：以点带面，全面提升。幼儿园采取了"两条腿"走路的方式。"一条腿"是针对区域游戏正式组成《指南》实验小组，"另一条腿"是随机、非正式的全园教师交流团队。"两条腿"走路符合幼儿教师专业水平参差不齐的实际情况，能够有条不紊地推动每名幼儿教师观察能力在原有基础上得到提升。

从研究者角度出发，幼儿园以点带面，提升每名幼儿教师的专业能力。幼儿园成立《指南》实验小组，由园长室成员、年级组长、学科组长等11人

---

①虞永平. 学前教育质量问题需要三思而笃行［N］. 中国教育报，2013-10-14（1）.

组成。《指南》实验小组讨论幼儿园到底观察什么、怎样确定观察重点、观察记录表格怎样制定等。带着这些问题，《指南》实验小组成员以自学为主，实践先行。初期，由于《指南》实验小组研究范围很多，所以幼儿教师记录的内容纷杂，出现"研究内容宽泛、研究力度不足"的局面。后来，幼儿园将研究内容聚焦到建构区和角色区。实践发现，在团队力量相对薄弱分散的情况下，研究的点越聚焦，研究越有深度，研究越容易有成果。在幼儿园探索提升幼儿教师专业能力的培训模式的同时，幼儿教师的五大领域专业能力自然也得到提升。

路径三：部分领跑，整体跟进。该路径分两个步骤进行：实验小组聚焦观察，先行研讨；全园幼儿教师实施观察，全面跟进。

步骤一：实验小组聚焦观察，先行研讨。《指南》实验小组的第一阶段探索举步维艰。初期，幼儿园关注的是观察表格如何更专业，而不是关注到底怎么观察。在使用"时间抽样记录表""检核表"等表格时，幼儿教师即使不会记录，也在坚持使用。专家提醒我们，形式不是最重要的，关键在于会观察、会分析。熟练的幼儿教师不用做详细的记录，白描观察后立即能进行评判。由此，幼儿园开始改变观念，认识到应该要轻形式、重本质。于是，《指南》实验小组在第二阶段各个击破，将重点聚焦在建构区和角色区，尝试从"你看到了什么？""你看到什么样的学习？""你提供什么策略？"三个方面进行观察，帮助教师学会如何观察。《指南》实验小组快速成为全园的领跑者。

步骤二：全园幼儿教师实施观察，全面跟进。首先，设置班级观察便签墙，重视幼儿教师观察习惯的培养。幼儿教师用自己的方式在班级布置观察便签墙。对于记录的内容、方法，管理层不提专业要求。此阶段的重点是让幼儿教师养成观察记录的习惯。其次，优化非正式观察表内容，提升幼儿教师的观察能力。幼儿教师从颜色上进行区分，使记录更加便捷，如男孩贴蓝色便签，女孩贴红色便签。观察类别上进行颜色区分，使个体观察更为全面，如生活活动用绿色便签，学习活动用粉色便签。

（3）专家引领，解读儿童，提高观察记录内容的质量

观察记录内容的质量是对幼儿教师观察能力高低进行衡量的标准。幼儿

园以《指南》实验小组、年级组、学科组为平台，在实践学习的基础上及时请进专家，对幼儿园的阶段工作进行梳理总结，为幼儿园下阶段工作点明方向。

①提升《指南》实验小组观察记录内容的质量。原先，《指南》实验小组成员只知道带着目的去观察记录，但是观察记录的内容笼统且不规范，记录抓不住重点。幼儿教师通过学习典型案例，有重点地学习从哪些方面记录观察内容，学会分析与调整，切实提高观察记录的质量。

②提高利用便签进行非正式观察记录的质量。为了观察儿童在每个区域的活动发展状况，幼儿教师在每个区域内投放并使用不同颜色的便签，这样就可以较清晰地看到每名儿童在区域游戏活动中的具体行为表现。同时，幼儿教师从记录内容上进行调整，将其与《指南》实验小组的研究方向统一，真正以《指南》实验小组为研究先驱，使自己从区域游戏观察入手，提升观察记录水平。

（4）借助观察能力培养，建构专业的幼儿教师培训模式

在幼儿教师观察能力提升的实践研究中，幼儿园同样在探索幼儿教师专业成长的培训模式，可借鉴的方法如下。

①案例分析法。选择一篇经典的案例，针对案例内容进行研讨。这种方法比较便捷简单，在讨论观察内容如何写、观察表格如何设置等方面比较适合。

②理论学习法。通常在思路不清晰、实践中遇到"瓶颈"时采用该方法。如幼儿教师在学习如何确定观察目标时，采用了理论学习结合研讨的方式。此方法的优点是灵活多变，缺点是不能保证每名幼儿教师都有自学的自觉性和能力。

③影像回放法。利用摄像设备拍摄目标活动，进行影像回放。其优点是真实生动、可反复研究探讨、培训人群广、效率高。全园幼儿教师培训时可使用。

④现场观摩法。提供一个有层次的、空间大小合适的现场，准备一台摄像机，发放统一的观察记录表，邀请专业人士参与，进行现场观摩，组织研讨。适合在小范围中使用，适合解决重点、难点问题。

2. 幼儿教师进行有效观察的思路及案例

（1）对有效观察的思考

首先，幼儿教师在观察时需要思考三个问题：这里发生了什么？发生了怎样的学习行为？后面怎样实施？其次，有效地撰写观察记录，需注意三个问题：这项活动中有哪些资源？儿童是如何学习和发展的？下一步的发展策略是什么？最后，在使用表格去观察时，首先是观察事件，然后是分析儿童语言、表情、动作，最后是思考策略。

（2）幼儿教师有效观察能力培训的实施思路

首先，知道幼儿教师的观察点落在哪里，怎样将理念变为行为，这些是最关键的。只有了解幼儿教师在观察上到底有什么问题，才能让培训工作围绕幼儿教师的困惑及问题开展。其次，"到现场知道干什么？""到现场看不到东西，怎么办？"都是观察的内容。对观察内容要有分析和反思并提出教育策略和建议。最后，思考幼儿教师如何进行观察记录，了解幼儿教师为什么不会写观察记录，知道原因有哪些。如教师不知道为什么观察、不知道观察的目的和内容是什么、不知道怎么去记录、不知道怎么去分析。

（3）观察案例

案例1：

在娃娃家，男孩用一把木质小刀在塑料泡沫上锯着，他来回拉动着木质小刀，用木质小刀一下一下地往下剌。女孩也找来了一把木质小刀，她也开始尝试锯塑料泡沫，可是没有成功。这时，男孩开始帮助女孩。男孩划出一条口子后，女孩开始认真地一下一下裁塑料泡沫。

分析：通过这个案例，我们可以看出，男孩的发展符合《指南》中科学领域提出的科学探究目标"具有初步的探究能力"的要求。教师事先投放了一些低结构材料，男孩在想给娃娃做衣服时，找来了塑料泡沫并用木质小刀裁自己想要的形状，说明男孩具有探究和解决问题的能力。在女孩不能裁开塑料泡沫时，男孩主动上前帮助，这也说明男孩行为符合社会领域人际交往目标"愿意与人交往、能与同伴有好相处、会主动帮助有困难的为小朋友"的要求。儿童从自己的操作摆弄，逐渐发展到与其他同伴的交往。

案例 2：

在理发店，女孩 A 是理发师，女孩 B 是顾客。女孩 A 用剪刀在女孩 B 的头发上熟练地剪头发，接着用梳子在女孩 B 的头发上梳了几下。

分析：幼儿园投放理发店的材料，不仅可以锻炼儿童的动作能力，而且能使儿童的动作逐步精细化，更可以使儿童在摆弄过程中发展生活自理能力，促使手眼协调、双手协调的发展。

案例 3：

区域游戏开始，男孩 A 和男孩 B 来到了宝贝摄影屋，挂起了给客人洗头的牌子，可是始终不见一个客人走过来洗头。于是，两个男孩拿来了皮管和淋浴头，男孩 A 拿住管子一头，男孩 B 帮他把管子塞进另一根管子里，然后把管子接到淋浴头上，但是发现大小不合适。于是，他们重新拿了一根往里面套，最终把淋浴头用水管接得好长好长。然后，两个人开始玩接水管的游戏。……男孩 A 还从化妆台上拿来一个吹风机，把插头插在放洗头盆的纸箱上。我问他："为什么要把吹风机插头插在这里？吹风机不是应放在化妆台上的吗？"他回答："洗过头就可以直接吹干了，要不然会感冒。"

分析：幼儿教师在活动中投放了淋浴头、吹风机等材料，儿童能自发选择所需要的材料进行创造性和合作性游戏。他们选择长短不一的管子并接起来，将化妆区中的吹风机插头插在纸箱上。游戏材料和儿童发展之间存在一种双向关系，材料的种类特点能刺激儿童的行为方式，儿童也会根据自己的需要决定对材料的操作方式。幼儿教师给儿童提供材料，不需要对材料的具体玩法进行设计。儿童完全可以根据自己的需要决定如何玩。实际玩法会因儿童的个体差异而变得多种多样。儿童在这样的游戏中会表现出更多的自主性，从而激发和促进其想象力和创造力的发展。

幼儿园课程改革和发展的过程是追求教育理想的过程。理想永远在前方，幼儿园改革永远在路上。幼儿园质量提升是一项综合性工程，涉及方方面面。在落实《指南》精神的机制改革中，镇江市创新健全政策保障、经费保障和人员保障机制，积极大胆改革探索，以改变时间、空间、材料为突破口，以重视户外游戏、生活活动及幼儿教师观察为重点，逐步实现了四个方面的变化。

第一，儿童学习快乐了。各幼儿园通过实行板块弹性作息时间，使儿童有了比较长的时间去进行相关的探索活动，做到"儿童时间，儿童做主"。调整室内空间布局和户外场地，让儿童有了自主决定学习方式的权利。提供开放式玩具、书柜以及大量的低成本、低结构的材料，给了儿童自主选择材料的权利。儿童学习变得专注安静、主动积极。快乐真实的儿童学习也为幼儿教师观察提供了真实的样本。

第二，幼儿教师职业幸福感增强了。许多幼儿教师说："如果不观察，我都不知道应该怎样进行下一步活动。"通过一次次的现场研训，幼儿教师逐步学会了观察，在此基础上形成了对"幼儿教师需要做什么"的共同认识。幼儿教师专业素养逐步会提到提高，幼儿教师的职业幸福感会得到体验。

第三，园长的课程领导力提高了。幼儿园独立建制以及幼儿园课程游戏化项目的实施，为园长角色从行政管理向课程领导转变提供了动力。园长的课程规划、课程设计、资源运用、课程审议、质量提升的自主性和能力也明显增强。

第四，游戏精神逐步落实到幼儿园一日活动中。室内外环境更加符合儿童的学习特点，呈现出城乡各具特点的幼儿园课程实施模式。学前教育质量发展的过程成为镇江市学前教育硬实力与软实力发展的代表。

第六章
普惠优质：镇江学前教育的区县探索

镇江市地处江苏省西南部，长江下游南岸。东南接常州市，西邻南京市，北与扬州市、泰州市隔江相望。世界闻名的"黄金水道"——长江和京杭大运河在此交汇。镇江市土地总面积 3847 平方公里，其中丘陵山地占51.1%，圩区占 19.7%，平原占 15.5%，水面占 13.7%。2010 年，镇江市平均气温 16.3℃，年平均降水量 1208.7 毫米，年平均日照时数 2073.8 小时。镇江是一座宜居宜业的山林城市，是长江三角洲重要的港口和旅游城市。

2010 年，镇江市常住总人口 311.34 万人。2010 年年末，镇江市户籍人口 270.71 万人。

2010 年，镇江市实现地区生产总值 1956.64 亿元，比上年增长13.3%。实现财政总收入 381.50 亿元，实现财政一般预算收入 138.1 亿元。2010 年，镇江市完成财政总支出 298.22 亿元，完成财政一般预算支出 154.86 亿元。财政一般预算支出用于教育、社会保障和就业、环境保护分别增长 23.2%、39.6% 和 37.7%。2010 年，镇江市完成房地产开发投资 114.88 亿元。

2010 年，镇江市城市居民年人均可支配收入 23075 元，比上年增长10.1%；农村居民年人均纯收入 10874 元，增长 12.8%。城市居民年人均生活消费支出 14080 元，增长 8%。农村居民年人均生活消费支出 7848 元，增长11.2%。2010 年年末，镇江市城市居民人均住房建筑面积 35.01 平方米，农村居民人均住房面积 48.7 平方米。城乡百户家庭拥有电脑 66 台、电话 310

部、汽车 5.3 辆，恩格尔系数为 39.6%。

2010 年，镇江市城镇职工养老、失业、医疗参保人数为 68.91 万人、43.27 万人和 75.45 万人。市区职工最低工资标准调增至每月 960 元，企业退休人员养老金人均调增至每月 1427 元，城乡最低生活保障发放标准分别调增至每月 380 元和每月 250 元，城乡低保人数 4.41 万人。

1983 年 3 月，镇江市改为省辖市，辖 4 县 2 区。1987 年、1994 年、1995 年，丹阳、扬中、句容先后撤县设市。2002 年，丹徒撤县设区。镇江市现辖丹阳市、句容市、扬中市、丹徒区、京口区、润州区以及镇江新区（镇江市人民政府派出机构）。至 2010 年年底，镇江市有 50 个乡镇（街道），其中乡镇 40 个、街道 10 个。2006 年年底，镇江市政府设立南山风景区管理委员会，负责辖区檀山、鹤林、黄鹤山、五凤口、回龙村 5 个社区、村的社会事务管理。

镇江七个辖市（区）在地理位置、人口结构、经济发展水平等各方面呈现出不同的特点。

＊京口区和润州区属于老城区，地域面积相对较小，人口密度相对较高，经济发展水平在 7 个辖市（区）中处于中位。

＊丹徒区地域面积位列镇江市辖市（区）第三，人口密度相对较低，农村人口占比接近 60%，经济发展水平靠后。

＊丹阳市人口规模最大，地域面积比较宽广，农村人口占比 60%，2014 年人均地区生产总值位列镇江市辖市（区）第三。

＊扬中市经济实力强，农村人口占比 61% 左右，2014 年人均地区生产总值位列镇江市辖市（区）第二。

＊句容市地域面积最大，人口密度相对较低，农村人口占比约 45%，经济发展水平在 7 个辖市（区）中较低。

＊镇江新区为国家级经济技术开发区，经济发展水平在 7 个辖市（区）中相对领先。

2014 年，镇江市各辖市（区）社会经济基本情况如表 13 所示。

表13　2014年镇江市各辖市（区）社会经济基本情况统计

辖市（区）	地区生产总值（亿元）	财政收入（亿元）	总面积（平方公里）	人口总数（万人）	人均地区生产总值（万元）	幼儿园适龄儿童数（人）	在园儿童数（人）
丹阳市	1005.24	153.66	1047.44	81.34	12.40	22746	22452
句容市	432.80	35.90	1387.00	60.00	7.20	11567	11543
扬中市	440.20	72.13	331.00	28.25	12.90	5068	6842
丹徒区	318.00	24.94	617.00	28.93	10.99	6324	6631
京口区	404.60	28.13	126.00	39.00	11.60	7428	7623
润州区	290.00	21.72	132.68	24.50	11.80	3665	5907
镇江新区	517.00	48.90	218.90	22.00	23.50	5053	5853

数据来源：镇江市各辖市（区）区域学前教育事业发展基本信息数据收集表（2015年）；镇江市政府网站。

镇江市各辖市（区）人口规模差距较大。2014年，人口规模最大的是丹阳市，为81.34万人；人口规模最小的是镇江新区，只有22万人。人口规模的差距直接影响幼儿园适龄儿童规模的差异。2014年，丹阳市的幼儿园适龄儿童规模最大，占整个镇江市的44.2%；润州区最小，只占7.1%。从在园儿童数来看，丹阳市的规模最大，占镇江市的33.6%；润州区和镇江新区最小，均为8.8%（见图15）。润州区在园儿童数与幼儿园适龄儿童数之间的差距主

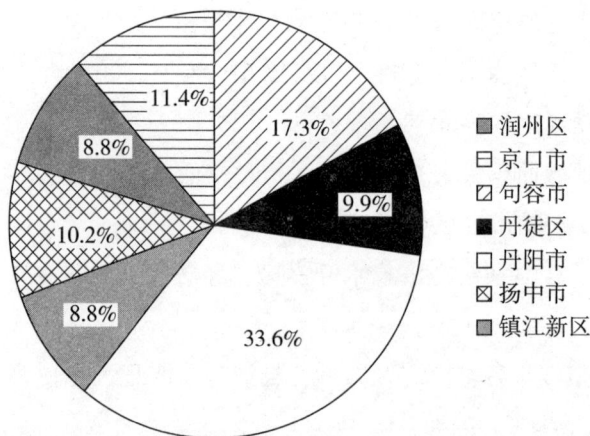

图15　2014年镇江市各辖市（区）在园儿童数占比

要是由外来流动人口等因素影响造成的。

在镇江市"两主导""五为主"的学前教育改革体制创新机制引领下，镇江市各辖市（区）的学前教育工作取得了长足进步。有的地区在体制改革前已经具备良好的学前教育发展基础，通过改革创新又加大了发展力度。有的地区的学前教育基础比较薄弱，借助改革实现了学前教育的大发展。无论在怎样的背景下实施学前教育改革，各辖市（区）都遵循了较为一致的改革路径：全面推进、针对问题、特色发展。首先，各辖市（区）反思已有的学前教育发展基础，明晰存在的问题或不足。其次，各辖市（区）充分领会国家学前教育体制改革的背景与意义，认真学习镇江市出台的围绕学前教育体制改革试点工作的相关政策文件，分别制订各自的学前教育行动计划。再次，各辖市（区）在改革过程中，围绕"两主导""五为主"的原则，结合自身的实际发展状况，有针对性地在某些方面开展了深入探索和改革，面点结合。最后，在改革末期，各辖市（区）纷纷推进可持续性深化发展，对学前教育投入、幼儿教师、管理、办园特色、课程适应性、儿童成长等进行全面思考，对投入、资源、课程、质量进行整体性推进改革，为镇江学前教育发展奠定了坚实的基础。

近年来，镇江市各辖市（区）财政性学前教育经费投入占财政性教育经费投入的比例逐年提高。2014 年，各辖市（区）的该比例均达到5%。其中，润州区、京口区、扬中市、镇江新区的该比例超过7%（见图 16 和表 14）。各辖市（区）公办幼儿园数和在公办幼儿园就读儿童数均占主导地位。2014年，公办幼儿园数占比最高的是句容市和扬中市，达91%和81%（见图 17）。2014 年，在公办幼儿园就读儿童数占比最高的是句容市和丹阳市，达88.4%和80.2%（见图 18）。普惠性民办幼儿园得到了较大发展，丹徒区、句容市的民办幼儿园全部为普惠性质。

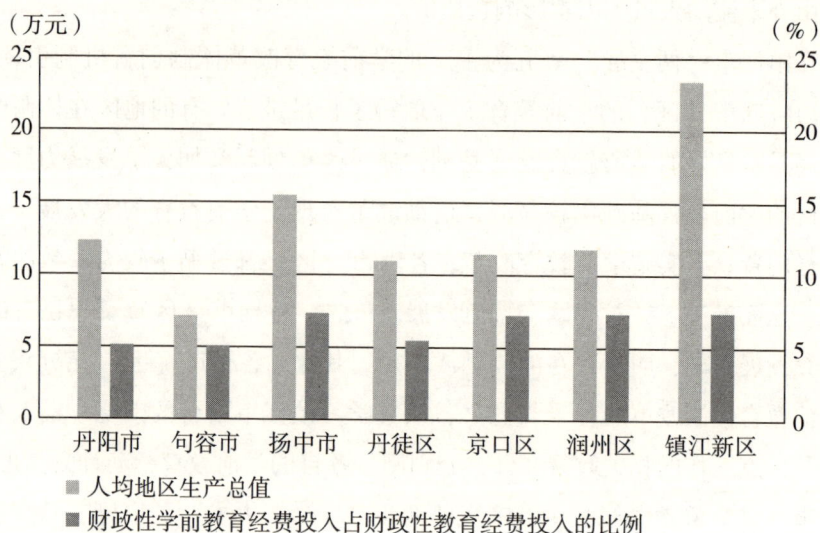

图16 2014年镇江市各辖市（区）经济发展与学前教育投入情况

表14 2014年镇江市各辖市（区）学前教育基本情况统计

辖市（区）	财政性教育经费投入（万元）	财政性学前教育经费投入（万元）	财政性学前教育经费投入占财政性教育经费投入的比例（%）	公办幼儿园		普惠性民办幼儿园		非普惠性民办幼儿园	
				园所比例（%）	人数比例（%）	园所比例（%）	人数比例（%）	园所比例（%）	人数比例（%）
丹阳市	168720.0	8606.0	5.10	77.0	80.2	20.0	18.0	3.0	1.8
句容市	107824.0	5400.3	5.01	91.0	88.4	9.0	11.6	0.0	0.0
扬中市	79818.0	5805.0	7.27	81.0	79.0	4.8	6.5	14.2	14.5
丹徒区	71240.0	3880.0	5.45	79.0	78.0	21.0	22.0	0.0	0.0
京口区	28437.0	2117.0	7.44	51.0	60.0	23.0	24.0	26.0	16.0
润州区	27100.1	2021.7	7.46	48.0	55.0	44.0	35.0	8.0	10.0
镇江新区	44930.4	3300.0	7.34	67.0	71.0	11.0	17.0	22.0	12.0

(%)

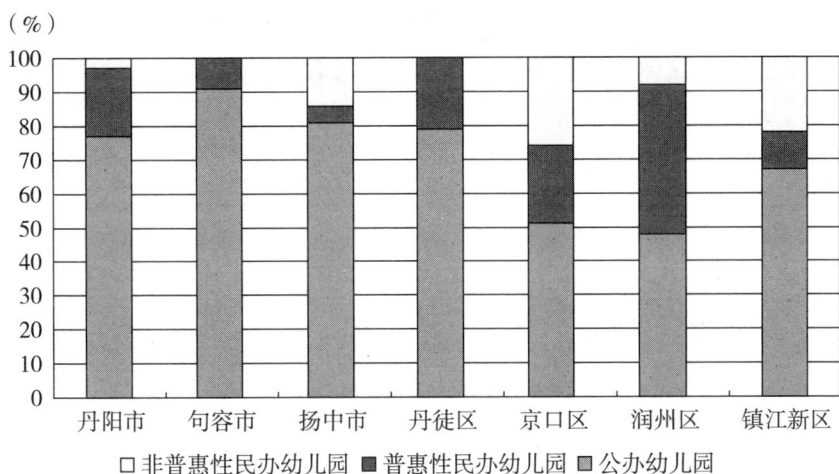

图 17　2014 年镇江市各辖市（区）各类幼儿园占比情况

(%)

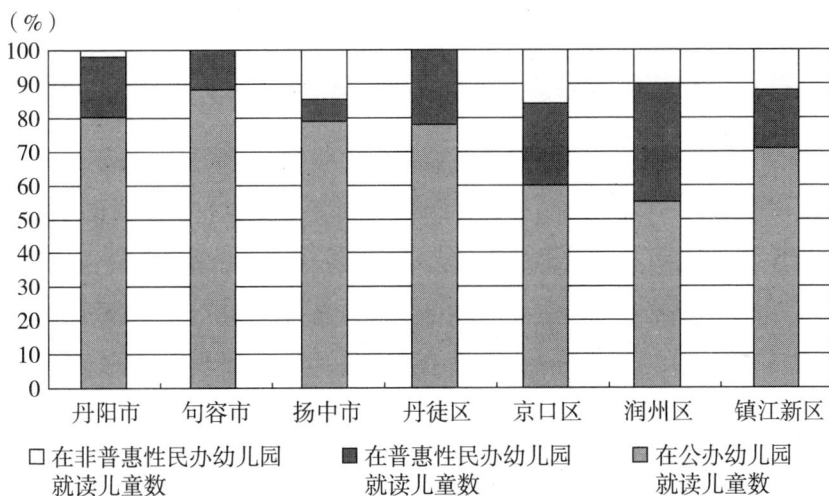

图 18　2014 年镇江市各辖市（区）在各类幼儿园就读儿童数占比情况

第一节　丹阳市：以县为主，分级管理

一、基本概况

丹阳市总面积 1047.44 平方公里，2015 年户籍统计人口 81.21 万人，辖

10 个乡镇、2 个街道、1 个省级经济技术开发区。1987 年 12 月，丹阳撤县设市，称丹阳市，属镇江市。工业发达的部分乡镇是丹阳市的主要经济区，每年会进入很多外来务工人员，而且部分人员已经在乡镇落户。2014 年，全市实现地区生产总值 1005.24 亿元，财政一般预算收入 64.16 亿元，比上年增长 6.19%。

截至 2014 年 12 月，全市幼儿园数量从 2010 年的 45 所增加到 2014 年的 60 所。其中，成型幼儿园 52 所，办园点 8 个；公办幼儿园（点）46 个，民办幼儿园 14 所（其中普惠性民办幼儿园 13 所）；在园儿童数 22452 名，学前三年毛入园率达到 98.71%。2014 年 9 月，丹阳市在园外来人口子女 9601 名，占总数的 42.76%。丹阳市将流动人口随迁子女与本地儿童实行统一编班、统一管理、统一保教、统一要求，同等享受教育资源，流动人口随迁子女入园率达 100%。

丹阳市先后两次被江苏省人民政府评选为"江苏省幼儿教育先进市"，相关经验先后在全省教育改革工作会议和全省教育工作会议上进行大会交流发言。2011 年 11 月，《中国教育报》以"为孩子的终身幸福奠基——江苏丹阳发展学前教育采访纪行"为题，头版头条报道了该市学前教育经验。2011 年 12 月，丹阳市承办了全省基础教育论坛（学前教育）暨学前教育五年行动计划推进现场观摩会。2012 年，丹阳市为全省学前教育改革发展现场推进会提供了主会场、分会场和参观现场。2015 年 1 月，丹阳市被江苏省教育厅认定为江苏省学前教育改革发展示范区。

二、改革前存在的问题

即使到 2010 年，丹阳市也只有幼儿园 45 所（其中公办幼儿园 38 所，民办幼儿园 7 所），在园儿童数 17838 人，学前三年毛入园率为 93.1%，约 7% 的儿童在无证幼儿园就读。幼儿园专任幼儿教师 1336 人，其中拥有幼儿教师资格证的占比为 52%，具有大专及以上学历的幼儿教师约占专任幼儿教师总数的 64%。

1. 资源配置不到位

按照"每 1 万—1.5 万常住人口配备 1 所幼儿园，人口较为分散的农村地区，还应当根据条件适当增设幼儿园"的要求，丹阳市在 2008 年前只达到每 1.96 万人口配建 1 所幼儿园的标准，全市达到正常班额的班级只占 12%，资源不足现象比较凸显。

2. 幼儿教师配备不到位

2008 年前，丹阳市公办幼儿园中的在编幼儿教师数占比只有 18.2%，"两教一保"的配备率为 16.3%，拥有幼儿教师资格证的幼儿教师数占比为 43.5%，幼儿教师的配备明显不足。

3. 保障能力不到位

2008 年前，政府对学前教育的关注度不够，认识程度不高，保障体系一直未能完善起来。学前教育财政投入也没有形成规范的制度要求，市、镇两级之间存在推诿扯皮现象。

三、主要改革举措

丹阳市的幼儿园适龄儿童数和在园儿童数在镇江市各辖市（区）中位居前列，约占镇江市总量的 1/3，盘子大、责任重。近几年，丹阳市以实施学前教育体制改革试点为契机，结合丹阳市的实际情况，坚持"政府主导、理顺体制，加大投入、创新机制，规范运行、强化内涵"的发展策略，走出了具有区域特色的学前教育改革发展之路。

1. 全面激活普惠发展的动力

（1）政策到位，强化学前教育的制度支撑

政策是方向盘，决定学前教育的"快车"如何行驶。丹阳市一方面对江苏省、镇江市下达的文件落实到位并一律执行上限，另一方面围绕规划布局、资源建设、人才队伍、差别化帮扶、资金保障等积极用政策引导并加以保障。2008 年，丹阳市政府印发《关于印发〈关于加快我市幼儿教育改革和发展的意见〉的通知》（丹政办发〔2008〕92 号），要求完善学前教育管理体制，幼儿园实行独立建制。2011 年，丹阳市政府《关于印发〈丹阳市学前教育三年行动计划（2011—2013 年）〉的通知》（丹政发〔2011〕1 号），率先在全省制定了学前教育三年发展及行动规划。2013 年

4月，丹阳市委、市政府高规格召开创建江苏省学前教育改革发展示范区建设推进会，市长主持会议，市委书记做重要指示，会议印发《关于创建江苏省学前教育改革发展示范区的实施意见》（丹政办发〔2013〕44号）以及配套文件。2015年5月，丹阳市印发《关于大力推进学前教育优质均衡发展的实施意见》（丹政发〔2015〕29号），进一步明确了目标，分解了责任，落实了举措，形成工作合力。同时，丹阳市不仅制定了《丹阳市中小学（幼儿园）布局规划（2012—2030年）》，而且制定了《关于进一步规范教育投入促进教育事业健康发展的若干意见》（丹政办发〔2011〕12号）、《关于进一步加强教育人才队伍建设的意见》（丹政发〔2013〕90号）、《丹阳市住宅区配套学前教育设施建设管理实施办法》（丹政办发〔2013〕57号）、《关于扶持普惠性民办幼儿园发展的实施办法》等支撑性文件，切实解决学前教育发展中的难点问题。

（2）财政投入力度不断加大，学前教育资助体系逐渐完善

2008年起，丹阳市学前教育财政预算开始单列。2011年，丹阳市财政性学前教育经费投入占整个财政性教育经费投入的占比达3.25%。2014年，丹阳市财政性学前教育经费投入达8606万元，占比达5.1%。同时，生均公用经费逐步提高，保障学前教育生均公用经费财政拨款达到小学教育标准的1/2，并随小学生均公用经费调整而动态调整。在财政性学前教育经费投入增长的同时，丹阳市政府针对学前教育发展的薄弱环节，设立专项经费并逐步加大投入。自2012年起，丹阳市设立学前教育建设专项资金，截至2014年共投入4316万元，切实增强了对学前教育的保障度。对于专项经费，政府"用好、用足"，着重向乡镇中心幼儿园、农村合格幼儿园建设和优秀民办幼儿园发展等倾斜，同时兼顾优质幼儿园创建奖励、园长和幼儿教师培训表彰、科研课题开发、办园条件改善、危房改造、经济薄弱乡镇学前教育事业专项扶持等。

2013年起，丹阳市开始对普惠性民办幼儿园给予生均公用经费的补助。2014年，公办幼儿园生均公用经费的补助水平为每生385元。针对办园水平达到省优质幼儿园、市优质幼儿园、市合格幼儿园标准的普惠性民办幼儿园，补助标准分别为每生每年330元、300元、250元，同时对创建为省优质的幼

儿园一次性奖励 20 万元。

为确保困难群体享受到公益普惠的学前教育，进一步完善资助体系，丹阳市政府将困难群体资助范围进一步扩大，落实经费投入，确保没有一名适龄儿童因为家庭经济困难而失学。同时，丹阳市成立了市学生资助领导小组和市学生资助管理中心，具体负责对困难群体进行资助。在经费来源上，丹阳市按照分级管理、分级负担的原则，由市财政将其纳入预算，将上级财政转移支付的补助经费与市级安排的助学金合并使用。2012 年以来，全市共资助儿童 14668 人次，金额达 839.94 万元，资助比例为在园儿童数的 8%。2013 年，除了原先的资助金额不变以外，对城乡低保家庭和持特困职工证、残疾人证的人员子女等困难群体予以保教费全免，经费由市财政保障。

（3）科学规划，推动学前教育城乡合理布局

2011 年，丹阳市制定了学前教育五年行动计划，重点开展多项工程，按年度分步实施。在建设过程中，丹阳市参照省优质幼儿园建设标准，采取异地新建、改扩建等形式，不断改善幼儿园的办园条件，有效盘活社会和教育闲置资源，新建公办幼儿园，不断优化学前教育现代化水平。经过几年的努力，到 2015 年，丹阳市公办幼儿园建设完成率达 100%。

2009 年，丹阳市对闲置的原建山法院办公场所进行租用并扩建成建山幼儿园。2010 年，丹阳市利用行宫小学闲置校舍，新建行宫幼儿园。2011 年，南门幼儿园和横塘幼儿园改扩建。2012 年，丹阳市将闲置的原后巷小学改建为后巷幼儿园分园，利用马相伯学校（九年一贯制学校）的合并闲置资产，将其改建胡桥幼儿园。2013 年，大泊幼儿园、埤城幼儿园、云林幼儿园改扩建。2014 年正则幼儿园、实验幼儿园、荆林幼儿园和导墅幼儿园异地新建，界牌幼儿园改扩建，将合并的访仙高中闲置校舍改建成访仙幼儿园分园。2015 年，普照善幼儿园、陵口幼儿园、珥陵幼儿园、皇塘幼儿园分园、吕城中心幼儿园分园异地新建，折柳幼儿园、麦溪幼儿园改扩建。

2013 年 7 月，丹阳市印发《丹阳市中小学（幼儿园）布局规划（2012—2030 年）》，以行政区域内住宅区规划居住人口和每百户产生的生源数为规划指标，在分区规划、地块控制性详细规划等规划编制的同时，整体做好幼

儿园规划布点工作。布局规划综合考虑人口密度、地理环境、经济发展、城乡一体化规划、城市总体规划、城市近期建设规划和幼儿园等各方面因素。中心城区依据功能定位。农村地区结合新农村建设和示范小城镇建设，合理规划幼儿园布局，进一步推进学前教育资源建设。按照儿童就近入学的原则，明确"幼儿园规划服务半径为 500 米左右"，并将"每 1 万人配有 1 所幼儿园，班额符合省优质幼儿园规定要求"作为丹阳市教育工作考核的重要指标之一。

随着丹阳市城市建设和新农村建设进程的加快，由于新建住宅区配套学前教育设施不足而导致的儿童入园较难、入园路途较远等问题逐渐凸显。为此，2013 年 4 月，丹阳市印发《丹阳市住宅区配套学前教育设施建设管理实施办法》，落实小区配套幼儿园配建工作。2015 年 5 月，丹阳市印发《关于大力推进学前教育优质均衡发展的实施意见》，进一步明确执行小区配套政策，即按照"谁开发建设、谁完善配套"的原则，与住宅区开发建设同步规划、同步立项、同步施工、同步交付、同步使用。如配套学前教育设施未能同步交付使用，相关部门不得办理各项验收手续。"五同步"进一步促使在城乡建设的同时确保学前教育资源的有效供给。

（4）公办民办并举，实行统一的行业管理制度

目前，丹阳市已构建起了以城区幼儿园为示范、以乡公办中心幼儿园为骨干、以民办幼儿园为依托、社会多元参与的学前教育公共服务体系。学前教育"政府主导"，并不意味着政府"全包"，而是要在加大财政投入的同时积极制定发展规划，出台相关政策，加大监督管理，广泛发动和引导社会各方面力量共同发展学前教育。2015 年，丹阳市共有公办幼儿园 46 所，民办幼儿园 14 所，其中乡镇公办中心幼儿园全覆盖。在管理过程中，公办幼儿园、民办幼儿园虽然体制不同，但却实行统一的行业管理制度。

此外，丹阳市还按照办园标准严格审批制度和认定标准，对公办幼儿园、民办幼儿园实行统一的审核登记制度，根据省定各种类型幼儿园的办园标准，对其实行分类管理、分类指导，教育行政部门对所有幼儿园实行动态监管。公办幼儿园、民办幼儿园统一办学标准和管理要求，统一目标管理责任状考核制度，督导评估公办幼儿园、民办幼儿园办园水平、保教质量、财务管理

等各方面工作，对幼儿园的保教质量和管理水平进行评分，促使各幼儿园规范管理，提高全市所有幼儿园的保教质量和管理水平。统一师资培训计划，实施公办民办一视同仁的免费培训制度。统一落实安全卫生制度，为全市所有儿童进行健康体检，建立儿童健康档案，对儿童的健康成长进行系统检查和统一化的动态管理。

在强化公办民办统一行业管理的同时，丹阳市结合民办幼儿园的发展实际，采取了多种方式的扶持手段，提高民办幼儿园的办园积极性。2013 年，丹阳市印发《关于扶持普惠性民办幼儿园发展的实施办法》，从资金、人事、建设等方面加大对民办幼儿园的扶持。在经费上给予一定的运转补助，鼓励民办幼儿园积极争创省、市优质幼儿园。通过评估验收的，市财政给予一次性奖励。在建设上加强扶持，明确在规划建设、土地供应、税费减免等方面与公办幼儿园享受同等权利。建立公办民办幼儿园教师结对帮扶制度，向普惠性民办幼儿园派驻公办幼儿园教师、骨干幼儿教师。民办幼儿园教师在职培训、评先评优等方面与公办幼儿园教师享受同等待遇。2013 年 8 月，丹阳市教育局在全市中小学、幼儿园中层干部中公开选聘了 11 名幼儿园副园长，其中有 6 名派驻到普惠性民办幼儿园从事管理和教学工作，支持民办幼儿园的发展。2014 年，丹阳市派驻 6 名副园长到普惠性民办幼儿园进行业务帮扶和管理。

其实，丹阳市从 20 世纪 90 年代初就开始对普惠性民办幼儿园进行人力支持。1999 年，普惠性民办幼儿园——新时代幼儿园开办招生，市教育局公派 6 位骨干幼儿教师进驻该园，进行为期两年的支教帮扶。2014 年 2 月，市教育局公派 1 名副园长又对其进行帮扶和业务指导。2007 年，普惠性民办幼儿园——丹凤幼儿园开班，市教育局公派两位丹阳市学科带头人进驻。到现在为止，这两名学科带头人还在进行帮扶工作。对于异地新建并于 2013 年 1 月投入使用的丹阳市好孩子幼儿园，市教育局于同年 8 月公派 1 名业务副园长去该园工作，至今一直在该园从事业务指导和管理工作。2015 年 9 月，新办普惠性民办幼儿园——七色花幼儿园也有 1 名公派副园长。

2015 年 5 月，丹阳市印发《关于大力推进学前教育优质均衡发展的实施意见》。文件规定"建立普惠性民办幼儿园奖补制度",以委托管理、购买服务等方式,加大公共财政对普惠性民办幼儿园的扶持力度。经过认定的普惠性民办幼儿园,在生均公用经费、园舍维修经费、设施设备和教玩具图书更新补贴、参加人事代理教师的社会保险费、人事代理费补贴等方面,执行与公办幼儿园同等的补贴政策,根据办园成本将普惠性民办幼儿园的收费标准上限提高到公办幼儿园的30%。

(5) 发展内涵,提升学前教育质量

丹阳市幼儿园内涵建设的基本思路是"结合自身实际,挖掘多方资源,建立发展规划,探索品牌之路"。丹阳市主张遵循儿童身心发展规律,树立正确的教育观,面向全体儿童,关注个体差异,坚持以游戏为基本活动,保教结合,寓教于乐,促进儿童健康成长。

如胡桥中心幼儿园是一所农村公办幼儿园。该园围绕"一份播种,百份成长"的办园目标,秉承"生活即教育"的教育观和"回归自然、回归童年"的幼儿园课程观,立足实际,充分挖掘农村优势,巧妙规划园内闲置的0.47公顷土地,依托丰厚的自然资源,通过"以农育德、以农益智、以农健体、以农养性"的四条路径,建立了"开心农场"课程实践基地,探索出适合该园发展的"农文化"办园特色。该园充分利用农村资源和"开心农场"课程实践基地,因地制宜地选择贴近儿童生活的内容,构建幼儿园的"农文化"环境,以农家活动为特色,引导儿童体会劳作的辛苦与获得劳动成果后的喜悦。幼儿教师、儿童、家长利用农场的农作物、农产品,共同开展趣味十足的"农家乐"活动,以丰富的材料、有趣的活动吸引着每一名儿童,用一份播种收获儿童的百份成长。

每一所幼儿园都有自己的内涵和特色。在丹阳市实施区域教育品牌战略的过程中,学前教育领域最积极、最活跃。儿童在活动中尽情玩乐,完全进入忘我境界,增添了童趣,回归了童心,获得了快乐,增强了体质,培养了良好的心理品质。

(6) 家园融合,成立家长委员会

丹阳市各幼儿园相继成立了家长委员会,引导他们代表全园家长向幼儿园反馈家长的意见,参与幼儿园决策和监督。家长委员会作为相对独立的机构，参与幼儿园教育教学活动和伙食质量的考核，对幼儿园办园环境创设、保育工作、教学水平、膳食结构进行不定期评价，保证了幼儿园保教质量、服务水平和伙食质量的提高，使每一名儿童都能快乐地茁壮成长。

在家园联系中，全市推行建立儿童成长档案，让家园形成合力。纸质版或电子版的儿童成长档案记录了儿童的发展过程，反映儿童在学习过程中的个体差异。同时，儿童成长档案也是家园进行沟通的桥梁。儿童成长档案不仅是家园工作的重要资料，更是家长了解儿童在幼儿园成长经历的主要渠道。此外，幼儿园网站、微信、班级 QQ 群等互联网信息渠道也被幼儿园和幼儿教师充分利用，实现家园沟通零距离。

2. 扩大在编幼儿教师规模，提升师资水平

（1）大幅度增加在编幼儿教师数量

从 2008 年开始，丹阳市多渠道创新幼儿教师进入渠道，实行学前教育本科生免试进编政策，赴外省市提前招聘本科幼儿教师，要求在小学任教的幼儿教师全部回到幼儿园工作，鼓励小学低年级教师到幼儿园任教，切实提高非在编幼儿教师待遇，多方面解决师资紧缺难题。2013 年，丹阳市对全市公办幼儿园进行了重新核编，按照师生比 1∶16 的标准核定总编制为 1139 名，原经费渠道不变。同年，丹阳市加大幼儿教师的招录比例，招录在编幼儿教师 35 名，小学向幼儿园转岗 18 名，幼小衔接交流 8 名，非学前教育派遣生进编 3 名，合计增加在编幼儿教师 64 名。2014 年，丹阳市招考 35 人。2015 年新招在编幼儿教师 50 人，占全年招聘在编教师数量的 1/3。

（2）多种方式提升幼儿教师素质

为建立一支优良素质的幼儿教师队伍，丹阳市严把入口关，新进人员必须具备相应任职资格。一是严格执行幼儿教师资格标准，全面实行持证上岗。二是积极从哈尔滨师范大学和安徽师范大学引进幼儿教师，充实幼儿园专任幼儿教师队伍。2009 年，丹阳市从这两所大学招聘 10 名本科生直接进编。三是吸引男幼儿教师加盟幼儿园教育。2012 年以来，男幼儿教师累计签约 35 名。

同时，丹阳市多渠道提高幼儿教师培训质量。一是新教师培训。按照"先培训、后上岗，不培训、不上岗"的培训原则，有计划地对新教师实施

教育政策法规、教育新理论与教育改革发展动态、教材教法等方面为期一年的培训。二是骨干幼儿教师培训。举办各级各类不同层次的市级骨干幼儿教师培训班、骨干幼儿教师培训班、骨干幼儿教师研修班等。三是全员培训。信托江苏省教师培训中心幼儿教师研修基地——正则幼儿园和江苏省科研基地——新区幼儿园，进行多形式的全员培训，促进城乡不同类别的幼儿教师专业共同成长。四是岗位培训。以"面向全体、均衡发展"的幼儿教师培训理念为指导，旨在培养一批积极进取、能胜任教育教学工作的非在编幼儿教师。五是园长培训。多年来一直坚持组班培训，分学段、按类别组织，如幼儿园园长培训、园长岗位培训班、副园长培训班等，"请进来、走出去"，示范引领，发挥名园长的区域带头作用。六是远程干部培训。从 2009 年 3 月，丹阳市正式启动并实施为期三年的园长、业务园长和行政干部的远程培训活动，首创了县级单位与国家教育行政学院合作办学的模式。截至 2015 年年底，丹阳市拥有县级以上骨干幼儿教师 171 人。在每届江苏省和镇江市幼儿教师基本功大赛、论文评比等比赛中，丹阳市都有幼儿教师获奖。

3. 进一步确立"县级统筹、县镇共建"的管理体制

丹阳市建立健全由市、乡镇（街道）及相关部门组成的学前教育改革发展联席会议制度，每半年召开一次学前教育改革发展联席会议，统筹推进学前教育改革发展各项工作和省、市创建项目。丹阳市出台《丹阳市学前教育示范镇建设督导评估指标》，与各乡镇（街道）政府签订责任状，进一步明确了市、乡镇（街道）两级政府责任。每个月召集各乡镇（街道），就学前教育工作进行专题推进，定期在媒体公布各乡镇（街道）学前教育改革发展任务完成情况，结合教育现代化建设对乡镇（街道）学前教育发展情况进行督查与考核，逐步形成各级政府分级管理的责任体系。2012 年以来，丹阳市政府每年召开一次学前教育工作会议，每年为工作会议确定不同的主题和内容，主题内容反映了丹阳市在学前教育发展过程中工作重心的年度推进（见表15）。

表15　2012—2015年丹阳市学前教育工作会议主题及内容

年　度	主题及内容
2012	主题是"加大学前教育资源建设，清理整治无证园"。在统一思想的基础上，市长与各乡镇（街道）一把手签订学前教育工作责任状。市委书记提出明确的工作要求，重视解决儿童"有学上、上好学"的问题。会后，分管教育的市领导带领教育、住建、消防、卫计、公安等部门深入各乡镇（街道），查看公办幼儿园的建设情况及无证幼儿园的儿童分流和清理整治情况，就落实会议精神再推进，通过教育简报的形式通报各乡镇（街道）的落实情况
2013	围绕"创建江苏省学前教育改革发展示范区"召开建设推进会，出台《关于创建江苏省学前教育改革发展示范区的实施意见》，明确学前教育建设的责任主体是乡镇（街道），各乡镇（街道）对学前教育承担"属地管理"的责任，各乡镇（街道）要争创"市级学前教育改革发展示范区"。市长与乡镇（街道）一把手逐一签订目标责任状
2014	用时间倒排方式，明确了近三年全市学前教育改革发展的具体任务和建设项目并在《丹阳日报》上公布，接受全社会监督。进一步明确了学前教育工作的责任主体是乡镇（街道）政府，强调要用三年左右时间解决学前教育资源不足的问题。构建市、乡镇（街道）两级财政合理分担的经费保障机制。以临时办班点为过渡，进一步清理、整治无证幼儿园
2015	在全市教育现代化工作推进会上强调，"双创"工作难点在学前教育，学前教育难点在资源建设，突出解决"大班额"问题

学前教育发展的责任主体是乡镇（街道），乡镇（街道）对学前教育要承担"属地管理"的责任，在筹措办园经费、加强幼儿园周边环境治理、规范管理辖区内各类幼儿园等方面寻求突破。丹阳市构建了市、乡镇（街道）两级财政合理分担的经费保障机制。财政性学前教育经费投入的责任主体是市财政。2014年，丹阳市级财政承担了约65.3%的财政预算内学前教育经费投入，乡镇（街道）财政承担了34.7%。

丹阳市建立和完善学前教育督导制度，将学前教育发展目标列入乡镇（街道）工作实绩考核目标，推动乡镇（街道）政府切实履行学前教育工作职责。确立学前教育在教育发展中的地位，市长办公会议、市政府常务会议、有关学前教育发展的专题会议与讨论形成常态。市政府对丹阳市学前教育民生工程的项目进展、完成情况进行督查和汇报。市政府按照学前教育指标和目标进行责任分解，与乡镇（街道）政府、相关职能部门签订责任书。市政府及教育相关部门对履职情况进行检查、考核和反馈。

4. 落实政府责任主体，实施考核奖惩办法

丹阳市实行了"推进学前教育规范发展，建立学前教育事业发展考核奖惩办法"的改革，以落实《丹阳市中小学（幼儿园）布局规划（2012—2030年）》和学前教育五年行动计划为目标，建立督促检查、考核奖惩和问责机制，加强对学前教育事业发展的工作调度、督查和考核，将学前教育发展情况列入乡镇（街道）政府考核目标、乡镇（街道）党政领导干部教育工作考核内容，分年度进行检查考核，促进乡镇（街道）政府加快发展学前教育，促进全市学前教育事业的快速发展。

2015年，在丹阳市乡镇（街道）教育工作年度考核评估细则中，学前教育考核评估细则占比达50%以上，主要从以下方面进行：①在市政府的统一领导下，根据"属地管理"的原则，开展对无证幼儿园的清理整治工作，消除无证办园现象；②乡镇（街道）适龄户籍儿童学前三年毛入园率达99%，3—6岁儿童实现就近入园，流动人口随迁子女按需入园有保障；③按区域生源情况，优化学前教育发展规划，积极推进幼儿园建设与配套，使每1万—1.5万常住人口配有1所幼儿园，班额符合省优质幼儿园规定要求；④积极维护幼儿园安全和合法权益，区域内所有幼儿园周边环境无污染，无不健康、不稳定因素，无"黑校车"，确保儿童在安全、健康、稳定的环境中生活、学习、活动。考核结果由市政府教育督导室上报给市政府，按权重计入市委、市政府对乡镇（街道）考核的总分。

在改革过程中，丹阳市坚持评估的公平、公正、公开，突出考核内容的真实性和评估结果的可靠性并予以公示和公开，接受群众和舆论的监督，注重考核的实效性，坚持从实际出发，重在督导评估政府的努力程度、职责到位、工作落实情况以及学前教育发展的实际效果。

四、经验和进一步思考问题

1. 经验

在镇江市所辖市（区）中，丹阳市的地域面积仅次于句容市，人口最多，经济发展水平排位相对靠前，3—6 岁儿童规模最大，学前教育任务非常艰巨。通过不断的改革创新，丹阳市学前教育发展取得了长足进步。丹阳经验已成为苏南地区，乃至江苏省的典型。丹阳市经验主要如下。

（1）落实政府对学前教育的财政投入保障

丹阳市财政性学前教育经费投入占财政性教育经费投入的比例，从 2009 年的 1.42%增长到 2014 年的 5.1%，增长非常显著。2012 年至今，该占比维持在比较稳定的水平上。财政性学前教育经费投入以丹阳市本级财政为主，财政性学前教育经费投入比例从 2011 年的 3.25%增长到 2014 年的 5.1%。

（2）明晰各级政府承担的学前教育责任

丹阳市在学前教育管理体制改革方面，采取了较为强硬的态度，自上而下明确各级政府承担的学前教育责任。学前教育不是义务教育，基层政府往往不太重视对学前教育的规范管理。丹阳市以学前教育改革发展联席会议制度、信息公开和奖惩制度等形式，使基层政府高度重视学前教育工作。近几年来的学前教育的发展，证明这种方式在短时期内是有效的。当然，随着改革的不断推进，基层政府被动重视学前教育也将逐渐转换为主动为之。

（3）夯实优化学前教育管理体系

丹阳市教育局作为全市学前教育工作的主管部门，在镇江市各辖市（区）中率先设立了学前教育科，配足专门学前教育干部，强化对全市幼儿园的业务管理和指导。丹阳市教育局成立学前教育经费结算中心，统筹管理学前教育经费，确保学前教育经费专款专用。丹阳市教师发展中心还专门设立学前教育研训处，负责保教业务教研和指导。

（4）全面打造优质学前教育

丹阳市在学前教育改革进程中，一方面注重资源建设保障，增加投入，理顺体制机制，提升师资水平，另一方面重视学前教育的质量提升，倡导特色化学前教育教学模式的建立。在"一园一品、一园一特"的理念引领下，各幼儿园积极办出自己的特色，遵循儿童成长的规律，结合儿童发展的身心特点以及地域和资源特色，多元化推动学前教育发展，促进儿童身心的健康成长。此外，丹阳市早在 2005 年就开始探索托幼一体化的建设。目前，丹阳市托幼一体化的建设经验已成为镇江市的典型，得到全面推广。

2. 进一步思考问题

在丹阳市的改革发展进程中，对一些问题的思考将有助于推进学前教育事业的可持续性发展。

（1）在地区总体经济发展放缓的背景下，努力维系高水平财政投入与适度增长空间的关系

丹阳市经济发展水平在镇江市各辖市（区）中相对靠前，2011—2014 年的经济增速分别为 19%、14%、12%、8.6%。财政性学前教育经费投入在 2011—2013 年大幅度增加，这三年分别较上一年的增幅达到 62%、114%、30%。虽然 2014 年的增速急剧下降，只有 6.9%，但也与经济增幅相一致（见图 19）。如果按照现有的经济发展水平看，财政性学前教育经费投入的增长空间很有限，维系目前的水平估计是未来一段时期内的常态。面对镇江市各辖市（区）中最大的学前教育需求规模，丹阳市还需积极开拓财源。

图 19　2009—2014 年丹阳市地区生产总值与财政性学前教育经费投入情况

（2）在园流动儿童比例有所提高，供需矛盾不可忽视

2014 年以前，丹阳市外来流动儿童在园数的占比基本维持在 30%左右。但在 2014 年，这一比例增长到 43%，这无疑加大了丹阳市学前教育服务的供给压力。在财政性学前教育经费投入总量增长空间不大的前提下，如何应对需求变化，需要丹阳市进一步思量。同时，丹阳市尚有无证幼儿园存在，还需通过疏导、改造、改建等途径，变无证为有证，增加有质量的幼儿园供给规模。

（3）专任幼儿教师学历水平高，学前教育专业性却很弱

2012 年，《国务院关于加强教师队伍建设的意见》提出："幼儿园教师队伍建设要以补足配齐为重点，切实加强幼儿园教师培养培训，严格实施幼儿园教师资格制度。"在丹阳市幼儿园专任幼儿教师中，只有 2.2%的专任幼儿教师的学历在高中以下。但是，28%的专任幼儿教师没有教师资格证。即使在 72%持教师资格证的专任幼儿教师中，持有幼儿教师资格证的专任幼儿教师只占 65%。专任幼儿教师专业性不够，影响学前教育质量的进一步提升。值得庆幸的是，幼儿教师学历起点高，个人素养就可能高，因此可以通过培训等方式补上"短板"。

第二节　句容市：公益普惠，城乡均衡

一、基本概况

句容市位于长江流域经济开发带，西靠南京，东北依长江，与扬州隔江相望。全市总面积 1387 平方公里。2013 年年末，常住人口 62.36 万人。现辖 8 个镇、3 个街道、5 个管委会、1 个社区办。2014 年，在全国综合实力百强县中的排名为第 60 位，地区生产总值 432.8 亿元，公共财政预算收入 35.9 亿元，城镇居民人均可支配收入 35502 元。工业应税销售达到 321 亿元。服务业增加值占地区生产总值比重达 41.8%。全社会研发投入占地区生产总值比重达 1.92%。句容市跻身江苏省创新型城市试点市。

地处茅山革命老区的句容市经济实力较弱，农村人口较多且居住分散，交通不便。在最多时，全市仅学前教育办学点就有 144 个。2014 年，全市共

有一轨及以上幼儿园 45 所，全部为普惠性幼儿园，包括成型幼儿园 37 所，非成型幼儿园 8 所。在成型幼儿园中，公办幼儿园有 35 所，民办幼儿园有 2 所。3—6 岁在园儿童数 11543 人，其中在公办幼儿园就读 10836 人，占比达 93.9%；在优质幼儿园就读 9720 人，占比达 84.2%。全市现有专任幼儿教师 705 人，其中公办幼儿园有 667 人。在公办幼儿园中，在编幼儿教师 213 人，占比达 31.9%；非在编幼儿教师 454 人，占比达 68.1%。全市各级各类幼儿园在市政府统筹协调下实行统一的行业管理，最终形成齐头并进、共同发展的良好态势。

自从实施国家学前教育体制改革试点工作以来，句容市委、市政府高度重视，大力提高学前教育经费投入水平，按照构建"广覆盖、保基本、有质量"的学前教育服务体系要求和儿童"就近便利"的原则，在大力发展公办幼儿园的同时，积极扶持民办幼儿园，重点推进农村学前教育，着力构建覆盖城乡、布局合理、群众满意的学前教育公共服务体系。同时，句容市建立了主管领导定点联系幼儿园制度，完善家庭经济困难儿童资助制度，启动了学前教育内涵建设工程、幼儿教师选培和素质提升工程等。在这一系列政策举措的推动下，句容市学前教育改革取得了较好成绩。

二、改革前存在的问题

1. 试点前的社会和经济发展水平

2010 年，句容市在全国综合实力百强县中的排名为第 90 位。全市实现地区生产总值 243.1 亿元，比上年增长 13.8%，人均地区生产总值（按常住人口计算）39343 元。实现财政总收入 38 亿元，增长 26.7%。财政总支出 34.24 亿元，增长 29.53%。市本级实际完成财政支出 25.55 亿元，增长 29.17%，其中用于社会保障与就业、科技、教育、文化、医疗卫生和环境保护等方面的财政支出为 9.59 亿元，比上年增长 24.9%。教育事业均衡发展。全市学校总数 51 所，招生数 1.24 万人，在校生数 5.11 万人，毕业生数 1.55 万人，幼儿园在园儿童数 1.1 万人。城乡免费义务教育全面实行，各级各类学校的政府财政经费投入不断加大。句容市已创建成江苏省教育现代化建设先进县（市、区）。

2. 试点前学前教育发展现状

2010 年，句容市适龄儿童出生数 10966 人，在园儿童数 10869 人，99% 的适龄儿童入园。句容市共有幼儿园 45 所，其中独立法人园 6 所。在 45 所幼儿园中，成型幼儿园 37 所，非成型幼儿园 8 所。在 37 所成型幼儿园中，省优质幼儿园有 20 所，市优质幼儿园有 2 所，合格幼儿园有 10 所。同年，5 所公办幼儿园进行了改扩建，新增了幼儿园的办园面积。

3. 试点前学前教育存在的问题

随着句容市适龄儿童出生数的持续增长，幼儿园现有的办学规模与学位明显无法满足适龄儿童入园的需求，幼儿园小班人数持续增长，各年龄段班级普遍超额，存在儿童"入园难、入好园更难"的状况。另外，省优质幼儿园、市优质幼儿园占比较低，幼儿园办园质量普遍不高。

三、主要改革措施

1. 理顺管理体制，落实市级政府的责任主体地位

长期以来，句容市乡镇政府在学前教育发展中承担着主要责任。市级政府除了承担幼儿教师经费投入，没有其他投入。进行体制改革以来，句容市承担起学前教育发展的责任。在生均经费、玩教具配备、非在编幼儿教师统一管理（统一聘任、管理、评价、培养）等方面，政府责任不断强化。近年来，句容市市级财政对于学前教育的投入力度在镇江市各辖市（区）中表现突出。2015 年，句容市设立 4500 万幼儿园教育装备达标建设专项资金，用于幼儿园活动室、保健用房、厨房、信息技术等项目建设。专项资金 2015 年到位 1900 万元，预计两年后全部到位，全部由市财政承担。

2. 落实公益普惠，保障学前教育经费持续投入

"十二五"以来，在镇江市学前教育体制改革的推动下，句容市大力实施学前教育五年行动计划，以"速度更快、质量更优、管理更精"的跨越姿态，积极构建城乡一体化的学前教育工作，整体推进学前教育普惠优质发展。句容市政府印发了《句容市学前教育五年行动计划（2011—2015 年）》（句政

办发〔2011〕41 号）等一系列指导性文件，将学前教育发展同步纳入《句容市"十二五"教育事业发展规划》（句政发〔2011〕91 号）等中长期规划中，结合《规划纲要》和《镇江市学前教育体制改革实施意见》，对学前教育优质资源总量和布局进行了进一步规划。根据《句容市学前教育五年行动计划（2011—2015 年）》，市域内每 1.33 万人有 1 所幼儿园，有效化解了儿童"入园难"问题。

2011—2014 年，全市共投入 4.6 亿元，完成了 11 所幼儿园的新建和 12 所幼儿园的改扩建工程，新增占地面积 166456 平方米，新增建筑面积 83840 平方米，新增学位达 4860 个。在编幼儿教师占比由 2011 年的 22%增加到 2014 年的 31.9%。学前教育经费总量增长 81%，财政性学前教育经费在财政性教育经费中的占比提高了 1.8%，生均公用经费增加了 290%。2014 年 8 月，句容市将教育系统所有幼儿园从中心小学剥离，依法办理事业单位法人登记，其中规模 6 个班以下的村镇公办幼儿园统一由各乡镇（街道）指定相应中心幼儿园进行管理，其不具备法人资格。

（1）学前教育经费投入大幅提升

首先，学前教育经费投入逐年增长。2011 年，全市教育经费投入为 72386 万元，其中学前教育经费投入 5041 万元，占比为 6.96%。2014 年，全市教育经费投入为 118078 万元，其中学前教育经费投入 9124 万元，占比为 7.73%。

其次，学前教育公共财政支出在教育公共财政支出中的占比逐年稳步提升。2011 年，学前教育公共财政支出 1887 万元，占全市教育公共财政支出 51714 万元的 3.65%。2014 年，学前教育公共财政支出 5400 万元，占全市教育公共财政支出 99160 万元的 5.45%。四年间，学前教育公共财政支出比例提高了 1.8%，总量增加了近两倍。2015 年，预算学前教育公共财政支出经费超 6000 万元。

最后，学前教育生均公用经费得到大幅提升。生均公用经费由 2011 年的生均 100 元增至 2014 年的 390 元，超过小学生均公用经费的一半以上。开设残疾儿童学前班，实行适龄儿童免费就读政策，按公办幼儿园 8 倍的标准安排残疾学前儿童生均公用经费。

（2）建立面向家庭经济困难儿童的资助体系

自江苏省出台学前教育资助政策以来，句容市一直按省定资助面和补助标准开展学前教育资助工作。考虑到城乡差异，在不缩小平均资助面的情况下，句容市制定了城市和乡镇（街道）不同的资助比例，适当向农村倾斜。按照人均1000元标准和8%的比例计算，2013年共为893名家庭经济困难儿童发放政府资助资金89.3万元。所有低保特困家庭、残疾人子女及残疾儿童等特困群体，均按省定8%的资助面和生均1000元政策享受资助和保教费减免。2011—2014年，句容市总共为3580名家庭经济困难学前儿童发放政府资助资金358万元，为588名贫困儿童减免保教费34万余元。自2014年秋季起，句容市在省定标准的基础上，将原有标准上调为8.5%的资助面和生均1050元的补助标准。

句容市建立和完善了学前儿童资助信息管理，将所有受资助学前儿童的信息全部录入江苏省学生资助信息管理系统，确保了家庭经济困难儿童公平接受教育。由于经费保障到位，2015年，全市35所公办幼儿园和两所普惠性民办幼儿园的保教费收费标准平均为每月240元，其中最高为每月350元，最低为每月160元。

（3）建立幼儿园校安工程资助制度

句容市将新建、扩建幼儿园纳入校安工程范围，出台了《普惠性句容市校安工程专项资金管理办法》（句政发〔2014〕58号），明确要求各乡镇为校安工程实施单位和责任主体。市级财政对镇级校安工程项目实施以奖代补，奖补比例为工程审计价的60%。幼儿园工程教育经费由句容市政府完全承担。2014年，句容市政府出资4500万元，对全市幼儿园装备进行更新。截至2015年年底，16所幼儿园的1900万元的装备已全部到位。

（4）教育经费管理有序

句容市从教育收费、食堂管理和经费管理等方面入手，突出过程监管，使学前教育经费管理规范有序，先后出台了《关于进一步规范幼儿园收费管理的通知》（句政价〔2012〕47号）、《关于做好2013学年教育收费工作的通知》（句教发〔2013〕62号）、《关于建立和完善学前教育经费保障机制的通知》（句政办〔2014〕69号）、《句容市学前教育专项经费管理暂行办法》

（句财教〔2014〕295号）等一系列文件，规范学前教育收费行为和财务管理，从制度上保证收入合法、支出符合规定、过程得到控制。在政策文件出台的基础上，句容市加强检查督促，每学期由物价、教育部门联合对中小学、幼儿园教育收费进行检查。市教育局每年开展财务会审、任中审计和离任审计工作，促进幼儿园严格执行财务纪律、规范收费行为，保证学前教育事业健康发展。同时，句容市设立学前教育专项经费，如园舍维修经费、玩具图书更新经费、省优质幼儿园和市优质幼儿园创建奖补经费、课程游戏化项目专项奖补经费等。

（5）公办学前教育资源持续增长

"十二五"规划至今，句容市政府共投资4.6亿元，新建、改扩建幼儿园26所，保证儿童"有园上""上好园"。同时，句容市政府鼓励、引进精品民办幼儿园。随着人民群众生活质量提高，对教育的要求也越来越高，高质量的办园品质、教学师资既满足了人民群众对优质教育资源的需求，又为句容学前教育注入新鲜活力。随着近些年幼儿园招生人数的爆满，句容市政府牵头并协调各部门，大力新建幼儿园，2015年建成4所，2016将再建成4所。

2015年开始，公办幼儿园实施人事代理的非在编幼儿教师经费也由政府财政"买单"，现在的标准是达到在编幼儿教师的45%，2018年争取达到在编幼儿教师的60%。普惠性民办幼儿园生均公用经费与公办幼儿园同等水平。

3. 内涵建设与均衡发展同步

句容市十分重视幼儿园内涵的优质提升，于2011年启动了"学前教育内涵建设三大工程"，即幼儿园三年规划论证、课程游戏化项目幼儿园创建和幼儿园养成教育督导考核。通过三年发展规划论证、现场督导评估、绩效奖惩结合等方式，句容市以规划引发张力，以创建催发潜力，以考核激发动力。同时，句容市结合优质幼儿园创建，进一步落实城乡幼儿园结对帮扶制度，通过以强助弱、以大带小、以城市带动农村等方式，先后建成省级课程游戏化基地幼儿园1所、省优质幼儿园25所、镇江市级《指南》实验幼儿园3所、镇江市级优质幼儿园2所，实现了优质资源84%的覆盖率。具体措施如下。

（1）科学规划教研片，力求均衡发展

2014 年来，句容市根据幼儿园分布、办园条件、师资力量等情况，遵循"名园+新园、名园+弱园、名园+民园"的组建原则，将全市 37 所幼儿园分别组建划分为 6 个学前教育教研片，开展以片为单位的课程游戏化项目幼儿园创建帮扶活动。片区帮扶从以园为本的单一性发展到跨园交流的共进性发展，实现了不同层次幼儿园的共同发展。通过同伴交流和跨园教研，句容市借助以优带弱的扶助方式，促进名园和弱园的共同成长。通过园际经验的交流互动，幼儿教师开阔了眼界，教研产生了增值效应。通过强化课程游戏化建设的核心问题，幼儿园聚焦实践，重视研讨和分析，使园际交流成为提升课程游戏化项目幼儿园建设水平的"助推器"。各幼儿园围绕课程游戏化项目建设，开展了多种形式的交流与支援活动。农村薄弱幼儿园课程游戏化建设水平得到了明显提高，全市幼儿园保教质量得到整体提升和优质发展。

（2）组建项目共同体，实现抱团发展

作为苏南学前教育示范市之一，句容市在全面深入学习和落实《纲要》和《指南》的过程中，大力构建开放式的幼儿园教科研网络，先后成立了农村幼儿园课程建设共同体、幼儿园《指南》实验园联盟、幼儿园游戏化项目共同体等组织，让有共同研究愿景的幼儿园集结在一起，用智慧激活智慧，就项目研究和实践中发现的具体问题进行合作探究、平等交流、成果共享。根据共同体发展规划和制度，句容市定期开展共同体交流展示活动，将研究成果向全市幼儿园展示和推广，放大研究成果，推动园际间幼儿教师相互学习、合作研究与共同成长。

如作为镇江市首家被评为省级优质幼儿园的村办幼儿园——句容市铜山幼儿园，在句容市教育局组建的"青青茉莉花"帮扶小组、句容市教师发展中心带领的"共同体助教团队"等的悉心引领下，在环境创设、幼儿园课程建设、师资培训、卫生保健等方面都获得全力帮扶、无私指教。通过一轮轮的精心打磨，幼儿园得到稳健成长与特色发展。该园以《指南》精神为引领，本着"崇尚自然、返'蒲'归真"的办园理念，力求以乡土扮靓环境，以乡味芬芳区域，以乡情浸染童心。该园充分利用农村自然资源，利用蒲草、石头、种子、树木、竹子等进行低投入、高效益的创设，形成富有乡土特色的幼儿园游戏区域，做到了"班班有特色，处处有新意"。幼儿园经过不断积累，初步构建了自己的园本课程，能够将游戏理念融入幼儿园课程建设的全过程，为儿童搭建了积极动手、动脑、动口的自主活动平台，给予儿童有灵性的生活，引领儿童智慧成长。

（3）以科研课题为载体，追求课程特色发展

为了全面推进幼儿园课程建设，亮化特色品牌，句容市教育局出台了《关于开展句容市课程游戏化项目建设的意见》（句教办发〔2015〕19号），制定了《句容市幼儿园课程游戏化项目园评估标准》，初步建立了"一园一品"的课程游戏化特色评估机制，对申报课程游戏化项目成功的幼儿园给予10万元的项目启动资金，为各幼儿园亮化课程品牌、提升游戏化建设水平夯实基础。下蜀中心幼儿园、袁巷中心幼儿园、后白中心幼儿园等幼儿园课程游戏化项目实施初见成效，先后多次承办镇江市市级课程游戏化建设现场会，并多次为苏北地区各市县（宿迁市、泰兴市、阜宁县）的幼儿园提供观摩交流机会，受到江苏省教育厅好评。下蜀中心幼儿园在2014年12月接受了47家来自全国的网络媒体记者的采访，户外游戏活动现场成为记者们关注的焦点。

为了优化幼儿园课程建设、提升园长的课程领导力和幼儿教师的课程执行力，句容市教师发展中心开展了撰写幼儿园课程实施方案的培训，组织了幼儿园课程方案评选活动，助推幼儿园课程建设工作。各幼儿园高度重视教科研工作，从自身实际出发，以游戏活动为主，寓教于乐，围绕游戏环境创设、户外体育游戏活动开展、民间游戏资源整合等进行专题研讨，以科研课题为载体，扎实开展游戏化过程性研究。各级各类幼儿园现已申报省级课题5个、市级课题31个。2011年以来，句容市各幼儿园撰写的教科研论文先后有219篇获省级一、二等奖，有526篇获市级一、二等奖。

如天王中心幼儿园先后主持参加了"利用教育资源发展农村幼教事业研究""在本土化活动中开展创新教育""利用自然资源，开发幼儿学习内容的研究""本土文化资源与幼儿园游戏活动有效整合的研究"等课题，最终走出了一条本土化幼儿园课程建设的特色之路。幼儿园多次承担江苏省教育科学研究院和江苏教育学院组织的各类园长培训现场会，受到同行的高度评价。

2015 年 5 月 18 日，天王中心幼儿园园长易怀凤在江苏省教育厅组织的第二批课程游戏化项目答辩会上做了"整合农村自然资源构建课程游戏化环境"的发言，受到全省课程游戏化项目幼儿园的好评。

如袁巷中心幼儿园坐落于素有"江南小九寨沟"之称的瓦屋山脚下，是一所农村公办幼儿园。面对当地丰富而又独特的竹林资源，勤劳质朴的袁幼人在探索中逐步开发了一系列与竹有关的游戏活动，汲取竹的精神，培养幼儿"正直、有节、虚心、向上"的品质。2014 年 11 月，该园以竹文化游戏课程建设为内容，成功申报了江苏省第一批课程游戏化项目园，同时成为镇江市第二批《指南》实验园。幼儿园利用 4.1 米宽的走廊开展"竹野拾趣""竹林人家""竹山特产""瓦屋农庄"等游戏活动，设计和制作极具竹乡氛围的玩具柜和屏风。各年龄段儿童游戏种类齐全，材料丰富。各班还建立了班级资源库。全园幼儿教师、儿童和家长都有了变废为宝、资源回收的意识。

四、经验与进一步工作改进

1. 经验

在五年的改革实验中，句容市学前教育的各方面工作均取得了不错的成效。这些成效得益于政府出台的学前教育相关政策、教育局与各部门联合以及对政策的及时落实、幼儿园与幼儿教师的共同努力以及社会各界对学前教育的期盼与关切。2015 年，在句容市 45 所幼儿园中，独立建制的幼儿园达 27 所，其他均是农村办园点和附属中心幼儿园，相比于 2010 年增加了 21 所。另外，幼儿园园所面积增加了，幼儿园的教育质量也提高了。全市积极争创江苏省学前教育改革发展示范区，出台《关于创建江苏省学前教育改革发展示范区的实施意见》（句政发〔2014〕96 号）。相关部门大力实施幼儿园优质资源增量工程，大力补充公办幼儿园在编幼儿教师数量，有效补充了学前教育师资。

（1）不断加大政府投入的保障力度

句容市在镇江市各辖市（区）中地域面积最大，经济发展水平低。句容市财政性学前教育经费投入占财政性教育经费投入的比例从改革前 2009 年的 0.73% 增长到 2014 年的 5.01%，增长显著（见图 20）。尽管句容市到 2014 年才达到省定的 5% 的标准，但其努力程度却可见一斑。鉴于句容市的经济发展水平和现实状况，其未来维持在 5%—6% 的水平依然需要花大力气才能实现。

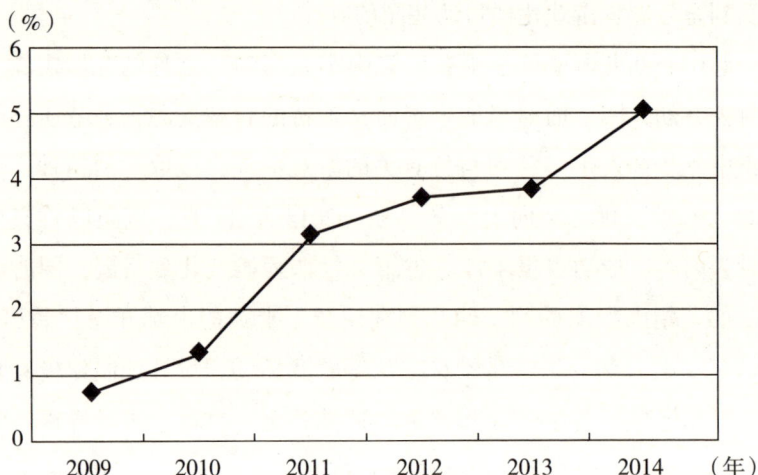

图20　2009—2014 年句容市财政性学前教育经费投入占财政性教育经费投入比例

（2）紧抓内涵建设，促进全面发展

课程游戏化是提升学前教育质量的抓手和切入点，是学前教育课程改革的突破口，其目的是为了让幼儿园课程贴近儿童的身心发展水平和学习特点、贴近儿童的生活。句容市在不断加大资源投入、改善办园条件的背景下，从一开始就树立了通过课程游戏化项目建设提升学前教育质量的思想，同时结合农村教育实践，积极探索利用现有资源开展特色化、生活化农村学前教育的建设路径，将游戏化、生活化、特色化、均衡化有机地结合起来。

2. 进一步工作改进

经过试点改革，句容市学前教育发展已在向优质均衡普惠的办园目标迈进，但在一些方面仍存在诸多不足，尚需改进。

（1）保证适龄儿童入园

2015 年，句容市适龄儿童数 14374 人，相比 2010 年，增长了 43%，然而适龄儿童入园数只有 11641 人，学前三年毛入园率只有 81%，适龄儿童"入园难"问题还应继续解决。

（2）落实学前教育经费保障

学前教育经费要进一步加大投入，确保学前教育经费法定投入、落实到位，健全学前教育经费绩效评价制度，加强学前教育经费管理，不断提高学前教育经费使用效益。

（3）加强师资队伍建设

进一步提高幼儿教师学历和业务水平，研究制定人才发展规划，拓宽人才引进渠道，完善幼儿教师培训体系，加大培训力度，鼓励幼儿教师进修。进一步优化幼儿教师资源配置，加大幼儿教师进编和培训的力度，切实提高非在编幼儿教师工资、福利待遇，早日配齐配足幼儿园各类专业人员并实行持证上岗，为学前教育普惠优质发展提供有力的人才保障。进一步完善幼儿教师合理流动制度，积极探索幼儿教师转岗、退出机制，对不适应教学岗位人员妥善分流，缓解人员整体超编、结构性缺编带来的矛盾。

（4）加大江苏省学前教育改革发展示范区创建力度

保持现有的政府推动工作机制，加大创建力度，不折不扣落实小区配套幼儿园管理政策，加快对 2001 年以来规划配套建设的小区配套幼儿园清理整顿。进一步完善幼儿园设施布局规划，增加镇中心幼儿园分园或办园点，积极应对日益增长的社会需求。加大对普惠性民办幼儿园的财政支持力度，提高公办幼儿园在编幼儿教师占比。

第三节　扬中市：全面落实，质量为先

一、基本概况

扬中市位于素有"黄金水道"之称的长江中下游。全市由太平洲、中心沙、西沙岛、雷公嘴四个江岛组成。总面积 331 平方公里，其中陆地面积 243 平方公里。常住人口 33 万，户籍人口 28 万。现辖 4 个镇、2 个街道办事处和 1 个省级经济开发区。扬中民富水平较高，是全省 9 个率先实现全面小康的县（市）之一。2014 年人均地区生产总值达 12.9 万元，人均居民储蓄存款额为 67358 元，居江苏省首位。2015 年 4 月，扬中市被《中国县域经济发展报告（2015）》评为全国县域经济创新力 50 强榜首。

扬中市现有幼儿园 19 所，其中公办幼儿园 15 所，在园儿童数 6889 人。全市有江苏省特教教师 1 名、镇江市学科带头人 3 名、扬中市学科带头人 7 名、镇江市中青年骨干幼儿教师 7 名、扬中市中青年骨干幼儿教师 22 名。一支学习型、研究型的专业化幼儿教师队伍正在形成。

扬中市先后获得全国义务教育发展基本均衡市、全省首批教育现代化建设县级示范区、江苏省义务教育优质均衡发展市、江苏省学前教育改革发展示范区、江苏省《3—6 岁儿童学习与发展指南》实验区等称号。

二、改革前存在的问题

1. 试点前社会和经济发展水平

2010 年，扬中市实现地区生产总值 246.99 亿元，比上年增长 14%。全年完成财政总收入 43.22 亿元，比上年增长 41.31%；地方财政一般预算收入 14.75 亿元，比上年增长 30.04%。全年完成固定资产投资 122.54 亿元，比上年增长 31.1%。人口总量继续增加，2009 年年末，户籍人口 27.82 万人，比上年年末增加 0.16 万人。

2. 试点前学前教育发展现状

2010 年，扬中市 3—6 岁儿童数 7003 人，在园儿童数 6793 人，学前三年毛入园率为 97%，其中在省示范性幼儿园就读儿童数 5948 人，占比为 87.6%。全市共有幼儿园 16 所，包括公办幼儿园 15 所、民办幼儿园 1 所，在园儿童中的 96% 在公办幼儿园就读。

3. 试点前学前教育存在的问题

扬中市一直坚持学前教育的普惠性和公益性，以实现学前教育均衡、优质发展为目标，较早实现了公办幼儿园单独建制，学前教育发展总体态势良好。但是，扬中市学前教育依然存在问题，表现在两方面：首先，未健全以政府投入为主的学前教育经费保障机制。虽然政府在学前教育投入上占据主体地位，但相关制度还未完善，特别是市、乡镇共建的学前教育管理体制不完善；其次，学前教育资源匮乏。对照省定标准平均班额 30 人的标准来看，班额普遍较大。小区配套幼儿园的建设要求未真正落实。

三、主要改革举措

1. 政府主办，建立学前教育公共服务体系

（1）幼儿园以公办幼儿园为主

自 2003 年起，扬中市率先将公办幼儿园全部单独建制，使其成为具有独立法人地位的全民事业单位，实行园长负责制。截至 2015 年，公办幼儿园在扬中市成型幼儿园中的占比接近 80%，15 所公办幼儿园均已单独建制，这极大地保障了公办幼儿园的教育质量。

（2）幼儿教师以在编幼儿教师为主

在新增编制十分紧缺的情况下，每年确保幼儿教师招聘总数的 1/3 名额用于选聘的优秀师范毕业生。安排一定名额，对幼儿园在岗非在编幼儿教师进行综合考核，从中择优进编。截至 2015 年 9 月，扬中市 15 所公办幼儿园共有幼儿教师 417 人，其中在编幼儿教师 331 人，占比达 79.4%。

（3）学前教育投入以公共财政投入为主

从 2010 年开始，扬中市在财政预算内安排学前教育校园安保经费。2011 年，扬中市率先在镇江市执行幼儿园生均公用经费标准，学前教育生均公用经费财政拨款标准达到小学教育该标准的 1/2 以上，在省定标准出台后，其高于省定标准，其中农村公办幼儿园为每生每年 500 元（市财政安排 200 元，乡镇财政安排 300 元）。率先在全省设立幼儿园校舍维修经费项目，参照小学校舍维修经费标准，预算内安排幼儿园校舍维修经费。2012 年，扬中市率先在全省实行学前教育免一年保教费政策。多年来，扬中市财政性学前教育经费投入占财政性教育经费投入的比例均超过 5%。

（4）公办幼儿园以优质幼儿园为主

扬中市坚持"高水平、高质量、高标准"的原则，开展省优质幼儿园创建工程，在资金预留、方案制定、政策保障、业务指导等方面及早谋划，确保创建任务的顺利完成。截至 2014 年年底，在 19 所成型幼儿园中，省优质幼儿园有 17 家，占比达 89.5%；市优质幼儿园有 2 家，占比达 10.5%。在园儿童数 6889 名，100% 在优质幼儿园就读，其中在省优质幼儿园中就读的儿童

数占比达 97%。

(5) 公办幼儿园以教育行政部门主管为主

近年来，在推行政府主导、社会参与、公办民办并举办园体制的基础上，扬中市建立健全"市级统筹、市镇共建、以镇为主"的新型学前教育管理体制。扬中市政府负责统筹规划辖区内学前教育机构，建立督导评估、考核奖惩制度，将学前教育工作纳入政府各职能部门和主要领导的工作考核范畴。各乡镇承担发展农村学前教育的责任，负责幼儿园建设规划、征地、周边环境治理等，切实承担起区域内学前教育的发展责任，落实乡镇学前教育投入标准。

2. 财政护航，健全经费投入机制

扬中市经济发展水平高于镇江市平均水平，2011 年与 2012 年的经济增速分别为 20%，近几年增速减缓，但仍基本与镇江市经济增速齐平。

(1) 落实学前教育政府助学金政策，建立农村在园儿童免一年保教费政策

2012 年 5 月，扬中市印发了《扬中市在校学生助学金管理办法》（扬财行〔2012〕90 号），将家庭经济困难儿童纳入资助范围，设立学前教育政府助学金，保障家庭经济困难儿童、孤儿及残疾儿童接受学前教育。2012 年以来，累计资助 2756 人，资助金额达 139.4 万元，资助面达 8%（见表 16）。

表 16　2012—2014 年扬中市学前教育阶段儿童受资助情况

时　间	2012 春	2012 秋	2013 春	2013 秋	2014 春	2014 秋	合计
人数（人）	278	427	427	512	555	557	2756
资助金额（万元）	15.56	21.33	21.33	25.50	27.75	27.93	139.40

2012 年 8 月，扬中市教育局印发了《关于印发〈扬中市农村幼儿园在园幼儿免费一年教育实施办法〉的通知》（扬教〔2012〕103 号）。从 2012 年秋季起，扬中市对全市农村在园儿童免除小班一年保教费，累计免除保教费 6036 人次，累计免除保教费金额 820.28 万元。

(2) 建立幼儿园生均公用经费拨款机制

2011 年 4 月，扬中市印发了《进一步加快扬中教育事业改革和发展的意

见》（扬发〔2011〕14 号）。文件规定，从 2011 年开始，农村公办幼儿园公用经费每生每年 500 元，其中市级财政拨款 200 元。乡镇按辖区内儿童总数每生每年不低于 300 元的标准予以补助。城区公办幼儿园按每生每年 385 元的标准执行。

（3）落实保障财政性学前教育经费投入占比

2011—2014 年，扬中市财政性学前教育经费投入占比均超过省定标准 5%，在镇江市各辖市（区）中较早达到此标准。2012—2014 年，扬中市财政性学前教育经费投入占比超过镇江市平均水平，均维持在 7% 以上（见表 17）。

表 17 2010—2014 年扬中市财政性学前教育经费投入情况及其与镇江市平均水平比较

年　度	财政性教育经费投入（万元）	财政性学前教育经费投入（万元）	占　比（%）	镇江市投入占比平均水平（%）
2010	31927	1548	4.85	1.98
2011	45079	2508	5.56	3.06
2012	56472	4459	7.90	5.66
2013	70306	6170	8.78	6.23
2014	79817	5805	7.27	6.20

（4）落实各项学前教育专项经费

建立校舍维修长效机制。从 2011 年开始，全市学前教育校舍维修经费纳入财政预算，参照小学每生每年 165 元的标准（高于省标 10%），统筹安排支出，并在一定程度上向农村、薄弱幼儿园倾斜。

落实校园安保经费。从 2010 年 8 月起在财政预算内安排校园安保经费，至 2015 年累计落实 218.64 万元。2010—2015 年，扬中市预算安排校园安保经费分别为 7.3 万元、22.54 万元、37.6 万元、47.6 万元、47.6 万元、56 万元。

3. 培养培训两手抓，提高学前教育师资队伍质量

在学前教育师资队伍建设上，扬中市一方面抓好"源头活水"，做好师范生录取和在校生培训工作，另一方面抓好在岗幼儿教师的培训工作。

2015 年，扬中市印发了《关于鼓励扬中籍优秀初、高中毕业生报考师范

类专业的暂行办法》，鼓励扬中籍优秀初中毕业生报考师范类学前教育专业并回本市长期从事教育工作，从源头上提升幼儿教师队伍素质，保障学前教育人才的可持续性发展。首批 20 名初中应届毕业生被苏州幼儿师范高等专科学校录取，最低录取分数线为 500 分，高出江苏省三星级普通高中录取分数线 15 分。应届初中毕业生报考苏州幼儿师范高等专科学校、南通师范高等专科学校相关专业并被录取后，凭学校录取通知书到扬中市教育局签订协议并进行公证。

师范生在校学习期间享受扬中市政府学习资助金（免除学费、免缴住宿费），同时扬中市政府对家庭经济困难学生补助生活费，所需经费由扬中市教育局统筹安排。扬中市教育局与师范生的权利和义务在《扬中籍应届初、高中毕业生报考师范类专业资助协议书》中另行约定。师范生在校学习期间按时完成学业任务，其中学前教育专业须取得国家承认的专科毕业证书和相应的幼儿教师资格证。毕业后参加扬中市幼儿教师公开招聘考试并被录用后，入编并安排幼儿教师岗位。若毕业后未参加扬中市幼儿教师公开招聘考试或连续三年参加扬中市幼儿教师公开招聘考试未被录用，一次性向扬中市教育局返还已享受的政府学习资助金。学生在校期间未按规定完成学业、未取得相关证书，一次性向扬中市教育局返还已享受的政府学习资助金。师范生在扬中市教育系统就业后，应遵守扬中市幼儿教师管理相关规定并在扬中市连续从事教育工作不少于五年，鼓励其一直从事教育教学工作。

加大对在职幼儿教师的培训，每年安排专项培训经费，与北京师范大学、南京师范大学、苏州幼儿师范高等专科学校等高等学校合作，通过"走出去、请进来"的方式、进行参与式研修、《指南》和课程游戏化专题培训、共同体研修等，对幼儿园各类人员广泛开展岗位培训、技能比武、继续教育等，切实提高园长和幼儿教师队伍的专业素养。

4. 内涵发展，科研引领提质量

扬中市在学前教育发展建设过程中，重视从经验型向研究与经验并重型转化，积极倡导通过科研引领学前教育的现代化发展，注重将先进的学前教育教学理念融入教育教学实践中。

（1）尝试混龄教学的研究与实践，探索学前教育的新模式

自 2000 年以来，扬中市对混龄教学进行了积极研究探索，先后申报国家级课题"现代信息技术在混龄主题课程中的应用"、省级课题"混龄班区域活动园本课程的建构与实践研究"、"混龄班主题活动课程构建的行动研究"、市级课题"混龄互动与幼儿良好行为习惯的形成""混龄互动促进幼儿良好行为习惯的发展""幼儿园混龄班绘本阅读的实践研究"等。

①滚动式混龄编班。滚动式混龄编班是一种相对稳定的、有动态变化的班级组织形式。该形式将班级组织还原为人类生活混龄互动的真实样貌，在三个年龄梯度中注入交往、亲情等内容，使儿童有了依靠感、安全感、关爱心和责任感，真正为儿童创设了一个异龄生活的学习共同体。因此，滚动式混龄编班在儿童社会性发展方面具有特殊价值，同时对于促进不同年龄段儿童的科学认知能力、动手能力、运动能力和思维能力发展具有积极的促进意义。

如文化新村幼儿园的混龄编班采用滚动模式，即毕业 8 名大班儿童后，再招进 8 名小班儿童，包括 4 名男孩、4 名女孩，以保证班级总数为 24 名。在新加入 8 名小班儿童后，幼儿教师引导原先 16 名儿童意识到自己已是哥哥姐姐，要成为弟弟妹妹的榜样。在小班儿童需要帮助和指导的时候，他们进行经验迁移，将曾经接受哥哥姐姐的帮助和照顾行为再现，向弟弟妹妹主动伸出援助之手并传递其更多的经验。"以大带小、以小促大"的滚动式混龄编班模式，有效地实现了"传帮带"，提升了班级管理效能，拓展了教学发展空间。

②伙伴课程。伙伴课程是儿童自己的课程。伙伴课程让儿童成了课程的主人。儿童在与不同年龄段的同伴活动中，既是学习者、受教育者，又是教育者。伙伴课程是一种"班本课程"，它立足于混龄班的特点和不同班级的实际情况，从儿童的需要出发，由教师带领儿童共同开发。这样的课程，儿童更喜欢、更接受，学习效果更好。

伙伴课程倡导这样一种课程理念，即课程即机会。在伙伴课程中，对年龄大的儿童来说，他们既学习课程，又有责任和义务去帮助弟弟妹妹学习，获得了当小老师的机会；对年龄小的儿童来说，他们既学习课程内容，又向

哥哥姐姐学习，获得多种途径学习的机会。对所有儿童来说，课程学习过程成了大家探究、体验的过程。

如在混龄班里，儿童合作用废旧冰箱盒做花轿。一名大班儿童提醒一名中班儿童扶好纸盒，因为他要用宽胶带把纸盒固定住。一名小班儿童用语言表达了"我也要制作花轿"的意愿，可他不会用剪刀，也不会用胶水。这种矛盾促使小班儿童去学习如何使用剪刀和胶水。学会使用剪刀和胶水，就表明其动手能力发展到了新水平。这时，小班儿童又产生了装饰纸盒的需要。当小班儿童将剪下的纸贴在纸盒上时，中大班儿童表达了"不漂亮"的意见，于是他们又产生了"剪贴漂亮点"的需要。如此这般，儿童的动手能力得到了不断发展。

通过混龄教学，幼儿教师拥有了童心倾向的视角，儿童呈现了真实的成长状态，家长形成了合作的意识。经过十多年的实践，文化新村幼儿园先后自主开发或参与编写了具有园本特色的生态式主题课程《探索——迷人的路》《体验·探究·交往》课程，课题研究也被评为江苏省基础教育教学成果评比特等奖等。

（2）落实《指南》精神，推进课程游戏化项目实施

在《指南》精神的科学引领下，扬中市制定了《扬中市〈3—6岁儿童学习与发展指南〉实验区建设工作方案》，初步形成了"一个理念、两种意识、三项保障"的改革思路，即坚持以"游戏理念为引领"，贯彻"儿童发展意识"与"课程意识"，提供足够的"幼儿活动的时间与空间""幼儿活动的材料"以及"坚实的人才智力支撑"。在课程游戏化的推进过程中，扬中市从以下几个方面着手。

①在时间上，各幼儿园执行弹性作息时间。市级层面确立在一日作息中必须具备的主要元素，在确保幼儿体育活动（1小时以上）、户外活动（2小时以上）、游戏时间（3小时以上）的前提下，科学划分幼儿园生活活动、游戏活动、集体活动时间，给儿童足够的自我探究时间。幼儿园层面根据市级板块式作息时间总要求，结合本园实际，从儿童主体出发，根据师资、乡镇街区现状灵活划分各类活动板块。

②在空间上，幼儿园均创设了适宜儿童发展的户外及室内游戏区域。将

幼儿园还给儿童，使得幼儿园内的每个角落都变成隐形的教育者。各幼儿园均根据本园实际情况，合理安排幼儿园空间。沙坑、竹林、水渠、建构区、运动场、涂鸦区、角色区等成为儿童活动的主要场地，儿童根据自己的兴趣自由选择游戏区，成为区域活动的主角。

③在材料上，幼儿园给儿童提供数量充足、种类多样并能满足儿童发展的多层次游戏材料。游戏材料的本质特性和多样多变特征，能使儿童通过游戏活动发展探索行为，发挥其与周围生活环境之间互为推进发展的积极作用。同时，各幼儿园进行不定期调整、补充，使提供的游戏材料处于不断变化中，使之具有可变性、新颖性，不断吸引儿童，从而引发儿童产生新的游戏情节。

④幼儿教师成为观察者、评价者及指导者。以幼儿教师为中心转变为以儿童为中心的活动方式，要求幼儿教师能够非常敏锐地看到儿童游戏行为背后的发展意义并及时予以指导。在儿童的活动过程中，幼儿教师注重对儿童游戏行为的观察记录，结合《指南》提出的要求，及时予以评价，通过对儿童在一段时间内行为的跟踪记录与分析，从而对儿童的发展提出科学有效的建议和指导，促进儿童发展。

四、经验和进一步思考问题

1. 经验

在镇江市各辖市（区）中，扬中市的面积和人口水平居中，经济发展水平一直较强，3—6 岁适龄儿童人口规模适中。扬中市通过不断改革创新，使学前教育发展成效显著。

（1）政府财政实力强，学前教育投入保障力度大

扬中市财政性学前教育经费投入占财政性教育经费投入的比例在改革前的 2009 年就已达到 4.79%，2011 年首次超过 5%。近年来，该市财政性学前教育经费投入的增速非常明显，尤其是在试点改革以来的 2011 年至 2013 年，财政性学前教育教育经费投入增速明显超过地区生产总值的增长速度，政府对学前教育的重视程度可见一斑（见图 21 和图 22）。

（亿元）

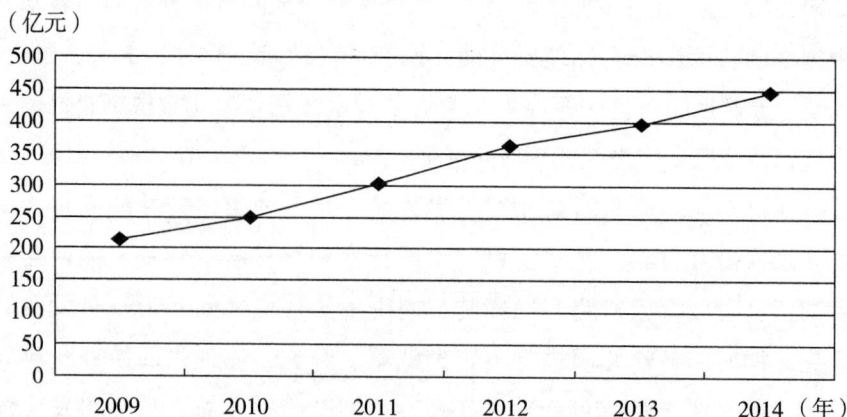

图 21　2009—2014 年扬中市地区生产总值情况

（万元）

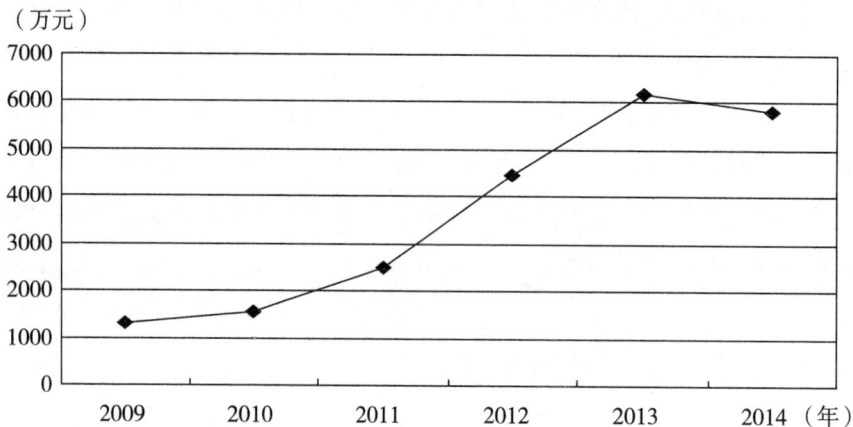

图 22　2009—2014 年扬中市财政性学前教育经费投入情况

（2）全面推进学前教育改革，发展水平整体较高

相对于镇江市其他辖市（区）而言，扬中市对于镇江学前教育"五为主"的发展模式贯彻比较彻底，这既与扬中市拥有相对优势的资源条件有关，也与扬中市政府对学前教育的认识有很大关系。

在我国学前教育改革进程中，政府主导越来越成为共识。扬中市政府也越来越清楚地认识到，普及学前教育是政府的应尽之责并积极将其付诸行动。扬中市较早认识到学前教育的特殊性，认识到理顺幼儿园归属关系的重要性。幼儿园无论是依附在中小学，还是依附在企事业单位，都会成为学前教育发展的瓶颈。因此，扬中市首先从独立建制入手，逐步形成了以公办幼儿园为骨干和示范的办园格局，接着进一步从投入、师资、管理等方面对学前教育进行全方位改革。

把学前教育纳入政府公共服务体系，已成为当前学前教育发展的新趋势。强化政府主导职能，构建政府、市场、社会共同参与的新型治理方式，充分运用多种政策工具和调控手段，改善学前教育服务多元供给方式，建立规划、立法、政策、管理、指导、评估、监督等不同职能合理搭配的政府主导学前教育发展模式，是未来我国学前教育改革发展的必由之路。

（3）以研究引领发展，努力建设学习型团队

扬中市学前教育不断进行发展创新，在抓资源的同时，紧紧把握师资和课程建设两个抓手，不断提升学前教育质量。保投入，只是改革的一步，而不是全部。有了投入，不一定就有质量。从长远来看，师资是学前教育质量的关键，课程建设是学前教育质量的根本。可喜的是，扬中市在学前教育师资队伍建设过程中，不仅重视幼儿教师的招聘、在职幼儿教师的培训，而且在近些年更是将幼儿教师质量监控延伸到幼儿教师培养环节，与高等学校联合定制培养学前教育师资，使学前教育师资质量保障更上一层楼。

2. 进一步思考问题

学前教育是一项专业化的工作，需要理论支撑。扬中市在混龄教学等领域的实践研究，有效地促进了学习型团队的建设以及学前教育质量的提升。但是，在改革发展进程中，扬中市对一些问题的思考将有助于推进学前教育的可持续性发展。

（1）财政投入总量有下滑趋势，高比例投入恐难持续增长

扬中市财政性学前教育教育经费投入充足。2011—2014年，其年度增幅分别达到62%、78%、38%、-5.9%。在体制改革最初几年，由于受基数低、增量大的影响，增幅超过50%。从2013年开始，增幅有所减小。2014年的增幅为负数，投入总量较2013年也有所减少。扬中市近年来的财政性学前教育经费投入占比高达7%，但随着在园儿童数的逐渐稳定以及幼儿园硬件设施的逐步到位，这种高比例的投入在将来一定时期内不会有大幅度增长，估计会以稳定或稍有下降的态势呈现出来。但是，这并不意味着学前教育质量会下降。西方发达国家学前教育公共经费在教育经费总额中所占比例的差异也很

大，多数国家学前教育公共经费在教育经费中所占的比例都保持在 6%—8%。所以，扬中市维系在这一水平，可能会成为将来的常态。

(2) 公办民办幼儿园发展存在差距，需警惕差距继续拉大

扬中市有 19 所成型幼儿园，其中公办幼儿园有 15 所，占比达 79%。公共财政为主体的投入机制、高比例的在编幼儿教师占比，保障了公办幼儿园事业发展的需求。但是，在优质公办学前教育资源广覆盖的基础上，民办幼儿园的发展水平却与公办幼儿园存在差距。从历年的招生情况看，家长更愿意让孩子进入公办幼儿园就读。因此，如何在公办幼儿园占比达 79% 的形势下，发展好民办幼儿园是必须考虑的问题。

第四节　丹徒区：独立建制，教师平等

一、基本概况

丹徒区原为镇江市的城郊县，2002 年 4 月撤县设区，现已初步建成一个充满生机、活力和魅力的高新技术经济开发区和生态文明区。下辖 6 个乡镇（高桥镇、辛丰镇、谷阳镇、上党镇、宝堰镇、世业镇）、2 个园区（江心洲生态农业园区、荣炳盐资源区）和 2 个街道办事处（宜城街道办事处、高资街道办事处），计 89 个村民委员会、5 个社区居委会和 13 个集镇居民委员会，共 1884 个村民小组。另设有江苏省丹徒经济开发区、农林场圃 7 个。

2014 年，丹徒区有各类注册幼儿园 21 所（含 3 个村办园点），其中成型幼儿园 20 所，非成型幼儿园 1 所；公办幼儿园 16 所，普惠性民办幼儿园 5 所。全区 3—6 岁在园儿童数 6631 名，学前三年毛入园率为 105%。丹徒区坚持学前教育的公益性和普惠性，形成了公办民办幼儿园协调发展的良好局面，满足了人民群众对学前教育多样化、多层次的发展需求。

在全区 21 所幼儿园中，有 17 所地处乡镇或农村。因此，该区学前教育事业发展的核心理念是促进城乡一体化发展。2014 年 4 月，丹徒区通过"全国义务教育发展基本均衡区"评估验收，这为推进学前教育城乡一体化发展

提供了更为重要的文化积淀和改革基础。

二、改革前存在的问题

2010 年，丹徒区有幼儿园 16 所，包括公办幼儿园 14 所、民办幼儿园 2 所，平均每 1.85 万人口配置 1 所幼儿园。有 10 所幼儿园被评为省优质幼儿园，占幼儿园总数的 62.5%。专任幼儿教师 354 人，其中在编幼儿教师 110 人，占专任幼儿教师总数的 31%。具有大专及以上学历的幼儿教师 189 人，占专任幼儿教师总数的 53%。符合资质的幼儿教师数占专任幼儿教师总数的 59%。全区 3—6 岁儿童数 6159 人，在园儿童数 5420 人，学前三年毛入园率为 88%。

1. 学前教育投入水平较低

2009 年，丹徒区地区生产总值 160.69 亿元，财政总收入 28.84 亿元，人均地区生产总值 4.87 万元，城镇居民人均可支配收入 2.06 万元，农民人均纯收入 8862 元，人均收入水平低于镇江市平均水平。同时，丹徒区财政性学前教育投入水平较低。2009 年，学前教育经费总投入 1345 万元，其中财政性学前教育经费投入总额 345 万元，只占约 1/4，这意味着学前教育的投入大量来源于儿童家庭和社会私人资本。财政性学前教育经费投入在政府财政性教育经费投入中的占比仅为 1.3%。

2. 学前教育发展基础相对薄弱

该方面问题主要表现在：管理体制尚未理顺，部分乡镇（园区、街道）对应承担的职责认识不到位；办园条件亟须改善，教育设施设备落后；省优质幼儿园的占比亟待提高；师资队伍明显滞后，在编幼儿教师比例、学历达标幼儿教师比例、区级以上骨干幼儿教师比例均滞后于义务教育阶段。

3. 学前教育发展城乡差距较为明显

作为镇江市的城郊区，丹徒区各乡镇（园区、街道）围城散布，学前教育资源相对分散、难以集聚，再加上存在近 60% 的农村人口，所以长期以来，农村教育与城区教育的差距较为明显。

三、主要改革举措

2011 年至今，丹徒区政府围绕国家学前教育体制改革试点工作，强化政府职能，完善保障机制，升级办园条件，扩大普惠资源，加强队伍建设，推动学前教育提速发展、优质发展、特色发展，形成覆盖城乡、布局合理、资源充足、多元发展、公益性和普惠性突出的优质学前教育公共服务体系。全区学前教育的综合实力、发展水平及社会满意度大幅提升。

1. 全面推进学前教育城乡一体化发展

（1）以完善管理体制促均衡发展

丹徒区实行"区级统筹、区镇（园区、街道）共建"的学前教育管理体制。全区学前教育实行"一个统一、两个为主"，即全区幼儿园由区教育局统一管理；园舍建设以乡镇（园区、街道）为主，区政府以奖代补；幼儿教师队伍建设、设施设备、日常运转等以区为主。"一个统一、两个为主"职责清晰、分工合作、由区统筹，加大了政府对学前教育的介入力度。

同时，丹徒区建立了完善的层级目标责任体系。区政府与各乡镇（园区、街道）签订了《丹徒区学前教育改革发展目标责任状》，将学前教育发展水平纳入乡镇（园区、街道）科学发展目标考核和党政主要负责人绩效考核内容，确保了学前教育的政府责任，实打实地推进学前教育工作的开展。在经费投入方面，区财政把学前教育经费列入财政预算，新增教育经费向农村学前教育倾斜且逐年递增。

（2）以教育资源的合理规划促均衡发展

考虑到乡镇（园区、街道）的经济和社会发展情况不同，幼儿园的服务半径大小也有所不同，所以丹徒区在做好顶层设计的基础上，结合不同乡镇（园区、街道）的实际情况，实行"一地一案、一园一案"的局部规划方案。

中心城区根据《关于印发〈镇江市区住宅小区配套学前教育设施建设管理实施办法〉的通知》（镇政办发〔2012〕155 号），按照"谁开发建设、谁完善配套"的原则，要求新建小区配套幼儿园与住宅小区开发建设统一规划、同步施工，在住宅小区建成 50% 前交付使用。2011—2014 年，丹徒新城内 3

所小区配套幼儿园均建设成公办幼儿园或普惠性民办幼儿园。

农村地区结合新农村建设和示范小城镇建设需要，合理规划幼儿园布局。各乡镇（园区、街道）根据本地人口增长趋势，充分考虑二孩政策的影响效应，科学预测外来务工人员随迁子女的教育需求，合理规划资源配置。每个乡镇（园区、街道）至少举办 1 所独立建制公办中心幼儿园。2011 年至今，在 16 所成型幼儿园中，有 4 所幼儿园异地兴建，有 11 所幼儿园改扩建。

（3）以确保财政投入促均衡发展

2015 年，丹徒区幼儿园生均公用经费预算安排为每生每年 385 元，儿童玩具图书补助经费为每生每年 200 元，校舍维修经费标准为每生每年 82.5 元（达到小学标准的 50%）。自 2011 年下半年起，丹徒区全面落实家庭经济困难儿童政府资助政策，对家庭经济困难儿童进行生活费补助，标准为每生每年 1000 元，按在园儿童数的补助面 8% 安排预算。财政预算内安排家庭经济困难儿童生活补助经费 54 万元。对五类特殊困难家庭儿童实行了免保教费政策。2012 年起，丹徒区根据发展重点，按年度设立学前教育专项经费，重点扶持乡镇中心幼儿园、农村合格幼儿园和普惠性民办幼儿园发展。2015 年，丹徒区安排专项经费 200 万元，用于乡镇中心幼儿园创建省优质幼儿园和镇江市现代化幼儿园。

（4）以优化师资队伍促均衡发展

每年，在编幼儿教师的招聘计划向乡镇幼儿园倾斜。从 2014 年起，丹徒区实行定点定园招聘计划，根据乡镇中心幼儿园的规模和在编幼儿教师比例，将招聘名额分配到幼儿园。2013—2014 年，公开招聘的 35 名在编幼儿教师全部分配到乡镇中心幼儿园工作。在全区 7 名男幼儿教师中，有 6 名在乡镇幼儿园工作。此外，全区已对 87 名符合条件的非在编幼儿教师实行人事代理，在很大程度上保证了乡镇幼儿教师队伍的稳定。

（5）以规范办园促均衡发展

丹徒区教育局印发《关于进一步规范幼儿园办园行为的实施意见》（镇徒教〔2013〕156 号）、《关于印发〈丹徒区幼儿园保教活动一日常规考核评估细则（试行）〉实施意见的通知》，定期对幼儿园进行年检、督导评估与评比活动，不断规范幼儿园的办园行为，进一步加强保教质量的监管与指导。

2015 年，该区幼儿园平均班额为 32 人，未超过省定标准的平均班额。班额符合标准的幼儿园占比为 71.4%、班级占比为 93.1%。幼儿园坚持以游戏为主、保教并重，"小学化"倾向基本得到遏制。目前，全区实施"园园通"工程，所有幼儿园开通了网站，实现网上资源共享，推动信息技术与保育活动的有机整合，提高保教的互动性、灵活性、趣味性。选聘兼职责任督学和责任区督学，对区内幼儿园每年开展至少一次的督导活动。对区内幼儿园的办园行为、教育管理、课程教学等八项工作实施经常性督导，确保全区幼儿园办园行为合乎规范。

（6）以片区联动教研促均衡发展

为了提高幼儿园的教研水平，丹徒区根据幼儿园的分布，将主城区和各乡镇幼儿园分成南片、中片、西片三个片区。辖区内的课程游戏化项目园、两所市级《指南》实验园和 5 所区级《指南》实验园平均分布在三个片区，形成了课程游戏化项目园和市级《指南》实验园以点带面、区级《指南》实验园示范引领、园际有效互动的片区联动教研模式。每个片区有针对性地开展教研活动，每个学期向全区开放 1—2 次教研活动，共享教研成果。

（7）以省优质幼儿园创建促均衡发展

丹徒区政府与各乡镇（园区、街道）政府及教育局、幼儿园层层签订目标责任状，把创建省优质幼儿园作为重要的年度考核指标，明确创建任务，强化责任意识。区教育局重点抓好创建的服务和指导工作。创建工程建设资金、设施设备购置资金、幼儿教师工资及培训经费等按需、按时、足额拨付到位。2015 年，丹徒区共有省优质幼儿园 15 所，其中乡镇幼儿园有 12 所，占比达80%。每个乡镇有 1 所以上的省优质幼儿园，全区公办乡镇中心幼儿园都建设成省优质幼儿园。村办幼儿园也积极开展创建工作。丹徒区计划在第二期学前教育五年行动计划实施中，将两所村办成型幼儿园建设成省优质幼儿园。

2. 幼儿园独立建制，激发办园活力

丹徒区公办幼儿园的独立建制是学前教育发展历史上具有里程碑意义的大事，也是全区学前教育体制改革工作的重大突破。

2013 年以前，丹徒区公办幼儿园都挂靠在小学，幼儿园园长的职级相当于小学的中层领导，人事权、财务权等都掌握在小学校长手里。公办幼儿园缺乏独立的办园权限，幼儿园从属于小学的地位在一定程度上制约了幼儿园办园条件的改善，影响了学前教育的改革与发展。

为了加快全区学前教育的普惠优质发展，丹徒区按照学前教育五年行动计划，积极稳妥地做好公办幼儿园独立建制的各项准备工作。根据《江苏省公办幼儿园机构编制标准（试行）》精神，丹徒区编办审批、登记并下发文件，结合该区实际，共设置公办幼儿园14所并全部成为丹徒区教育局所属的差额补贴事业单位。丹徒区编办、区教育局对幼儿园专任幼儿教师情况进行调研并核编，从区教育系统中小学教职工编制总数内划转164名编制（包含原先从属于小学时占用的小学编制123名）到各公办幼儿园，现有划转在编人员的原经费渠道不变；核定园长14名、兼职副园长28名。各公办幼儿园与中心小学密切配合，协同完成过渡时期的法人登记、独立开户、独立办学、财务管理及常规管理、独立运行等具体工作。2013年年底前，丹徒区公办幼儿园完成独立建制，在丹徒区教育局、各乡镇（园区、街道）政府的双重领导下，明确独立法人资格，实行园长负责制，实现财务独立、人事独立、管理独立，公办幼儿园的办园潜力逐步被激活。

各中心幼儿园、城区幼儿园独立建制后主动作为，积极开展城乡互助，高位对接工作。各中心幼儿园立足于自己的办学优势和办园经验，向偏远农村输出优质管理经验，尝试将农村办园点转型为乡镇（园区、街道）幼儿园的分园，实行人员、教学、经费统一管理，实现城镇与农村幼儿园优质均衡发展。城镇幼儿园突破区域局限，强化高位对接，通过深化市级园际合作，有力提升了幼儿园办园层次和水平，以规范精致的学前教育管理、丰富多元的办园内涵、个性鲜明的办园特色，积极引领全区学前教育优质均衡普惠发展。

如石马幼儿园建园于1975年，是乡镇中心幼儿园。2014年之前，石马幼儿园附属于石马中心小学，人事、财务由石马中心小学统一管理。幼儿园自主管理空间小，发展缓慢，300多名儿童"蜗居"于占地面积仅2310平方米、建筑面积仅1487平方米的狭窄空间里。在编幼儿教师不愿待，非在编幼儿教师福利待遇不高，幼儿教师队伍流动性比较大。2014年1月，经相关文件批准，石马中心幼儿园独立建制并配有10名编制，园长的法人资格得到确定，幼儿园走上了自主、规范发展之路。

石马幼儿园自独立建制后，上下一心，共谋发展之路。幼儿园园舍建设、办园条件、幼儿教师队伍、幼儿园课程建设等均得到了长足发展。丹徒区委、区政府和高资街道也高度重视石马幼儿园易地新建工作，将其纳入 2014 年为民办实事的重点工作。在"区级统筹、区镇共建"管理体制的大力推动下，新园顺利建成并于 2015 年 9 月正式投入使用。生均公用经费、家庭经济困难儿童补助、专项资金奖补等各项投入全额到位，切实解决了幼儿园发展建设问题和家庭经济困难儿童的实际困难。专任幼儿教师取得幼儿教师资格证的占比从建制前 2013 年的 66.7% 提高到 2014 年的 100%。

3. 促进非在编幼儿教师队伍的稳定发展

丹徒区理顺了办园的体制机制问题，幼儿园的办园积极性被激发了出来。但为了提升幼儿园的教育质量，丹徒区还需要进一步理清幼儿园的师资队伍建设问题。长期以来，幼儿教师数量始终处于短缺状态，大量非在编幼儿教师一直辛苦工作在学前教育一线，而他们的薪酬待遇总处于比较低的水平。在考虑到编制无法有重大突破的前提下，对非在编幼儿教师实行人事代理制度，提高其薪酬待遇，为其职业成长提供更大的空间，有助于学前教育师资整体素质的提升和学前教育质量的改进。

2014 年，丹徒区印发《丹徒区非事业编制幼儿教师实行人事代理制度的实施意见》。区教育局负责对幼儿园非在编幼儿教师基本情况进行审核，将符合条件的非在编幼儿教师名单报区人社局、区财政局备案。区人社局负责办理人事代理手续，为幼儿园管理人事关系，代办用工退工手续、聘用合同鉴证，指导督促幼儿园做好代理人员考核、奖惩、工资调整等工作，代理人事档案管理，出具以档案为依据的各类人事材料证明和政审材料，代办社会保险金的收缴，提供人事代理政策咨询服务等。

幼儿园根据非在编幼儿教师的学历、专业技术职称（职务）、从事工作年限、承担工作职责及考核业绩，逐步提高其工资福利待遇，缩小其与在编教师的差距。在幼儿园收费标准不变的情况下，区财政负担实施人事代理人员工资的 20%。对缴纳社会保险费用中幼儿园承担部分，区财政在学前教育发展专项经费中，按每人每年 750 元的标准给予奖补。同时，所有非在编幼儿教师在专业技术职称（职务）评定、评优评先、培训学习等方面享受与在编幼儿教师同等要求、同等机会、同等待遇。严格执行《中华人民共和国劳动法》，各幼儿园与每名非在编聘用幼儿教师签订劳动合同，及时为其缴纳医疗、养老、失业、工伤、生育保险，依法保障非在编幼儿教师的合法权益。

2015 年，丹徒区已对 103 名符合条件的非在编幼儿教师实行人事代理。对幼儿园非在编幼儿教师实行人事代理，是一项旨在保障幼儿教师权益、调动其工作积极性的重要民生工程。

四、经验与进一步思考问题

1. 经验

在镇江市各辖市（区）中，丹徒区的经济发展水平靠后，学前教育政府投入水平相对偏低，80%的幼儿园地处农村地区，70%左右的在园儿童就读于农村幼儿园，学前教育城乡均衡化发展压力较大。丹徒区通过改革发展，在学前教育方面取得了较大进步，这种进步得益于诸多因素的影响。

（1）不断加大政府投入的保障力度

丹徒区财政性学前教育经费投入占财政性教育经费投入的比例从改革前 2009 年的 1.3%增长到 2014 年的 5.45%，增长非常显著（见图 23）。鉴于丹徒区的经济发展水平和现实状况，未来维持在 5%—6%的水平将属于常态。

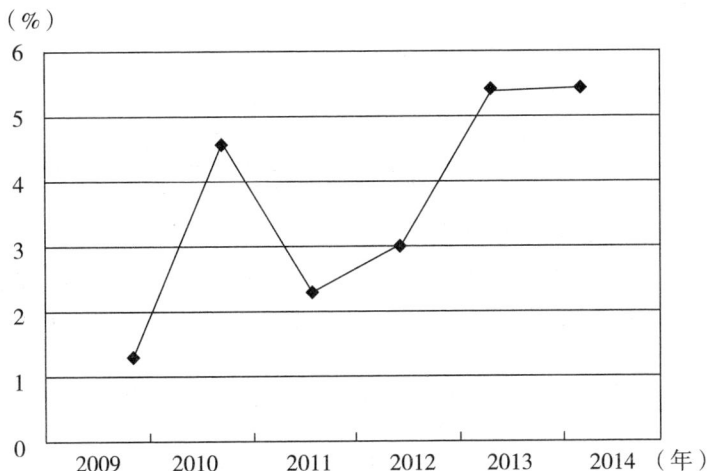

图 23　2009—2014 年丹徒区财政性学前教育经费投入占财政性教育经费投入情况

（2）落实政府承担的学前教育责任，政策保障到位

丹徒区先后出台了有关统领性、布局规划、政策引导、投入保障、日常监管、师资队伍建设等的各类政策文件，保障学前教育工作顺利开展，层层落实政府责任，确保将学前教育纳入政府管理范畴。这些做法在改革期间有效地促进了学前教育的规范化发展（见表18）。

表18　丹徒区出台的学前教育政策文件

类　别	名　　称
统领性文件	《中共丹徒区委丹徒区人民政府关于贯彻国家和省、市中长期教育改革和发展规划纲要（2010—2020年）的实施意见》
	《关于加快推进学前教育体制改革与发展的实施意见》
	《关于印发〈丹徒区学前教育五年行动计划（2011—2015）年〉的通知》
布局规划文件	《关于印发〈镇江市区住宅小区配套学前教育设施建设管理实施办法〉的通知》
政策引导及投入保障性文件	《关于成立实施学前教育五年行动计划区际协调小组的通知》
	《关于建立丹徒区学前教育改革发展联席会议制度的通知》
	《关于建立健全学前教育经费保障机制的通知》
	《关于印发〈丹徒区学生（儿童）资助专项资金发放工作实施细则（试行）〉的通知》
	《关于印发〈丹徒区学前教育困难家庭各类资助工作的暂行办法〉的通知》
	《关于保障流动人口子女入园的暂行规定》
	《丹徒区关于扶持普惠性民办幼儿园发展的实施意见》
	《关于区公办幼儿园机构设置和编制核定的通知》
日常监管文件	《关于进一步规范幼儿园办园行为的实施意见》
	《关于印发〈丹徒区幼儿园施教区管理规定（试行）〉的通知》
	《关于印发〈丹徒区幼儿园保教活动一日常规考核评估细则（试行）〉实施意见的通知》
	《关于开展丹徒区幼儿园办园水平督导评估的通知》
	《关于深入贯彻执行幼儿园卫生管理制度的通知》

类　别	名　　称
师资队伍建设文件	《关于规范从自筹代课幼儿教师中择优招聘公办教师的实施意见》
	《丹徒区 2013—2014 年度幼儿教师全员培训实施意见》
	《丹徒区非事业编制幼儿教师实行人事代理制度的实施意见》

（3）实施幼儿园独立建制与非在编幼儿教师人事代理，调动幼儿园的积极性

如果只有政府自上而下的规定，没有幼儿园自身的主动性，学前教育的发展也将很难获得持续性发展。幼儿园独立建制，直接提供了园长改革创新的空间，为学前教育发展打开了制度通道。独立建制后的幼儿园逐渐完善相关制度规定，形成了权责分配机制、家长教师参与机制、责任追究机制、评估纠错机制、内部治理机制等。

对非在编幼儿教师实行人事代理制度，是释放幼儿教师活力的重要举措。在编制有限、非在编幼儿教师队伍不可或缺的背景下，人事代理制度成为激励非在编幼儿教师积极性、提高非在编幼儿教师待遇、帮助非在编幼儿教师获得身份认可的有效路径。

2. 进一步思考问题

在丹徒区的体制改革发展进程中，对一些问题的思考有助于推进学前教育的可持续性发展。

（1）适当加大镇江市政府的学前教育财政转移支付力度

在丹徒区学前教育的财政投入中，自 2011 年开始，中央、江苏省和镇江市都有一定比例的转移支付。镇江市的支持比例从 2011 年的 12.3% 下降到 2014 年的 1.7%；江苏省的支持比例有小幅提升，从 2012 年的 1.9% 提高到 2014 年的 2.3%；中央财政支持比例在 2014 年约为 1.1%（见图 24）。从长远来看，丹徒区学前教育发展只能以丹徒区和镇江市的财政支持为主。在不断提高丹徒区经济发展水平、加大学前教育财政投入的同时，镇江市可适当加大财政转移支付力度。

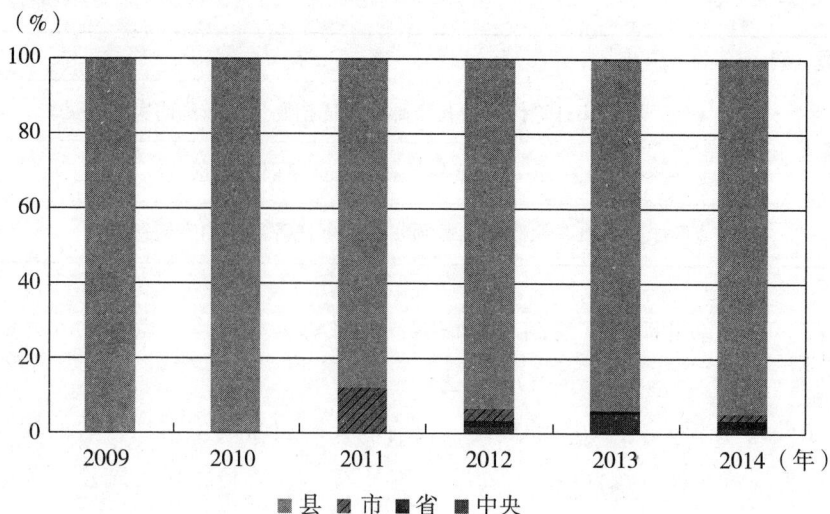

图24　2009—2014年丹徒区学前教育各级财政投入情况

（2）幼儿教师队伍的专业化水平需进一步提升

2014年的数据显示，丹徒区幼儿园中没有幼儿教师资格证的专任幼儿教师数量占比约45%，拥有幼儿教师资格证的专任幼儿教师数量占比仅为27%，还有约28%的专任幼儿教师拥有中小学教师资格证。

尽管从幼儿教师学历上看，丹徒区80%左右的幼儿教师具有大专及以上学历。但从专业性来看，他们还需进一步提高水平。对于新招录的幼儿教师来说，他们必须具有幼儿教师资格证。对于已在岗的幼儿教师来说，政府可建立激励机制，鼓励其考取幼儿教师资格证。

（3）将在编幼儿教师与非在编幼儿教师工资差距控制在合理区间内

在丹徒区公办幼儿园中，幼儿教师工资在城乡之间不存在差距，但是在在编幼儿教师与非在编幼儿教师之间却存在较大差距。2014年，丹徒区在编幼儿教师的年平均工资为5.6万元，非在编幼儿教师的年平均工资为3.2万元（见图25）。从2009年以来的工资情况来看，两类人员的工资差距在改革初始的2011年有所减小，但近几年又有所增大。为了维持幼儿教师队伍的稳定性并调动其工作的积极性，在工资刚性的前提下，政府需适当增加非在编幼儿教师的个人工资。

（万元）

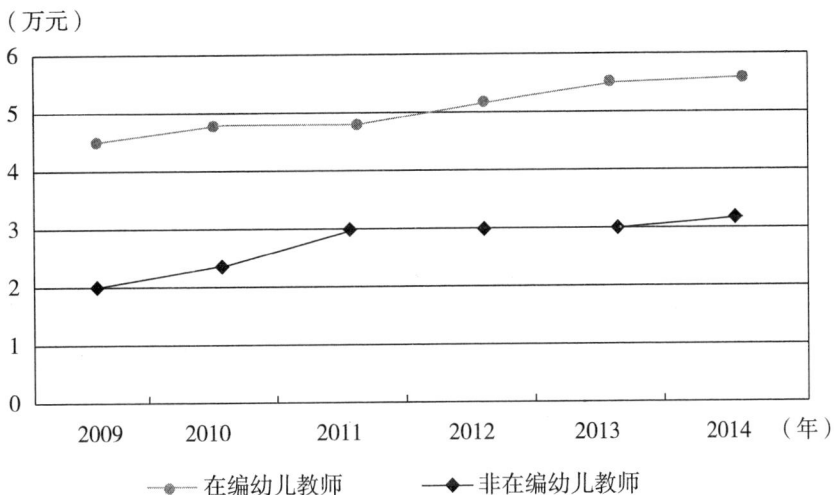

图25　2009—2014年丹徒区幼儿教师年平均工资情况

第五节　京口区：体制多元，优质均衡

一、基本概况

京口区现为镇江市的主城区，总面积126平方公里，常住人口38.8万，下辖6个街道办事处、1个省级工业园区、1个港口产业园区（农场）、67个社区、10个行政村。作为江苏省重要的高教、科研基地，京口区内有江苏大学、江苏科技大学等5所高等学校和18所职业学校、10万余名在校大学生和技校生以及11家省级研发机构，万人发明专利拥有量42件。2014年，京口区人均地区生产总值达到11.6万元。

2014年，京口区在园儿童数7623名，学前三年毛入学率为103%。京口区有幼儿园35所，其中公办幼儿园18所，民办幼儿园17所（其中普惠性幼儿园8所）。公办幼儿园占51%，民办幼儿园占49%。专任幼儿教师596名，其中约56%在公办幼儿园工作。73%的幼儿教师拥有幼儿教师资格证。京口区学前教育事业"广覆盖、保基本、有质量"和"均衡化、特色化、可选择、可持续"的普惠优质新局面已初步形成，先后被评为江苏省幼儿教育先进区、江苏省学前教育改革发展示范区等。

二、改革前存在的问题

2010 年，京口区地区生产总值突破 255 亿元，同比增长 14.3%，高于镇江市平均水平；人均地区生产总值达 66630 元，同比增长 13.6%。在区域经济指标大幅攀升的同时，地处镇江市主城区和老城区的京口区的教育，尤其是京口区的学前教育，在教育布局、办学质量等方面已明显不适应城市现代化、公共服务均衡化、社会事业优质化的发展需求。

1. 试点前学前教育发展情况

京口区人口密度大，建筑陈旧，大部分幼儿园集中在老城区的西部，历史最悠久的幼儿园距今已有上百年的历史。以现行全区幼儿园标准分析，京口区幼儿园在原址上发展的资源相当有限。近些年，随着城市中心的东移，幼儿园的布局也做了相应调整。

2. 试点前学前教育存在的问题

尽管早在 2010 年，京口区已经实现学前教育的全面普及，学前三年毛入园率为 98%。但是，该地区的学前教育发展依然面临发展的瓶颈和挑战。首先，该区学前教育资源，特别是优质学前教育资源的供需矛盾突出，幼儿园班额超标现象严重。截至 2010 年年末，该区下辖 28 所幼儿园，其中公办幼儿园 15 所、民办幼儿园 13 所。每所幼儿园覆盖人口数为 1.6 万人。供需矛盾突出，直接表现为幼儿园班额超标。班额超标最严重的班级，其人数突破了 60 人。其次，不同园所之间学前教育质量差异较大，质量较好的优质幼儿园主要分布在老城区，儿童"入园难"问题部分体现在入好园难以及就近入园难上。最后，民办幼儿园在京口区园所中所占比例高。如何将民办幼儿园提升到和公办幼儿园一样的办园标准、管理水平、行业规范上，都需在改革中进一步探索。

三、主要改革举措

京口区作为镇江市主城区，地域面积在镇江市各辖市（区）中最小，人口总量相对而言并不算多。随着镇江市政府行政部门由京口区迁往润州区，京口区的社会经济发展受到了一定影响，但学前教育在改革发展进程中却取得了不小的成效。

1. 明确学前教育优先发展的地位，合理确定学前教育发展目标和规划

对学前教育性质和价值的认识，是政府制定学前教育发展规划、措施的前提，关系着学前教育的发展方向。京口区学前教育的发展取得成就，首先得益于政府对学前教育价值的正确认识。京口区在其先后出台的《关于进一步加快教育改革与发展的意见》（镇京发〔2010〕29号）、《关于进一步加快学前教育改革发展的意见》（镇京发〔2011〕31号）、《京口区学前教育五年行动计划（2011—2015年）》（镇京政发〔2011〕20号）、《京口区学前教育专项奖励基金使用办法》（镇京政发〔2011〕59号）等文件中，明确规定了学前教育的发展任务、发展策略、发展路径，保障了学前教育优先、优质、优势发展。在此基础上，政府制定了学前教育的发展目标，涉及学前教育的普及、普惠、提质，如要求"到2015年学前三年毛入园率达98.5%，儿童在公办幼儿园入学比例达50%，省优质幼儿园比例达到90%"。

面对学前教育资源不足、布局不合理等问题，京口区提前进行布局规划，先后出台了《京口区学前教育设施布局规划（2011—2020年）》（镇京政发〔2012〕71号）、《京口区学前教育设施布局规划指导意见》（镇京政发〔2012〕81号）、《京口区学前教育优质普惠发展规划》（镇京政发〔2012〕88号）等政策文件，本着合理布局、适度超前的原则，对本地区生源及规模进行预测，科学考虑儿童入园半径，对整个区域内的学前教育资源分布进行合理规划。该区的规划标准是每个街道有1处0—3岁早教中心、每1万人配套1所9班及以上规模的标准幼儿园，不足1万人且大于5千人的住宅小区应配套1所6班及以上规模的标准化幼儿园，儿童入园半径原则上不宜大于500米。在科学规划的引导下，该区先后在偏远的谏壁地区建设了中山路中心幼

儿园谏壁分园、解放路幼儿园大禹山分园等 3 所公办幼儿园。其中，在谏壁地区东片雩北村建设的雩北办园点，针对性解决了村舍相对集中、外来人口较多且去谏壁分园路途较远的问题，极大地方便了周边人民群众对学前教育的需求。

根据居民需求和城市的未来发展趋势，京口区合理规划和布局园所，将学前教育规划纳入城乡一体化建设中，这是保障儿童就近入园的重要前提，极大地减轻了家长送子女入园的时间和经济成本，也是解决无证办园和避免校车安全事故发生的最优选择。此外，京口区提前做好未来十年的学前教育设施布局规划，在土地紧张的城区提前确保未来教育用地，满足不断增长的人口需求。

2. 强化政府发展学前教育的职责，理顺学前教育管理体制

大力发展学前教育，必须坚持政府主导，强化政府职责。京口区政府统筹学前教育改革发展规划，着力理顺和落实"区级统筹、区镇共建"的学前教育管理体制。在县域范围内，为落实区、乡镇（街道）政府责任，区政府将学前教育机制运转情况列为乡镇（街道）、部门全年目标责任状重要考核内容，并与领导干部评优评先、提拔任用相挂钩，确保学前教育各项工作落到实处。将学前教育发展状况列为乡镇（街道）等基层政府目标责任状的考核内容，是在我国现行行政管理体制下，督促下级政府落实政府职责的有效措施之一。由于缺乏横向问责和社会问责机制，在财政分权的大背景下，"在现行的地方政府绩效考核体系下，若要从根本上改变学前教育被忽视、被挤压的窘境，必须将学前教育纳入地方政府的基础教育绩效考核目标，以此为改变儿童'入园难、入园贵'问题提供制度基础"①。

同时，由于学前教育发展需要多个部门的统筹协调，所以京口区在 2011 年制定的《关于进一步加快学前教育改革与发展的意见》中明确指出教育、编制、财政、规划、国土和住建等部门的职责，并在 2011 年建立了由分管副区长为组长，教育、发改、财政、人社等多部门参加的学前教育改革发展联

①柏檀，周德群，王水娟. 教育财政分权与基础教育公共支出结构偏向 [J]. 清华大学教育研究，2015（2）：58.

席会议制度，加强统筹协调。除政府部门以外，京口区也注意发挥地方人大在学前教育事业发展中的监督权、重大事项决定权等职权和地方政协的民主协商、民主监督、参政议政的职权。该区建立了人大、政协参与的学前教育改革发展联席会议制度，邀请人大、政协积极参与学前教育相关调研、论证，想办法、解难题、给政策，促使有关机制政策进行合理化、最优化设计。

3. 对不同办园主体的公办幼儿园进行规范管理，实现合作共赢

长期以来，在京口区公办幼儿园系统中，办园主体多元化的特色非常明显。2014 年，在 18 所公办幼儿园中，有 8 所是由军队、大学、企事业单位等主体举办，在园儿童数占整个公办幼儿园在园儿童数的 42%。教育行政部门对于不同办园主体的公办幼儿园的支持力度也有所差异。如新建 1 所教办幼儿园，教育行政部门需投入 2000 万；而对于企事业单位办的幼儿园，教育行政部门却没有日常性投入，主要通过资金奖补方式给予支持。

尽管幼儿园的归属部门不同，但为了对不同办园主体的公办幼儿园进行规范管理，教育行政部门出台了行业标准。对于达不到标准的不同办园主体的公办幼儿园采取不同的方式，分别进行管理，有的直接收归教育行政部门举办，有的下发整改通知书并与办园责任人进行恳谈，限期整改。同时，教育行政部门落实监管责任，与其他办园主体积极合作配合，实现合作共赢。如幼儿园日常管理规范、幼儿教师专业培训、幼儿园评优评先等发展事务均需进行分项目合作推进。

如丹徒中心幼儿园是一所公办幼儿园，位于江苏大学东面的千年古镇——丹徒集镇，创办于 1979 年。该园的主办单位是象山街道办事处，业务管理隶属京口区教育局。街道办事处负责幼儿园人、财、物的配置，区教育局负责幼儿园的业务指导、幼儿教师培训、创建辅导及各类比赛活动组织等。该园在 2002 年被评为镇江市一类幼儿园，2003 年被评为现代化乡镇幼儿园，2006 年被评为京口区模范幼儿园，2008 被评为江苏省优质幼儿园。

如镇江市市级机关中心幼儿园隶属镇江市市级机关事务管理局，京口区教育局负责监管。区教育局定期督促、指导该园依据《幼儿园管理条例》《幼儿园工作规程》《指南》等政策规定，健全管理制度，规范办园行为。区教育局幼教科每年对该园进行督导，加强对幼儿园的动态监管，把规范办园作为

幼儿园年检和等级评定的重要内容。园长上岗培训、幼儿教师培训、师资配备、班额设置、教育环境、安全标准、教育教学活动、招生工作、收费标准、业务创建等工作均由区教育局统一管理。

4. 加大投入力度，建立高水平的生均公用经费拨付标准

充足持续的财政投入是保障学前教育健康发展的重要前提。京口区坚持政府主导举办学前教育的思路，不断建立和完善"广覆盖、保基本、有质量"的学前教育公共服务体系，突出资金优先保障地位，确保资金优先到位，注重学前教育财政投入机制的建立和完善，使得学前教育经费有保障。京口区学前教育专项经费列入部门财政预算，经费按预算及时足额发放。对照省、市各级"学前教育经费占财政性教育经费中比例不低于5%"的要求，京口区自2012年起，该占比已超过6%且逐年增长。到2014年，财政性学前教育经费投入占财政性教育经费投入的7.45%。

针对以往学前教育公共经费流向少数教育部门办幼儿园、只负责在编幼儿教师工资的状况，该区调整了投入方式，建立了更加公平、更能保运转的投入机制。首先，建立了高水平的公办幼儿园生均公用经费拨付标准。2012年，在江苏省要求幼儿园生均公用经费标准为200元时，该区已经按照生均500元的标准进行拨付。2013年，幼儿园生均公用经费标准达到620元。2014年，幼儿园生均公用经费标准提高到640元。其次，该区设立专项经费、专项资金，对普惠性民办幼儿园进行资金奖补，统筹兼顾，同时推进，协同发展，同步督促。如在优质幼儿园创建项目上，区政府每年拿出100万元。每新建1所普惠性幼儿园给予其30万元奖励，每创建1所省优质幼儿园给予其10万元奖励，每创建1所市优质幼儿园给予其3万元奖励。又如在"护园安园"幼儿园安保专项行动中，区政府每年安排近30万元的专项资金，采用以奖代补的形式，对安保工作较好的民办幼儿园给予其1万元奖励，确保幼儿园技防、人防、物防到位，确保校园安全稳定。

5. 积极探索政府购买学前教育服务的模式，探寻政府与市场的有效合作机制

自20世纪90年代，京口区就在积极探索政府与市场在学前教育领域的合作模式，以引进现代学前教育理念、先进教育模式为出发点，积极探索学

前教育领域政府与私人部门的共赢模式。

以公办民营的解放路大地幼儿园为例。该园建于1996年，当时区教育局与已创办多所幼儿园的台商程大坤先生签订合作办园协议，开创了合作改扩建幼儿园、共同管理办园的先河。从1997年正式开园到2010年的十三年间，大地幼教集团对该园进行直营园管理，通过园长责任制、与国际幼教前沿接轨的每周园长视频会议、遍布全国的大地幼教联盟学习研讨等举措，使幼儿教师队伍充满活力、儿童素质全面提高，于1999年跻身江苏省示范性实验幼儿园行列，并在2003年复检中被评为优秀。

针对一些优质的学前教育资源，京口区结合家庭需求多元化的特点，支持优质非普惠性幼儿园的发展，同时发挥政府、社会和家庭的力量推动学前教育的优质多元发展。

如京口区在小区配套幼儿园——优山美地幼儿园的建设中积极探索多方合作共赢的模式，积极开展政府购买学前教育服务的探索。鉴于解放路大地幼儿园的办园经验和优异品质，教育部门通过委托管理的方式，与大地幼儿园开展合作。2013年年初，在规划部门、区教育局、解放路大地幼儿园与开发商的多次设计、商讨后，优山美地幼儿园破土动工，幼儿园按照省优质幼儿园标准高规格建设，校舍由开发商承建，校园装修由开发商和区教育局共同承担。建成后，该园因优雅宜人的环境、先期介入设计的校园布局、配套完善的设施得到了周边居民的广泛关注和上级教育主管部门的高度肯定。

在优山美地幼儿园的建设过程中，区政府给予了一定的公共财政投入支持（政府拨款），同时在管理方式、招生办法、成本收费、经费使用、人员聘任、事业发展等方面引入面向社会的市场机制，使政策支持与办园质量、承担任务挂钩。幼儿园实行园务公开，定期向师生、社区、家长报告幼儿园发展规划和教育改革计划的实施情况，定期接受区教育局的财务审计和资产效益评估，接受家长、社会和教育行政部门的监督。

6. 以优质公共学前教育资源为依托，实现区域内学前教育质量提升和均衡发展

在过去一段时间内，京口区的公办幼儿园，特别是教育部门办幼儿园，在财政投入、师资力量等方面聚集诸多优势。为避免"强者愈强、弱者愈弱"

的"马太效应"产生，充分发挥优质公办幼儿园的示范引领和辐射带动作用，该区采用多种方式，实现区域内学前教育均衡发展和学前教育质量的整体提升。

京口区以"互助、共建、发展、合作、共赢"的模式构建学前教育发展共同体，采取"核心园+成员园"的方式，在"资源共享、文化共建、保教帮扶"等方面探索创新，实现区域内学前教育的优质均衡发展。其中，7 所区教育局直属公办幼儿园领衔组成 7 个共同体，每个共同体包括核心幼儿园和成员幼儿园。核心幼儿园为教育局直属公办幼儿园，成员幼儿园由区域内部分公办幼儿园、民办幼儿园组成，每个共同体负责人由核心幼儿园园长担任。共同体一经确定，原则上三年不变。共同体之间实行园务管理经验共享，开展集体教学研讨、结对互学、幼儿教师交流等活动。特别值得一提的是，京口区早在 2013 年便全面启动幼儿教师交流工作，组织选派公办幼儿园教师到民办幼儿园支教及进行交流。为鼓励在编幼儿教师去薄弱幼儿园、民办幼儿园交流，该区将在编幼儿教师"到民办或薄弱幼儿园交流任职两年"作为专业技术职称（职务）评定、评优评先的前提条件。截至 2014 年年底，已有 54 人次到民办或薄弱幼儿园交流任职。京口区通过幼儿教师队伍的合理、良性流动，带动薄弱幼儿园整体教育质量的提升。

如镇江船艇学院幼儿园是镇江市桃花坞幼儿园共同体的成员之一。自 2013 年加入至今，在核心园桃花坞幼儿园的带领下，该园积极参加共同体的各类活动，通过共同体这一纽带，加强了园际间的学习和交流，提升了幼儿教师的专业素质，取得了教育资源共享的良好成效。围绕园所特色环境的创设、保教常规的落实、教研活动的有效开展，桃花坞幼儿园定期为镇江船艇学院幼儿园教师提供学习机会，每一次都实地把脉问诊，点对点对其进行指导，为镇江船艇学院幼儿园教师精心准备了集体教学、游戏展示、保育规范化实操演练、早操和户外活动观摩研讨等活动，同时安排骨干幼儿教师定期参加镇江船艇学院幼儿园年级组的教研活动，具体包括指导青年教师评课说课、调整游戏进程中材料投放、示范游戏活动中教师指导等。

与上述相对松散的共同体发展相比，该区充分考虑了市民对优质学前教育的诉求，进行更快、更好的优质学前教育资源复制，以促进区域内学前教育均衡和公平发展。在城市建设的同时，京口区以"开发商搭台、教育唱戏"的合作双赢模式，实行"名园办分园"。有了名园的师资、教育理念、课程模式当作基础，名园的教育文化得到共享、移植和再生，新建的分园有了很好的起点，并在总园"输血"的过程中逐步产生"造血"的机制，从而将优质资源放大，使得区域内学前教育均衡发展。截至 2015 年年底，市实验幼儿园在香江花城小区开设分园，桃花坞幼儿园在米山雅居小区开设分园，京河路幼儿园开办了京岘分园，解放路大地幼儿园在优山美地小区开办了分园，三之三幼儿园在中南世纪城开办了分园。此举进一步优化了学前教育布局，极大地满足了老百姓对于学前教育优质资源的需求。

7. 打造园所特色，构建0—6岁一体化的早期教育服务体系

为促进区域内幼儿园的质量提升、多样化发展，区教育局积极鼓励各幼儿园结合办园传统、师资水平等因素，开展特色强园专项行动。该区出台了《京口区幼儿园特色建设实施方案》，从标准条件、基本内容、实施策略、建设程序、激励措施等方面进行具体规定。形成办园特色，并不是为了标新立异，而是为了形成园所文化，使其一方面能充分利用当时当地的资源，另一方面让园所文化成为儿童熟悉的、对儿童有意义的内容。在具体实施过程中，各幼儿园坚持做到"园风、园标、环境创设、活动区角布置等体现特色，宣传窗、展示牌、园报、校园网等宣传特色，课题研究深化特色，园本课程融入特色，多样化的活动烘托特色，教育教学的各个环节渗透特色"，着力营造浓郁、厚实的幼儿园特色文化。同时，京口区通过研讨、展示等方式，进一步放大中山路幼儿园的民族特色、市实验幼儿园香江分园的中国风特色、东城绿洲幼儿园的绿色生态特色、三之三幼儿园的中西文化融合特色、方家湾幼儿园的布艺特色、阳光大地幼儿园的户外体育活动特色、京河路幼儿园京岘分园的亲子园特色、江山名洲幼儿园的书香校园特色，形成了"各美其美、美人之美、美美与共"的特色发展良好态势。

除了提升3—6岁儿童所在幼儿园的教育质量以外，区教育局还关注到对0—3岁儿童的教育。0—3岁是个体一生发展的起始阶段，也是个体发展最为迅速的阶段。脑科学研究也证明，适宜的早期经验对0—3岁儿童的学习与发展有重要价值。面对目前0—3岁早教育机构质量参差不齐、家长普遍缺失早期教育与保育专业知识的现状，该局相继出台《京口区关于进一步推进0—3岁婴幼儿早期教育工作的指导意见》（镇京政发〔2012〕16号）、《京口区0—3岁早期教育实施方案（试行）》（镇京政发〔2012〕17号）等文件，构建起以城市社区为依托、优质幼儿园为骨干、覆盖全区所有街道的托幼一体化学前教育服务体系。2012年，全区各街道均建成了0—3岁早教指导站，全区90%以上的3岁以下儿童的家长及看护人员每年接受4次以上有质量的科学育儿指导。同时，全区各街道积极开展早期教育研究，举办0—3岁早期教育观摩研讨会及专家报告会，开展0—6岁托幼一体化的探索和实验，较好地满足了该区0—3岁儿童接受早期教育的需求。

四、经验与进一步发展建议

1. 经验

京口区学前教育改革从体制机制、财政投入、课程教学等方面入手，取得了一定的成果。通过改革探索，京口区在向学前教育均衡发展和质量提升的道路上稳步迈进。京口区强化政府职责、理顺管理体制，保证了政府主导学前教育发展的能力；科学预测、适度超前规划，合理布局老城区学前教育资源，解决了学前教育供需的突出矛盾，保证儿童能就近入园；片区合作、名园办新园的模式则为区域学前教育质量的整体提升和跨越式发展奠定了基础。京口区的改革思路与政策举措对于如何在供需矛盾突出的老城区扩资源、提质量、促均衡，有重要的借鉴意义。

（1）政府财政投入力度不断加大

京口区自2011年起，财政性学前教育经费投入总量逐年递增，其增长趋势与财政性教育经费投入增长趋势基本一致。2012年以来，前者的增速还略超后者（见图26、图27），财政性教育经费投入的增幅高于同期经济增长和财政收入增长。2010—2014年，京口区财政性学前教育经费投入占财政性教育经费投入的比例分别为4.58%、4.82%、6.1%、6.91%、7.45%，起点较高，不仅超过省定的5%标准，还一举迈过7%，进入世界多数发达国家6%—8%的区间。

（万元）

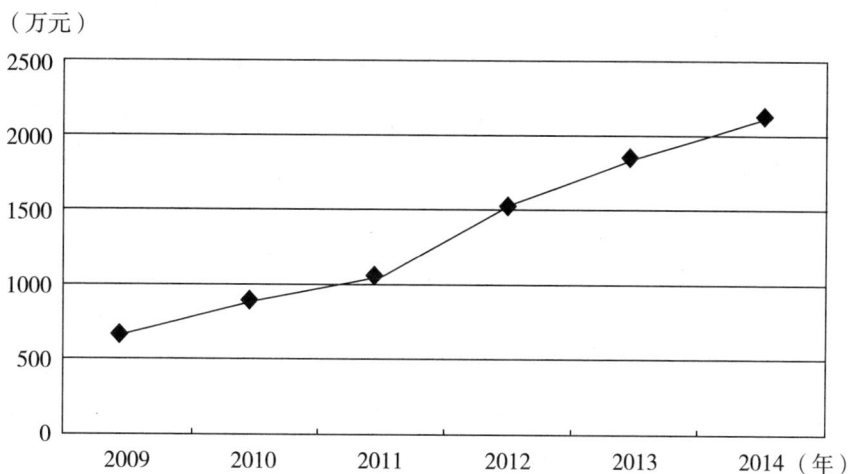

图26　2009—2014年京口区财政性学前教育经费投入情况

（万元）

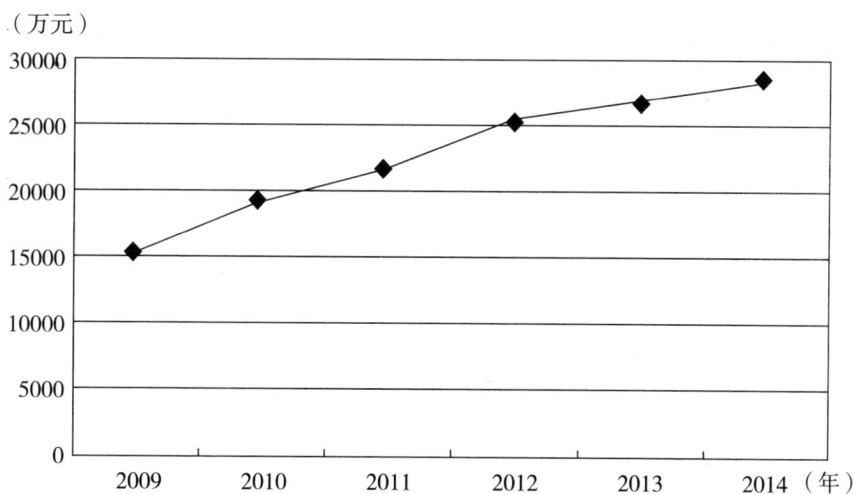

图27　2009—2014年京口区财政性教育经费投入情况

（2）建设共同体，推动学前教育优质发展

①人员交流，促管理共进。管理人员进行对接互通，定期开展园长、业务园长、后勤、保洁等人员的一对一、点对点的帮扶。除了帮扶民办幼儿园进行日常管理之外，京口区针对优质幼儿园创建、晋级验收等内容，定时定点对民办幼儿园进行专项帮扶，如省示范幼儿园派出相应的业务园长帮扶民办幼儿园开展工作，进行定期指导、管理。

②保教共建，促教科研共同发展。在区教育局统一管理下，共同体互查互帮，专项督导。全区共有 7 个共同体，核心幼儿园为教育局的优秀公办幼儿园，发挥示范幼儿园的带头作用，与成员幼儿园教研互动、平等对话，搭建双方交流平台，促进信息共享、资源共享，完善网络交流平台，促进文化融合。

2. 进一步发展建议

回顾过去几年，京口区学前教育在办园质量、办园水平等方面获得了重大发展。展望未来，京口区还将面对更多的机遇和挑战。在取得成绩的同时，我们还需清醒地看到学前教育中存在的问题。2014 年，京口区学前教育资助面为 1.6%，远低于 8% 的省定标准。在 18 所公办幼儿园中，有 8 所公办幼儿园无人事管理权限，对这些幼儿园的教职工的规范核编、公开招聘和人员配备无法进行有效管理和监督。"实施人事代理的非在编幼儿教师平均工资待遇不低于同区域内城镇非私营企业在岗职工平均工资水平"的政策尚未落实到位。专任幼儿教师持幼儿教师资格证率未达 100%。具体而言，发展建议如下。

（1）办园体制需进一步理顺，确保财政投入的公平

正如前文所提，京口区幼儿园的办园主体具有多元化的特点。不同办园主体幼儿园的投入渠道不同，管理上也会存在差异，所以难以进行统一的资源配置。政府需进一步理顺办园体制，完善学前教育财政投入体制，参照幼儿园生均标准进行投入和配置管理，确保财政性学前教育经费投入公平。政府宜采用生均公用经费拨款等方式向公办幼儿园、普惠性民办幼儿园拨款，建立和完善家庭经济困难儿童的资助制度。

（2）对普惠性民办幼儿园的支持力度需进一步增强

尽管通过奖补普惠性民办幼儿园、资助家庭经济困难儿童等方式让公共财政经费关照到更多无法进入公办幼儿园就读的儿童，但从投入的方向来看，投入到普惠性民办幼儿园的资金总量仍然很少。即使到 2014 年，该渠道的投入仅占到财政性学前教育经费投入的 1.65%。同时，政府需加强对普惠性民办幼儿园的财务及质量监管，保证政府公共财政经费投入的普惠性民办幼儿园能为目标群体提供有质量的学前教育服务。

（3）缩小在编幼儿教师和非在编幼儿教师的工资待遇差距

尽管京口区教育局制定了非在编教师工资待遇建议最低标准，调查也显示该地区非在编幼儿教师的平均工资水平已达到本地区职工的平均工资水平。但是，随着在编幼儿教师工资水平的大幅度提高，非在编幼儿教师的工资提高幅度却相当有限。2009—2014年，非在编幼儿教师的年平均工资占在编幼儿教师年平均工资的比例从2009年的69.44%下降到2014年的50.47%。在编幼儿教师与非在编幼儿教师的工资差距在2011年以后逐渐加大（见图28）。同时，民办幼儿园教师与公办幼儿园非在编幼儿教师相比，其工资更低，只相当于在编幼儿教师年平均工资的43.3%。因此，控制不同类别幼儿教师工资差距不断加大的趋势，逐渐减少不同群体的工资差距，在适当范围内允许适度差距的合理存在。

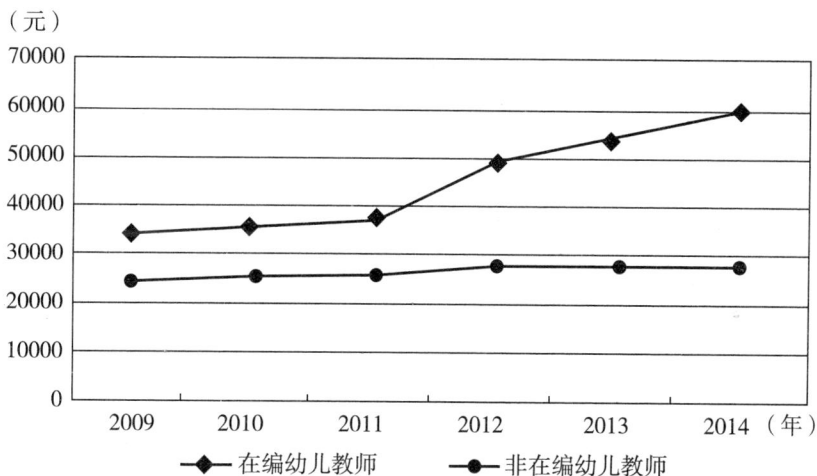

图28　2009—2014年京口区幼儿教师年平均工资情况

总之，在以后的发展中，政府要严格制定幼儿教师资格准入制度，加强对非在编幼儿教师的培训和学历提升，通过财政补助非在编幼儿教师的工资待遇，将幼儿教师工资水平与对园所资金奖补措施挂钩，制定符合幼儿教师专业身份的最低工资标准，完善非在编幼儿教师维权的法律救济制度，规范幼儿教师聘任制，培育和发展幼儿教师中介组织。

第六节 润州区：普惠优质，公民办协同

一、基本概况

润州区是镇江市的主城区和行政中心所在地，区划面积 132.68 平方公里，常住人口 29.7 万。

全区现有幼儿园 27 所，其中省优质幼儿园 21 所，省优质幼儿园率达 78%，2013 年顺利通过江苏省学前教育改革发展示范区验收。2009 年，润州区以全 A 的成绩获江苏省教育现代化先进县（市、区）称号，同年获江苏省幼儿教育先进区称号。

近年来，润州区以争创江苏省学前教育改革发展示范区为抓手，突出政府主导，着眼普惠优质，积极创新举措，强化内涵建设，在教育公平、均衡发展、规范办学、内涵发展等方面成效显著。同时，润州区大力整治无证幼儿园，建立民办幼儿园园长公办委派制度、幼儿教师人事代理制度、公办民办幼儿园结对帮扶制度，探索公益早教中心建设等。这一系列创新举措和做法在近几年内取得了成效，进一步保障了儿童就近入园，实现公办幼儿园和民办幼儿园协同发展。

二、改革前存在的问题

1. 改革前社会和经济发展水平

改革前，全区国民经济保持平稳较快发展，2010 年实现地区生产总值 183.06 亿元。全年财政总收入 20.07 亿元，增长 32.52%。全年财政科技经费支出 2132 万元，增长 18.77%，其中教育事业费总支出 25378 万元，增长 36%。同时，全区财政性学前教育经费投入仍显不足。2010 年，全年财政性教育经费投入 19645.7 万元，其中财政性学前教育经费投入为 260.7 万元，在财政性教育经费投入中占比仅为 1.33%。

2. 改革前学前教育发展情况

2010 年，全区 3—6 岁儿童数为 5139 人，在园儿童数 5167 人，学前三年毛入园率为 100.54%。全区幼儿园有 28 所，其中公办幼儿园有 13 所、民办幼儿园有 15 所。普惠性民办幼儿园有 13 所。在园儿童中，56% 在公办幼儿园，42% 在普惠性民办幼儿园。专任幼儿教师有 384 名，其中 52% 在公办幼儿园，44% 在普惠性民办幼儿园。

3. 改革前学前教育存在的问题

随着润州区城市人口不断增多，外来务工人员大量涌入，幼儿园的数量出现供求失衡状况，学位明显不足，出现了儿童"入园难"的问题。同时，由于家长关注税收优惠、学费、就近入学等问题，所以非法无证幼儿园应运而生并相互模仿。2012 年以前，润州区有 8—10 所非法无证幼儿园，大多是家庭式作坊幼儿园，隐蔽在各小区的住宅角落，不为外人所知，更无挂牌。每个家庭式作坊幼儿园的规模在 30—40 名儿童，来源为周边外来务工人员的子女。同时，因为历史遗留的原因，润州区大量幼儿园为民办幼儿园。和其他辖市（区）比较，民办幼儿园占比较大，达到 54%。全区 46% 儿童在民办幼儿园就读。在这种情形下，民办幼儿园的保教质量直接影响了润州区学前教育的整体发展水平。只有加强对民办幼儿园的规范管理，有效提升民办幼儿园的办园水平、保教质量，才能提高润州区学前教育的整体水平，实现润州区学前教育的优质均衡发展。为此，润州区采取了多种方式扶持民办幼儿园的发展。

三、主要改革举措

1. 政府主导，投入与管理齐下手

（1）政府主导，部门联动，建立专职学前教育管理机构

润州区委、区政府高度重视发展学前教育，秉持"对学前教育的投入再多也不为过""不让园长承担一丝一毫经济压力"的发展理念。区党政主要领导多次深入调研，解决学前教育发展中存在的突出问题，建立学前教育改革发展联席会议制度。区教育和区编办、人社、财政、民政、妇联等相关职能

部门通力协作，及时解决学前教育中存在的重点、难点问题。区教育局在全市率先成立专职学前教育管理机构——幼儿教育科，加强对全区学前教育的监督管理和科学指导。区政府积极推进"区级统筹、区街共建"机制，对学前教育进行规划布局，落实学前教育经费，统筹管理各类学前教育机构。街道办事处负责幼儿园征地、周边环境治理等工作，扶持本地区各类幼儿园的发展。

（2）财政性学前教育经费投入逐年增长，公用经费及专项经费确保落实

2012—2014 年，润州区财政性学前教育经费投入总量分别为 2525.4 万元、1911.4 万元和 2021.7 万元，财政性学前教育经费投入在同级财政性教育经费投入中的占比分为 7.36%、7.44% 和 7.46%。财政核拨公办幼儿园预算内公用经费分别为每生每年 305 元、330 元和 385 元。2013—2014 年，财政按每生每年 150 元和 180 元的标准核拨民办幼儿园发展经费。2012 年，区财政设立学前教育专项经费 300 万元、工资及培训等补助专项经费 200 万元。2013 年，区财政设立润州区学前教育安保专项经费 55 万元、家庭经济困难儿童补助专项经费 35 万元、家庭经济困难儿童免保教费专项经费 10 万元、民办幼儿园设备购买专项经费 18.28 万元，逐步提高学前教育财政保障水平。

（3）家庭经济困难儿童资助体系逐步健全

润州区建立了家庭经济困难儿童资助体系。家庭经济困难儿童在润州区享有接受免费教育及享受困难资助的权利。从 2011 年起，区财政落实家庭经济困难儿童政府资助经费，标准为每生每年 1000 元。实施家庭经济困难儿童午餐费补助政策，为家庭经济困难儿童发放免费午餐。自 2013 年起，区财政每年核拨并减免家庭经济困难儿童的保教费。

（4）公办民办管理一体化，区级督导全覆盖

润州区所有幼儿园，不论所有制、投资主体、隶属关系如何，均由区教育行政部门统一规划、统一准入、统一监管。润州区严格执行《润州区学前教育机构登记注册和年检办法》，实行标准班额办园并均具有独立法人资格。

润州区出台《润州区幼儿园督导考核实施细则（试行）》（镇润教〔2010〕120 号），成立幼儿园规范管理督察小组，通过高频度、不通知、随

机检查的方法，对全区幼儿园保教工作、规范办园、日常管理等方面加强督查指导，检查覆盖率达 100%。同时，润州区积极推介先进幼儿园经验，杜绝"小学化"倾向等违规行为产生，评定"保教管理示范（规范）幼儿园"并发放流动红旗，有效提升了幼儿园的保教质量。

2. 创新举措，推动公办幼儿园和民办幼儿园共同发展

因其历史原因，润州区的民办幼儿园占比达 50% 以上。加大对民办幼儿园的管理和扶持力度，不断提升民办幼儿园的保教质量，成了促进润州区学前教育优质均衡发展的重要内容。

（1）规范管理，公办幼儿园和民办幼儿园标准一致

润州区依据《镇江市幼儿园办园水平督导评估实施方案》，对公办幼儿园与民办幼儿园采用统一的管理标准，以此规范和加强对民办幼儿园的日常管理，同时成立幼儿园规范管理督察小组，以润州区幼儿教育科管理人员为核心，辅以三名专职幼教督学，三位一体，其职责以检查指导为主。幼儿园规范管理督察小组每月通过高频度、不通知、随机检查的方法，对区内所有幼儿园进行检查与反馈。同时，区教育局设立专项资金，根据每月检查结果，进行公正评比，对管理规范、先进的幼儿园进行奖励。此举有效地促进了各幼儿园创先争优的积极性，将各幼儿园的发展带入了良性有效循环中。

幼儿园本身具有不同于其他各级教育的特点，安全与责任是幼儿园管理的首要方面。润州区坚持把安全作为管理的第一要素来抓，严格按照思想到位、组织到位、措施到位、防范到位、检查到位的要求，加强对公办民办幼儿园进行人防、物防。润州区教育局出台了《润州区幼儿园一日活动各环节安全管理规范要求》（镇润教〔2013〕42 号）、《润州区民办幼儿园安全工作考核实施方案》（镇润教〔2014〕32 号），通过幼儿教育科、安保科、幼教督学等部门，每月对区内幼儿园的安全进行随机检查，对评比优秀、先进的幼儿园以及安全管理先进个人进行奖励。检查做到一学期一考核。结合平日检查结果，润州区教育局给予评比优秀先进的幼儿园奖励 5000 元，此奖励并不以金钱方式下发，而是以物质方式（如图书、玩具等）下发。润州区教育局后续也在持续关注幼儿园对奖励物品的使用情况。

（2）加大对民办幼儿园的财政补贴力度

①补贴生均发展经费。根据《关于扶持普惠性民办幼儿园相关事宜的会议纪要》，自 2013 年起，润州区政府每年向民办幼儿园拨付发展经费，2013 年和 2014 年的拨付标准分别为每生每年 150 元和 180 元，以后逐年上涨。润州区教育局按此拨付标准为所有民办幼儿园配置了图书和玩具。

②设立专项资金。2013 年，润州区财政拨付的专项经费有：外来务工人员子女入学专项经费 86.09 万元；为民办幼儿园配送电脑等设备经费 18.27 万元，平均每园 10750 元。2014 年，润州区财政拨付的专项经费有：外来务工人员子女入学专项经费 61.21 万元；民办幼儿园教师培训经费 3.15 万元，其中幼儿教师资格证考试经费 1.58 万元、民办幼儿园教师订阅报刊经费 1.57 万元。2015 年，润州区有 10 所民办幼儿园创建为市级教育现代化先进幼儿园。为加大创建力度，润州区设立创建专项资金，扶持民办幼儿园发展。专项资金由以下几部分构成：生均 60 元，用于校园环境布置；生均 80 元，用于儿童图书购置；班均 1 万元，用于玩教具添置。如江南康馨幼儿园共有 7 个班，200 名儿童，此次创建共获得区教育局补贴的 1.2 万元校园环境布置资金、1.6 万元的儿童图书购置补贴、7 万元的玩教具添置补贴，合计 9.8 万元。

为管好、用好创建专项资金，使每一分钱都用到民办幼儿园的儿童身上，润州区成立了由幼儿教育科、教研室、计财科、审计中心、教育装备中心相关人员组成的创建专项资金使用管理小组（以下简称管理小组），按照"三步走"的方法进行管理。第一步，拟定物品清单。各创建幼儿园根据创建需要，拟定环境布置、玩教具添置清单，经管理小组审核后，报局领导签字，确认可以购买。同时，局计财科拨付 50% 的现金到各创建幼儿园，作为首批购买资金。第二步，管理小组第一次审验购买情况。在创建过程中，管理小组根据各幼儿园所报清单，对各幼儿园物品购买情况进行审验，确定首批购买资金已落到实处。第三步，管理小组总结审验购买情况。各幼儿园创建结束后，管理小组再次对照购物清单，对各幼儿园购买物品进行审核。对审核通过的幼儿园，按照"清单、物品、发票"三统一的要求，报区教育局按标准进行报销。对于儿童图书购置的补贴，区教育局通过招投标的方式，由中标单位带领各幼儿园到指定的购书地点选购图书，中标单位再将选好的图书逐一发放到各幼儿园。

润州区通过资金支持、实物发放、制度监管等一系列举措支持了民办学前教育发展，现已成为镇江市财政进行政府购买学前教育的典型。

③实施以奖代补政策。润州区实行幼儿园年度考核奖金发放制度，年终对民办幼儿园的办园质量及水平进行整体考核，按考核等级给民办幼儿园园长发放奖金，2013年和2014年分别发放3.89万元和5.05万元。润州区特别重视对民办幼儿园的安全管理工作，2013年和2014年拨付共计十余万元，专门用于对民办幼儿园安全工作的考核。

（3）公办幼儿园与民办幼儿园相互扶持，共同发展

为保证民办幼儿园的优质长效发展，润州区推出有自己特色和创新机制的三种制度，一是民办幼儿园园长公办委派制，二是公办民办幼儿园结对帮扶制，三是公办民办师资培训一体制。

①民办幼儿园园长公办委派制。润州区教育局大胆创新改革，率先在全省实施民办幼儿园园长公办委派制，即从公办幼儿园选拔优秀园长到民办幼儿园任职，将民办幼儿园纳入公办幼儿园的管理行列，同标准、同要求、同评价。民办幼儿园园长公办委派制从2010年开始施行，至2015年已有五年历史，先后有6名公办幼儿园园长到民办幼儿园任职。他们秉持润州幼教"公办民办是一家，公办民办齐发展"的思想，从园务管理到师资队伍建设，再到科学争创，扎实有效地开展工作，成效显著。在此过程中，民办幼儿园内涵建设得到提升，教育教学管理更加规范，受到媒体与群众的一致肯定。

如早在2010年，润州区教育局就以金宝园幼儿园为试点，探索民办幼儿园规范管理的做法。在幼儿园筹建之初，润州区教育局便委派公办幼儿园园长到此园任职。从园所装修、招聘幼儿教师到招生、收费监督等一系列工作，润州区教育局幼儿教育科、教育发展中心、装备中心、审计中心、组织人事科相关人员全程参与，做好监督与指导工作。自幼儿园运营开始，润州区教育局就将其纳入公办幼儿园的管理行列。该园也从开园时的17名儿童，发展到现在的300余名儿童，师生更是在省市各级比赛中多次获奖。

在学前教育工作考核中，该园以民办幼儿园总分第一的成绩获得润州区幼儿园规范管理流动红旗，还顺利通过市优质幼儿园、省优质幼儿园验收。2014年12月，该园在全区民办幼儿园中第一个以高分通过镇江市教育现代化先进幼儿园验收。

②公办民办幼儿园结对帮扶制。为快速提高民办幼儿园的保教质量，有效促进公办民办幼儿园共同发展，让更多儿童享受到普惠优质健康的学前教育服务，润州区出台了《关于润州区公办幼儿园事业编制教师交流工作的实施意见》，要求每年从公办幼儿园中选派优秀的在编幼儿教师去民办幼儿园交流，民办幼儿园派幼儿教师到公办幼儿园进修。公办民办幼儿园结对帮扶制的主要任务包括两方面：一是公办幼儿园对民办幼儿园进行专项创建帮扶，二是公办幼儿园对民办幼儿园进行日常保教管理帮扶。其具体做法是：公办幼儿园和民办幼儿园签订帮扶协议，通过捆绑式考核助推民办幼儿园保教水平的提升。近年来，润州区通过结对帮扶，有11所民办幼儿园成功创成省优质幼儿园，有12所民办幼儿园创成市绿色幼儿园，有5所民办幼儿园创成市平安幼儿园。

③公办民办幼儿园师资培训一体制。润州区教育局规定，民办幼儿园园长、教师，和公办幼儿园园长、教师一样，享受同等的常规培训及高层次培训，所有培训费用均由润州区教育局承担。仅2012年暑期，润州区教育局就投入培训资金10万余元，创造机会让区域内所有民办幼儿园园长与公办幼儿园园长一起赴各地参加园长高级培训班。润州区在幼儿教师培训和管理上的这一系列做法，曾经被中央电视台《新闻联播》节目报道。

(4)"两个统一"促进儿童身心健康成长

自2013年起，润州区实施"两个统一"制度。一是统一全区各园的伙食收费标准。在本区域内，无论是公办幼儿园还是民办幼儿园，无论是省优质幼儿园、市优质幼儿园还是合格幼儿园，儿童伙食标准都统一，每生每月150元，其中包括餐点费20元。二是在全市率先统一全区食谱。每周，公办幼儿园专职保健医生根据儿童营养需要，进行带量分析，制定一周营养食谱，再传送给全区各幼儿园，确保幼儿园每天食谱营养科学、达标。在此基础上，润州区进一步加强对幼儿园伙食费使用的监管力度。润州区教育局幼儿教育科、审计科、计财科三位一体，根据统一食谱以及每一食物用量，审核各幼儿园食物的购买数量，分析各幼儿园伙食费使用情况，最大限度保障儿童的身心健康发展。

3. 取缔"黑园"，各部门联动强化监督

润州区采取了一系列整治无证幼儿园的措施，建立了随机检查与年终考评相结合的考核机制，构筑幼儿园安全工作保障体系，大力提升全区幼儿园的规范管理水平。润州区在取缔"黑园"方面探索出了颇具特色、值得推广的经验。

（1）发动群众，摸排调查

因历史遗留原因，润州区在 2010 年前有 8—10 所无证幼儿园存在。润州区不断创新方法，疏堵兼治，率先在全市实现区域内零"黑园"的突破。润州区出台《关于印发全区民办幼儿园和非法幼儿园专项整治工作实施意见的通知》（镇润政办〔2010〕26 号），由润州区校园安全保卫领导小组办公室牵头，发动群众，营造氛围，要求各村、居委会、派出所对所属辖区幼儿园进行排查摸底，摸清每一个隐蔽在社会角落里的无证幼儿园，进行登记、造册、汇总，确保不遗漏一所幼儿园。

（2）正面宣传，分流疏导

润州区法制办、教育局、公安局对无证幼儿园下发停办通告并且告知家长，积极引导家长把儿童送到合格安全、管理规范的公办幼儿园，确保把社会矛盾减到最小。

（3）分类治理，和谐共生

针对摸排出来的各类无证幼儿园，润州区采取了分类处理的方法，因园而异，区别对待。对保教条件较好且能到达江苏省合格幼儿园标准的园所，根据《江苏省学前教育机构登记注册办法》，润州区为其进行登记注册，要求其接受润州区教育局的统一管理。对保教条件一般的园所，润州区教育局责令其整改。在规定时间内整改到位的园所，润州区教育局根据相关规定为其办理登记注册，让其同样接受润州区教育局的统一管理。对保教条件较差且不能达到合格标准的园所，润州区政府牵头，联合各部门对其进行取缔，润州区教育局负责做好在园儿童的分流工作，主要采取家长自由选择和教育部门安置相结合的方式。

（4）人文关怀，维护稳定

为实现平稳过渡，润州区教育局根据每个无证幼儿园举办者的具体情况，为其提供再就业的机会，至 2015 年共安排 10 余名从业者到公办幼儿园工作，并对无证幼儿园可利用玩教具进行合理评估、再收购。通过这种方式，润州区既坚决取缔了无证幼儿园，同时又有效地维护了社会稳定和正常的学前教育秩序，保障了人民群众子女接受高质量学前教育的权利。

2013 年 8 月，润州区取缔了最后一所"黑园"。该园位于一个老旧住宅小区内，在园儿童有 40 余名，看护人员有 3 名。该园室内空间狭小，无户外活动场地，不符合江苏省合格幼儿园的基本条件。润州区对该园依法取缔后，考虑到举办者工作踏实、勤勉且有幼儿教师资格证，还是学前教育专业毕业，所以将其招聘到润州区一所公办幼儿园任职，享受局聘幼儿教师待遇。

四、经验与进一步问题思考

1. 经验

润州区作为镇江市主城区，地域面积不大，人口不算多。随着镇江市政府行政中心由京口区迁往润州区，润州区的社会和经济发展迎来了新的机遇，学前教育改革也取得了显著的成效。

（1）政府财政投入力度加大

润州区自 2009 年以来，财政性学前教育经费投入总量逐年增长，尤其是在 2012 年，增速更是迅猛。但在 2013 年，财政性学前教育经费投入总量却不增反减，而拐点后的发展态势与财政性教育经费投入总量的变化是一致的（见图 29、图 30）。财政性学前教育经费投入占财政性教育经费投入的比例不断增长，从 2009 年的 1.14% 逐年增长到 2014 年的 7.46%，这一比例在镇江市各辖市（区）中是最高的，不仅超过省定 5% 的标准，还一举迈过 7%，进入世界多数发达国家 6%—8% 的行列。

（万元）

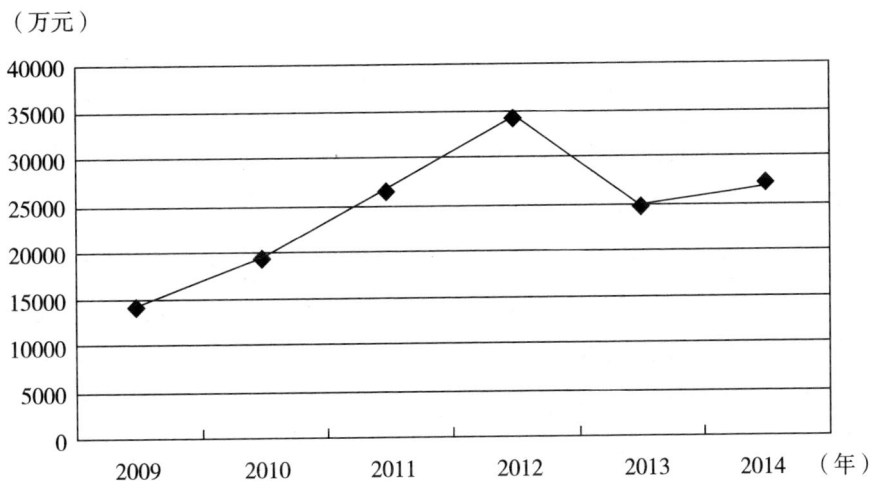

图 29　2009—2014 年润州区财政性教育经费投入情况

（万元）

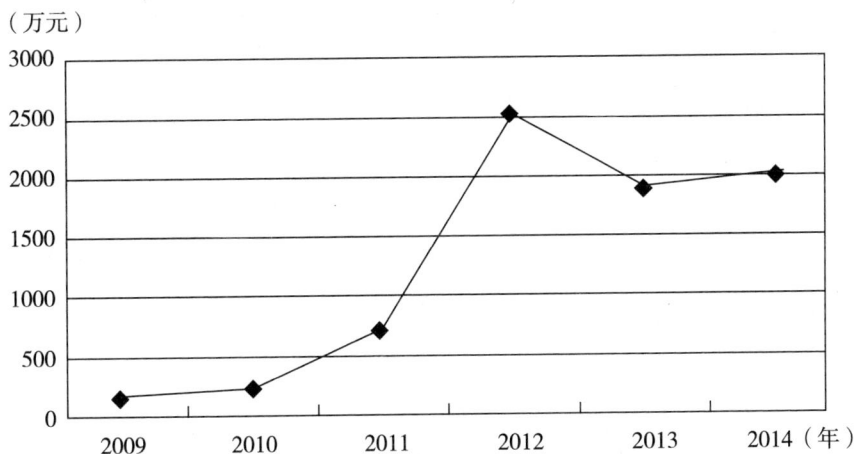

图 30　2009—2014 年润州区财政性学前教育经费投入情况

（2）积极推进区域内学前教育均衡化发展

尽管润州区不存在城乡均衡化的问题，但城区内学前教育的发展仍存在差距，尤其是在公办幼儿园与民办幼儿园之间。对此，润州区采取不断提高公办幼儿园占比、保证硬件设施配置均衡化等做法，推进优质资源均衡分布，具体措施包括：将 3 所中小学闲置校舍优先改扩建成省优质公办幼儿园；将两所区妇联办幼儿园交由教育部门接管，投入 2500 余万元异地重建，创办成省优质公办幼儿园；高标准建设小区配套幼儿园，对不达省优标准的小区配套幼儿园进行改扩建。

如凤凰家园幼儿园、九华山庄幼儿园分别为城郊接合部的安置小区配套幼儿园，2012 年上半年移交给润州区教育局。移交初始，每园只有 4 个班的规模，建筑面积和占地面积都不符合省优质幼儿园标准。润州区教育局及时与规划、建设部门沟通，按照每 1 万人配备 1 所三轨幼儿园的要求，分别投入 600 余万元资金进行改扩建，严格按照省优质幼儿园标准对幼儿园进行设备配置。

同时，润州区保障幼儿园教育装备高标准配备。公办幼儿园每班配有多媒体、空调、钢琴等现代化设备，新建公办幼儿园设施设备均达到省优质园一类标准。润州区教育局积极帮助民办幼儿园配备多媒体教学设备、图书和玩具，不断优化民办幼儿园办学条件。

（3）多形式推动学前教育内涵建设，成立学科中心组，打造幼儿教师研究共同体

润州区加大在《指南》精神指导下的实践研究，致力于幼儿园课程游戏化项目建设，以《指南》精神为指导，成立五大领域 7 个学科、0—3 岁早教、幼儿园游戏 9 个中心教研组。全区各幼儿园根据自身特色和研究专项，成立研究共同体，分领域进行专题研究。每学期，区级层面重点开放 1—2 个学科的研究活动，通过教学研究、竞赛、展示等活动，激发幼儿教师聚焦课程的能力，建立区域成长合作共同体，帮助幼儿教师由经验型向研究型转变，寻求个人成长的新突破和生长点。

2. 进一步发展建议

在润州区的学前教育改革发展进程中，对一些问题的思考将有助于推进学前教育的可持续性发展。

（1）流动儿童占比较大，学前教育规划要防范相关风险

2014 年，在润州区入园儿童中，流动儿童的占比已达 40%。2010—2014 年，流动儿童占比不断加大，各年度分别为 3.2%、16.1%、15.3%、44.2%、40%。镇江市行政中心的迁移，带动了润州区的社会经济发展。同时，流动人口的大量迁入，给润州区学前教育发展带来了新的挑战。润州区在进行学前教育统筹规划中，为了应对需求的增加，新建和扩建了公办园。但是，这

些举措在未来存在怎样的投入风险？如何协调社会资本的投入？这些都是在以后必须考量的问题。

（2）提高专任幼儿教师的培训层次

润州区的幼儿教师培训规模不断加大。尤其是在 2011 年后，每年的受训人数有 300 多人，受训人次达 1000 多人次。2013 年的受训人次达到 2704 人次，平均每名教师每年参加 3—9 次培训。但从培训层次看，培训还主要是县级培训，省级培训和市级培训的规模并没有显著增加。在培训总量不断增加的情况下，高层培训的比例反而减小（见图 31）。今后，润州区可适当增加省级和市级的培训力度。

（人次）

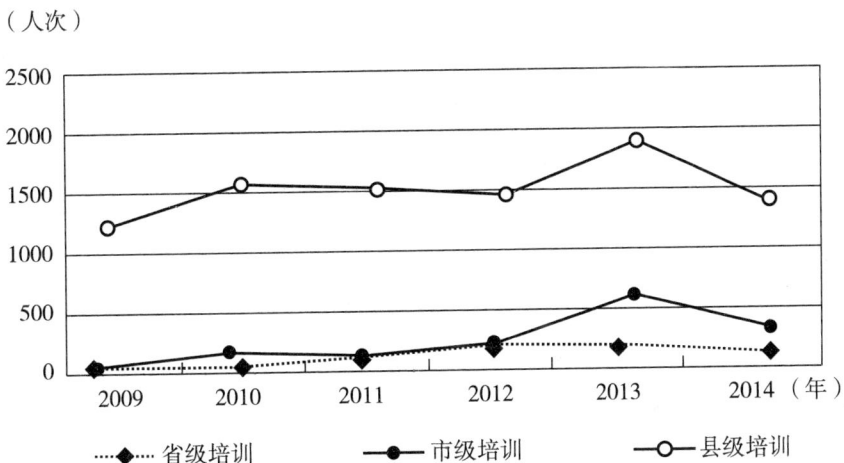

图31　2009—2014 年润州区幼儿教师参加各级培训情况

（3）幼儿教师的工资差距不断加大

在润州区，在编与非在编幼儿教师之间的工资存在着不小差距。2014 年，润州区在编幼儿教师的年平均工资为 8 万元，非在编幼儿教师的年平均工资为 3.5 万元。从 2009 年以来的工资情况看，两类人员的工资差距在改革中不断增大，在编幼儿教师的工资增长速度要比非在编幼儿教师工资增长速度更快（见图 32）。为了维持幼儿教师队伍的稳定性并调动其工作的积极性，在工资刚性的前提下，润州区需适当增加非在编幼儿教师的个人工资，减小不同群体的工资差距。

（万元）

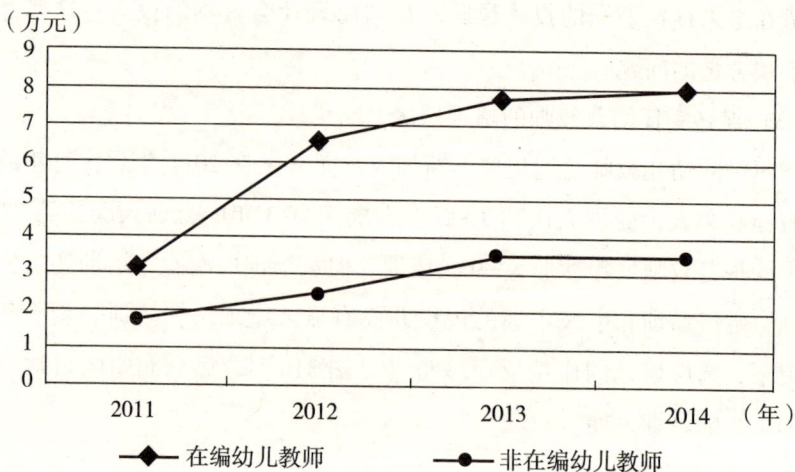

图32　2011—2014年润州区幼儿教师年平均工资情况

第七节　镇江新区：政府搭台，社会参与

一、基本概况

镇江新区由1992年设立的镇江经济开发区和镇江大港经济开发区在1998年合并组建而成。总面积218.9平方公里，常住人口28万，下辖3个乡镇、2个街道办事处。2010年4月，镇江新区升级为国家级经济技术开发区，具有国家级开发区经济审批权限和行政级别。镇江新区管委会和镇江经济技术开发区管委会合署办公，代表镇江市政府对镇江新区的工作实施统一领导和管理。

经过近二十年的创新发展，镇江新区具备对外开放程度高、交通区位优势好、科教人力资源强、服务配套环境优等综合优势。2014年，全区实现地区生产总值517亿元，人均地区生产总值23.5万元，公共财政预算收入48.9亿元，累计实际利用外资近75亿美元，城乡居民人均可支配收入分别达到34705元、16980元。经济发展水平在镇江市各辖市（区）中遥遥领先，已经成为镇江市最具活力和潜力的经济增长板块。

伴随着经济腾飞，镇江新区的学前教育事业取得长足进步。2011—2014年，全区幼儿园总数由 15 所增加至 18 所，省优质幼儿园由 7 所增加至 13 所，占比由 46.6% 增加至 72.2%；在园儿童数由 4900 人增加至 5853 人，适龄儿童在省优质幼儿园入园率达 74.4%；幼儿教师数由 256 人增加至 416 人；适龄户籍儿童学前三年毛入园率达 97.4%。近些年，镇江新区取得的各种成绩既得益于政府持续不断的经费投入和体制设计，也得益于政府搭台、社会参与这一创新制度的建立。

二、改革前存在的问题

1. 学前教育资源不足

镇江新区的现有幼儿园已不能满足儿童的入学需求。全区完全符合规定班额的幼儿园仅有 3 所。问题最突出的幼儿园，其在园儿童数超出规定学额数一百余人。学前教育资源的缺乏导致无证幼儿园衍生，这些幼儿园办园条件简陋，卫生环境差，安全隐患突出。资源不足导致学前教育现代化指标难以完成，持幼儿教师资格证的幼儿教师占比仅为 45%。

2. 幼儿园办园质量参差不齐

镇江新区有教育部门办幼儿园、企业办幼儿园、集体办幼儿园和民办幼儿园四类幼儿园。其中，在教育部门办幼儿园中，省优质幼儿园占比为 100%；在企业办、集体办幼儿园中，省优质幼儿园占比为 25%；在民办幼儿园中，省优质幼儿园占比为 67%。不同机构的办园水平和质量极不均衡。

3. 高收费民办幼儿园过多

在区内 6 所民办幼儿园中，有 5 所幼儿园的收费标准超过同类别公办幼儿园最高收费标准，与《江苏省学前教育改革发展示范区建设督导评估指标》中规定的"收费标准高于当地物价部门所颁布的公办幼儿园最高收费标准的幼儿园比例不超过 10%"相距甚远。

三、主要改革举措

1. 双重驱动，切实履行政府责任

（1）组织推动机制

镇江新区建立政府主管、区级统筹、乡镇（街道）共建的管理体制，成立了由管委会分管领导总负责，以社会发展局局长、副局长和各乡镇（街道）分管镇长（主任）为主要成员的创建领导小组，建立学前教育改革发展联席会议制度，定期研究、统筹协调和着力解决学前教育事业发展中的重点、热点、难点问题，合力推进全区学前教育改革发展各项工作。具体来说，管委会负责统筹规划管理各类学前教育机构，落实学前教育经费。全区所有学前教育机构均由社会发展局统筹管理。乡镇（街道）负责幼儿园征地、周边环境治理等工作，监管街道幼儿园和民办幼儿园发展。社会投资人作为集体办幼儿园、民办幼儿园的举办主体，安排学前教育经费用于园舍维修和设施设备改造，不断改善办园条件。其他部门认真履行幼儿教师编制管理、保教收费、安全保卫等职能。

（2）目标引领机制

"十一五"以来，镇江新区始终坚持学前教育事业"政府主管、社会参与、公办民办协调发展、科学保教"的改革方向，提出了"突出学前教育的公益性、普惠性导向，全面提升学前教育发展水平"的目标任务。近年来，镇江新区连续出台《镇江新区学前教育优质均衡发展三年计划（2015—2017年）》（镇新管发〔2015〕32号）、《镇江新区普惠性民办幼儿园扶持管理办法》（镇新管办发〔2015〕33号）、《关于加强镇江新区幼儿教师队伍建设的实施意见》（镇新管办发〔2015〕34号）等文件，明确提出到2017年，每1万人口配建1所幼儿园，区域内省优质幼儿园比例达到80%以上，幼儿教师资格证持证率达到85%以上，学前三年毛入园率达到99%以上。

2. 科学布点规划，统一建设标配

按照"每1万常住人口配建1所幼儿园""每个乡镇（街道）至少配置1所以上公办中心幼儿园"的标准要求，镇江新区在用地指标十分紧张的情况下，仍着力保障学前教育建设用地。近几年来，镇江新区累计规划投入学前教育用地 7.74 公顷，规划建设现代化幼儿园 6 所，改扩建幼儿园 4 所，实现了全区幼儿园乡镇（街道）全覆盖，区域幼儿园人均服务面为 1.26 万人。

随着学前教育体制改革试点工作的深入推进，镇江新区开启了新一轮的幼儿园规划布局调整，自 2010 年起每年出台《镇江新区幼儿园招生工作意见》，针对辖区内儿童实际入园需求和幼儿园建设规模，合理确定幼儿园招生规模，统筹划分招生范围，实现儿童就近入园。目前，全区儿童入园平均距离为 800 米，方便家长接送儿童。

鉴于镇江新区体制机制的实际，镇江新区坚持学前教育建设管理一体化，建立新建幼儿园、早教中心"由经济开发总公司、建设局统一规划，由社会发展局参与建设"的工作机制，做到同步规划、同步建设、同步交付使用。同时，小区新建配套幼儿园作为公办幼儿园，统一交由社会发展局举办，保障了区域学前教育创办 1 所、公办 1 所、规范 1 所、创优 1 所，促进了学前教育资源的快速发展。目前，正在建设的幼儿园均开通了绿色通道，简化手续，减免规费，在保证建设质量的前提下尽快建成并投入使用。同时，对经鉴定确认有建筑安全隐患的幼儿园，镇江新区协调相关部门加紧实施加固改造。已建好的小区配套幼儿园，或办成普惠性民办幼儿园，或交给教育部门办成公办幼儿园。

3. 保障经费投入，促进学前教育普惠发展

镇江新区积极落实省市学前教育资金奖补政策，对上级财政拨付的学前教育专项经费实行专款专用。公办幼儿园作为财政一级预算单位，一园一预算，开设独立账户，实行财务独立核算。2012—2014 年，镇江新区财政性学前教育经费投入占财政性教育经费投入的比例分别为 6.62%、7.23%、7.35%，均高于 5% 的省定标准。

镇江新区按照师生比 1∶16 的比例，核定公办幼儿园编制总额，逐步提高财政拨付比例。8 所教育部门办幼儿园非在编幼儿教师的月工资按照镇江市月最低工资标准的 1.7 倍发放，年工资总额基本达到镇江市上一年度职工工资总额平均水平。其他岗位工作人员工资不低于镇江市月平均最低工资标准。所有人员均按规定足额缴纳社会保险，按不低于缴费工资的下限标准确定缴

费基数。建立家庭经济困难儿童资助体系，落实家庭经济困难儿童政府资助经费。2012—2014 年，镇江新区对全区公办民办幼儿园家庭经济困难儿童进行政府补助，共计 721 人次，拨付经费共计 52.83 万元。随迁子女全部安排就近入园，享受同城待遇。《镇江新区规范教育收费行为实施方案》出台，引导民办幼儿园参照相同等级的公办幼儿园收费标准进行核定收费，严格控制其他部门办、集体办幼儿园的收费标准。2012—2014 年，幼儿园生均公用经费标准达到小学生均公用经费标准的 1/2 以上，教育部门办幼儿园生均公用经费补助在三年间分别为每生 300 元、330 元、385 元。2015 年起，幼儿园生均公用经费按照省定小学生均公用经费标准执行。幼儿园生均公用经费主要用于园舍维修、设施设备、玩教具和图书更新添置以及日常办公等。

从 2012 年开始，镇江新区陆续制定和出台了一系列民办幼儿园的扶持政策，将普惠性民办幼儿园纳入公共财政支持范畴。2014 年，镇江新区对 10 所民办和集体办幼儿园在质量管理、安全工作等方面给予考核奖补，总额达 50 万元。2015 年，镇江新区实现普惠性民办幼儿园财政投入生均公用经费等同于公办幼儿园标准的目标。

4. 加强幼儿教师队伍建设，提待遇促发展

为保证每所幼儿园每班"两教一保"及其他各类专业人员配备到位，镇江新区不断强化幼儿教师队伍建设。一是开通道。增加在编幼儿教师数量，按照在编幼儿教师每年增长 10% 的幅度，逐步提高公办幼儿园在编幼儿教师占比。2015 年上半年，镇江新区招聘在编幼儿教师 20 人，从根本上改变了镇江新区幼儿教师队伍整体薄弱的现象。同时，镇江新区对幼儿教师资格准入进行严格把关，对尚不具备相关任职资格的在岗人员，通过在职培训、自学考试、参加教师资格证考试等方式，要求其在三年内取得任职资格。二是提待遇。保证非在编幼儿教师正常的工资待遇福利，稳定幼儿教师队伍，保证其在在职培训、专业技术职称（职务）评定等方面享受有与在编幼儿教师同等待遇。三是强培训。实行每五年一周期的幼儿教师和园长全员培训，鼓励幼儿教师参加学历进修学习。通过个人学历进修、单位校本研修、教研室专题培训等形式以及"走出去、请进来"等方式，提高幼儿教师的专业化素质。四是促流动。通过优秀在编幼儿教师派驻民办幼儿园支教、姐妹园结对交流与结对帮扶等形式，促进区内公

办民办幼儿园共享优质资源，实现镇江新区学前教育优质均衡发展。

同时，镇江新区积极落实非在编幼儿教师人事代理制度，为公办幼儿园和普惠性民办幼儿园中符合人事代理条件的非事业编制幼儿教师办理人事代理。镇江新区高度重视对优秀幼儿教师、拔尖人才的培养，制定《镇江新区优秀教师奖励办法》（镇新管办发〔2010〕46 号）和《镇江新区骨干教师考核实施细则》（镇新管办发〔2010〕47 号），按照市特级教师每月 2500 元、市名校（园）长每月 2000 元、市学科带头人和市骨干幼儿教师每月 1000 元的标准，及时足额发放奖励资金。2011—2014 年，全区幼儿教师参加省级以上培训共计 100 余人次，参加区名师讲堂、菜单式培训共计 1200 余人次，培训率达 100%。在幼儿园专任幼儿教师中，幼儿教师资格证拥有率达 75%。截至 2014 年，镇江新区共培养市名园长 1 人、市十佳教师 1 人、各类拔尖人才 17 人。

5. 学前教育归口社会发展局统一管理，积极创新管理体制

与镇江市各辖市（区）不同，镇江新区没有设立独立的教育部门，而是把教育工作统一归属到社会发展局管理。社会发展局是集教育工作、文化（新闻出版）工作、体育工作、卫生工作、人口与计划生育工作等多种管理职能于一体的综合部门。社会发展局下设教育科，主要职能为贯彻落实党和国家教育方针、政策，负责拟定全区有关教育工作的行政措施和规范性文件，制订全区教育发展远景规划和年度实施计划；综合管理全区基础教育、职业教育等工作，负责全区教育体制、教育结构、教育内容和教学方法的改革；负责全区中小学及幼儿园教师和教育行政干部队伍管理与建设工作；筹集和管理教育事业发展经费；安排学校基本建设，指导、审计、检查学校财务管理；检查、指导校舍的管理和维修；归口管理国外、境外对本区的教育捐助和教育贷款；归口管理教育系统的对外交流与合作，规划、指导和推动教育系统的科学研究。专职学前教育管理人员于 2015 年下半年到位。

镇江新区这种将社会事业进行统一管理的模式在一定程度上有助于整合性地解决教育问题，如解决有关其他性质公办幼儿园的管理问题。镇江新区有 4 所其他性质的公办幼儿园未纳入到事业机构编制管理范围，它们分别是镇江港口有限责任公司主办的港口幼儿园、谷阳新村幼儿园、马家山幼儿园、新苗幼儿园。但是，这 4 所公办幼儿园享受与普惠性民办园一样的生均公用

经费、专项奖补等资助。对于这 4 所公办幼儿园的发展，镇江新区社会发展局在印发的《关于下发〈镇江新区公民办幼儿园结对帮扶实施方案〉的通知》（镇新社发〔2015〕96 号）中，要求教育部门办幼儿园与其他性质的公办幼儿园之间通过人员交流、跟岗学习、结对共建等措施，有效促进其他性质公办幼儿园的优质发展。自 2015 年秋季学期起，镇江新区通过派驻在编幼儿教师的形式，加强对 4 所公办幼儿园的人员扶持，不断提高其保教质量。

6. 积极吸引外部资本，开创公私合作新模式

（1）政府购买学前教育服务，将公办幼儿园交由私营幼教集团委托管理

如美美幼教集团早在 2005 年就在镇江瑞泰新城小区成功开办了镇江美美体艺幼儿园，2009 年又开办了镇江新区江南世家幼儿园。由于办园水平的不断提升，美美幼教集团在丁卯片区产生了良好的社会影响力。2009 年，美美幼教集团接受了镇江新区丁卯街道办事处的委托，接管了谷阳新村幼儿园，形成了公办民助的办园模式。在办园过程中，主管单位镇江新区丁卯街道办事处给予了房屋维修等方面的帮助，社会发展局也给予了大力支持与帮助，指导其创建绿色幼儿园、现代化幼儿园，为幼儿教师积极办理人事代理。截至 2015 年，美美幼教集团在镇江新区下属和托管的 3 所幼儿园均被评为江苏省优质幼儿园，同时获得镇江新区给予的奖励补助。

如维多利亚幼儿园是一所全日制民办性质的国际化幼儿园，2013 年由镇江新区政府委托镇江新区城市建设投资公司配套兴建，是德美教育集团旗下的一所幼儿园。自 2013 年 9 月开园以来，该园一直得到镇江新区政府、社会发展局的帮助与支持。政府每年为其提供 50 万元的扶持资金，保证幼儿园正常运作和幼儿教师工资按时发放。

（2）积极探索一园二元式民办模式

在镇江市各辖市（区）中，镇江新区的非普惠性民办幼儿园的比例较高，达到 22%，这与镇江新区科技人员比例较高、人口素质较高、对多元化学前教育服务的需求较大有密切关系。在尊重人民群众多元化学前教育需求的前提下，保持一定比例的非普惠性民办幼儿园具有一定的合理性。

如科技新城早教中心坐落在丁卯片区东南角，周边为研发中心，与之相隔 1000 米左右有两大住宅区，分别为首创悦府和银湖小区，两个小区共计有 3299 户

居民。按两个小区总人口 11546.5 人乘以 4% 的公式计算，预计未来需就近入科技新城早教中心的儿童数在 462 名左右。考虑到功能齐全、设施先进的早教中心未来同时招收 0—3 岁儿童并开办 4 个小托班的需求，所以由政府投资建设的早教中心主体建筑设计为三幢楼，现已顺利完工。镇江新区在此尝试一园二元化（普惠+高端）民办运营模式。所谓一园二元化民办运营模式，是在同轨小、中、大三个年龄班中分别开设 1 个高端班和 5—6 个普惠班。随着时间推移和生源增加，早教中心从第一年的 1 个高端班发展到第四年的 7 个高端班。幼儿园从普惠性开始，随着社会知名度的不断提升，其经济效益也在逐渐提高。前五年，政府以免收房租的形式扶持其发展。以后，办园主体每年向政府上缴一定数额的房租。

四、经验和进一步问题思考

1. 经验

作为国家级经济技术开发区，镇江新区发展后劲十足。在社会经济快速发展的背景下，镇江新区在学前教育改革进程中也取得了不小的成效。

（1）政府财政投入力度不断加大

镇江新区自 2011 年以来，财政性学前教育经费投入逐年递增，其增长趋势与财政性教育经费投入增长趋势基本一致。2013 年以来，前者的增速还略超后者（见图 33、图 34）。2011—2014 年，财政性学前教育经费投入占财政性教育经费投入的比例分别为 6.4%、6.6%、7.2%、7.3%，不仅超过省定 5% 的标准，还一举迈过 7%，进入世界多数发达国家 6%-8% 的行列。

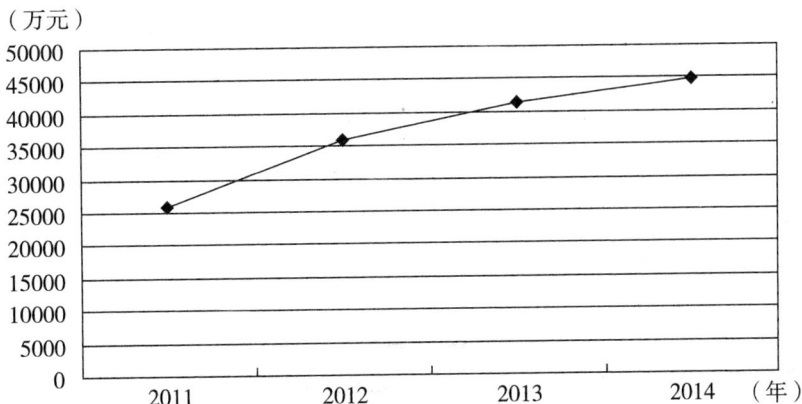

图 33　2011—2014 年镇江新区财政性教育经费投入情况

（万元）

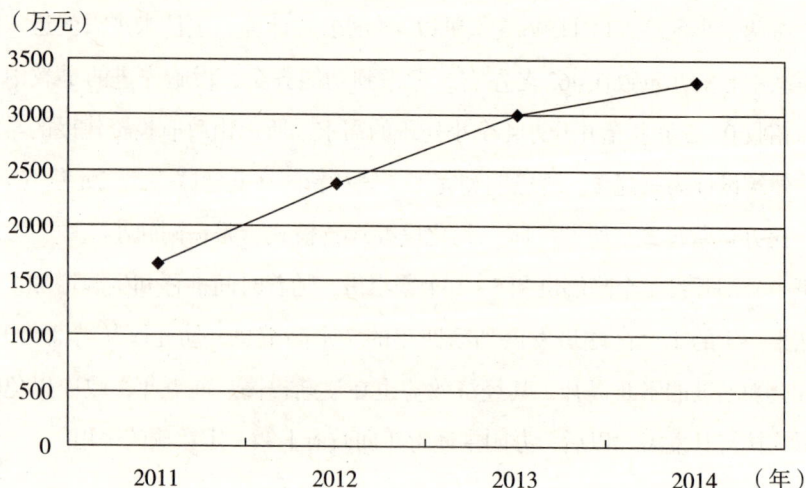

图34　2011—2014年镇江新区财政性学前教育经费投入情况

（2）将城市规划布局与学前教育布局规划整体推进

在土地容量有限的条件下，镇江新区将城市规划布局与学前教育布局规划统一进行，将学前教育视为重要的民生工程，在进行城市规划、居民小区规划的过程中，从用地类型、园所规模调整、新建园所选址等方面考虑学前教育的布局规划，从而减小布局不当带来的风险，提高规划的科学性。幼儿园园址在选择过程中，需要考虑诸多外部因素，如周边楼盘居住人口的密度，居住群体的收入水平、文化教育程度、年龄结构，幼儿园所处位置、楼体结构、面积等。

2. 进一步问题思考

在镇江新区的改革发展进程中，对一些问题的思考也将有助于推进学前教育的可持续性发展。

（1）提高幼儿教师的培训层次

镇江新区幼儿教师的培训规模在不断加大，尤其是2011年以来，每年的受训人数超过300多人。特别是在2014年，受训人次超过700人，平均每名幼儿教师每年参加1—2次培训。从图35可见，从培训层次来看，培训主要是县级培训，省级培训和市级培训的规模没有显著增加。在培训总量不断增加的情况下，高层次培训的比例其实有所减小。今后，可适当增加省级和市级的培训力度。

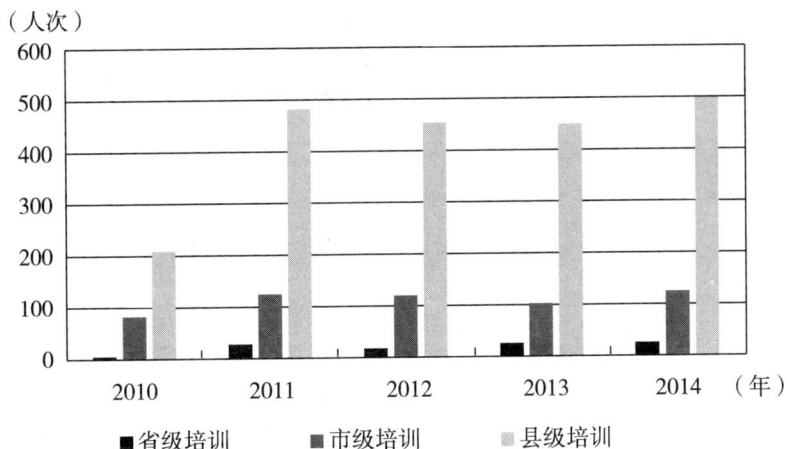

（人次）

图35　2010—2014年镇江新区幼儿教师参加各级培训情况

（2）幼儿教师的工资差距不断加大

在镇江新区，在编与非在编幼儿教师之间的工资存在着不小差距。2014年，镇江新区在编幼儿教师的年平均工资为7.5万元，非在编幼儿教师的年平均工资为4.1万元（见图36）。从2009年以来的年平均工资情况来看，两类人员的工资差距在改革中不断加大，在编幼儿教师的工资增长要比非在编

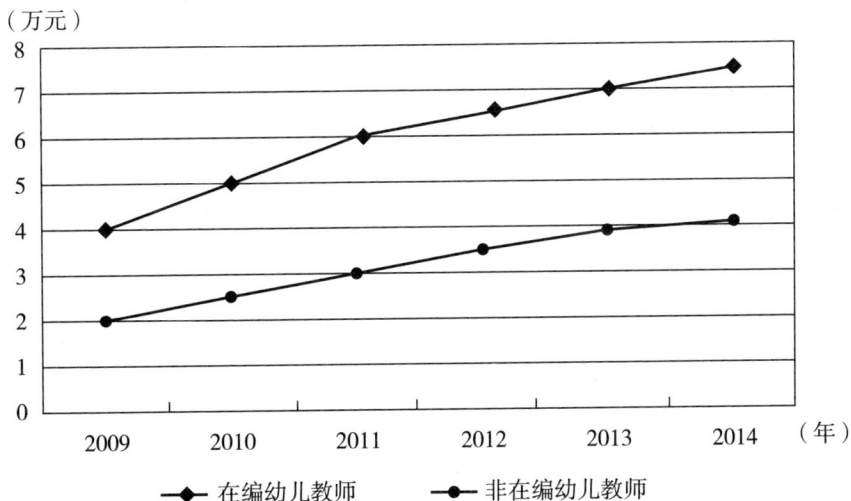

（万元）

图36　2009—2014年镇江新区幼儿教师年平均工资情况

幼儿教师工资增长更明显。为了维持幼儿教师队伍的稳定性并调动其工作的积极性，在工资刚性的前提下，需适当增加非在编幼儿教师的工资，减小工资差距。

结　语
继往开来：在改革中共享发展成果

优质的学前教育能给个人、家庭、社会和国家带来重大的积极影响。国内外的研究都表明，优质的学前教育能够极大地促进儿童的认知能力和学习能力的发展。接受过优质学前教育的儿童能更好地适应学校生活，在成年之后能获得更好的学业成就、更高的收入，并具有更好的身体状况以及更佳的人际关系。[1][2] 对于家庭而言，学前教育能够解放妇女劳动力，从而促进性别平等、增加家庭收入、改善家庭关系、提高家庭的生活质量。在我国，大多数家庭只有一名儿童，儿童是整个家庭关注的焦点。儿童能否健康成长和发展并接受高质量的教育，不仅是家庭生活是否和谐幸福的关键，而且是影响社会稳定的重要因素。正因为学前教育关系着儿童的成长、关系着教育事业的发展、关系着家庭的幸福和社会的稳定与进步，所以对社会和国家而言，投资学前教育能带来长期的回报。美国学者在研究报告中指出，每投资一美元在精心设计的早期儿童介入项目上，就能为社会产出少则 1.8 美元、多则 17.07 美元的回报。[3]

学前教育体制改革试点工作开展五年来，镇江市上下齐心、攻难克坚，取得了辉煌的成就，进一步推动了镇江学前教育的均衡发展，也为全国学前教育改革深化提供了经验。

---

①World Bank. Benefits of Early Child Development Programs［EB/OL］.［2015 - 12 - 20］. http：// web. worldbank. org/WBSITE/EXTERNAL/TOPICS/EXTCY/EXTECD/0, contentMDK：20259127 ~ menuPK：527099~pagePK：148956~piPK：216618~theSitePK：344939, 00. html.

②庞丽娟, 胡娟, 洪秀敏. 论学前教育的价值［J］. 学前教育研究, 2003（1）：7.

③Karoly, Kilburn, Cannon. Proven Benefits of Early Childhood Interventions［EB/OL］.［2015-12- 20］. http：//www. rand. org/pubs/research_ briefs/RB9145. html.

一、推进了镇江学前教育的持续均衡发展

在推动学前教育的持续均衡发展方面，镇江市有三个重要的举措值得借鉴：第一，不断缩减区域学前教育财政投入差距；第二，建立完善的学前教育投入长效机制；第三，促进教育治理体系和治理能力现代化。

1. 不断缩减区域学前教育财政投入差距

正如前面提到的，镇江市各辖市（区）经济发展存在区域不平衡的现象。为此，镇江市通过区域发展不平衡的测度方法——加权变异系数，对 7 个辖市（区）2011—2014 年的区域经济发展和区域财政性学前教育经费投入的平衡状况进行分析（见表 19 和图 37）。

表 19 2011—2014 年镇江市区域经济发展与财政性学前教育经费投入不平衡系数统计

年　度	区域经济发展不平衡系数	财政性学前教育经费投入不平衡系数
2011	0.340	0.751
2012	0.393	0.438
2013	0.441	0.499
2014	0.571	0.396

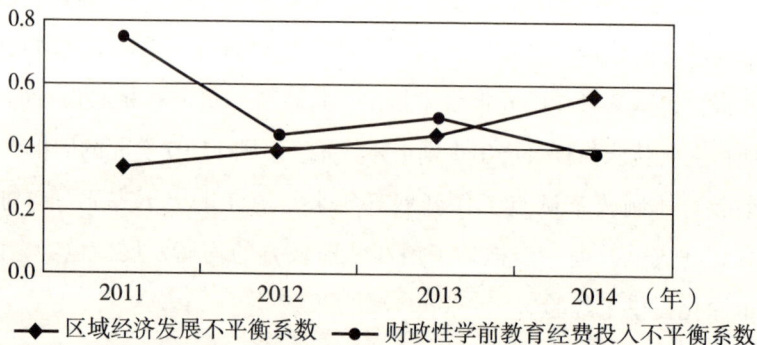

图 37 2011—2014 年镇江市区域经济发展与财政性学前教育经费投入不平衡系数

结果显示，2011—2014 年，镇江市各辖市（区）区域经济发展差异不断加大，不平衡系数从 0.34 提高到 0.571。同期，财政性学前教育经费投入的差异却呈现出逐渐减小的趋势，不平衡系数从 0.751 减小到 0.396。可见，在镇江学

前教育体制改革期间，各辖市（区）在财政投入上的保障力度是不同的。

就 2014 年学前教育财政投入生均情况而言，与 2011 年相比，除了镇江新区的增幅为 68%以外，其他辖市（区）的增幅都超过了 100%。其中，丹徒区的增幅最大，达到 325%。在镇江市各辖市（区）中，扬中市在 2011—2014 年的学前教育生均投入水平始终遥遥领先，京口区的投入水平最低（见表 20）。2011—2014 年，各辖市（区）学前教育财政投入生均差距不断加大，其中 2013 年的差距最大（见图 38）。

表 20 2011—2014 年镇江市各辖市（区）学前教育财政投入生均情况

（单位：元）

辖市（区） ＼ 年度	2011	2012	2013	2014
丹阳市	1521	3035	3768	3833
句容市	1723	2298	3149	4678
扬中市	3576	6367	9022	8484
丹徒区	1376	2713	4937	5851
京口区	1322	1776	2260	2777
润州区	1294	3913	3362	3423
镇江新区	3356	4549	5373	5638

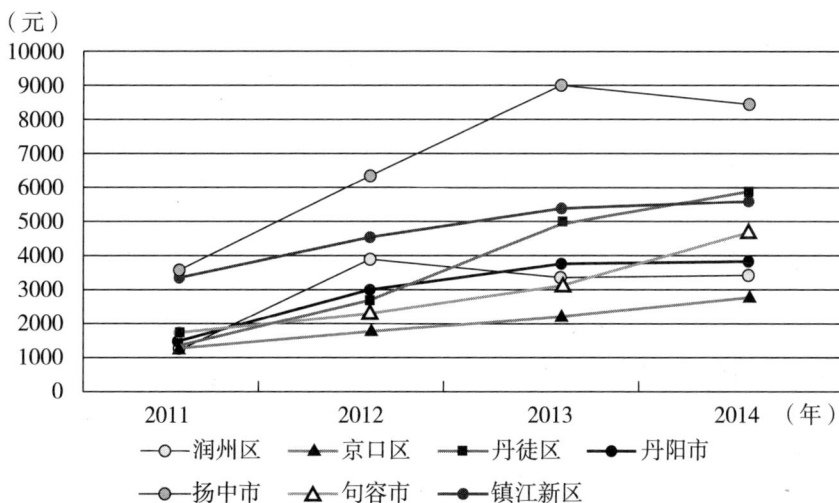

图 38 2011—2014 年镇江市各辖市（区）学前教育财政投入生均情况

可见，镇江市各辖市（区）在学前教育体制改革期间，在学前教育财政投入方面的努力程度非常显著，但各辖市（区）之间的差距依旧明显。为此，镇江市建立"市级统筹、以县为主"的学前教育管理体制，一方面不断挖掘各辖市（区）政府学前教育财政投入的潜力，另一方面不断加强市级政府对区域内学前教育的统筹领导责任，财政保障重心上移，加大市级、县级政府对于经济社会发展水平相对落后地区的财政转移支付力度。

2. 建立完善的学前教育投入长效机制

《规划纲要》提出，到2020年，"基本普及学前三年教育"。《关于当前发展学前教育的若干意见》进一步明确提出，"保障适龄儿童接受基本的、有质量的学前教育"。《江苏省学前教育条例》首次框定"财政性学前教育经费占同级财政性教育经费的比例不低于5%""进一步完善政府主导、社会参与、公办民办并举的办园体制""县级人民政府和乡镇人民政府、街道办事处应当共同分担学前教育财政经费""省、设区的市人民政府应当通过专项资金、奖励补助等方式，对各地发展学前教育给予支持，并向经济薄弱地区和农村倾斜"。

目前，镇江市各辖市（区）的财政性学前教育经费投入均已达到5%的目标。下一步的学前教育投入规划，是坚持用以财政性学前教育经费投入占同级财政性教育经费投入的比例这一标准来继续框定？还是提高比例标准？或者是注重幼儿园办学标准、生均经费标准、生均财政拨款标准的制定？在国家财政性教育经费占国内生产总值的比例已实现4%的历史时期，在公共教育投入保障机制逐步建立、《中华人民共和国预算法》修正等教育财政投入大环境不断改革变化的背景下，学前教育投入长效机制的建立与完善是今后学前教育发展的基本问题。

（1）建立生均拨款机制

定标准是确定公共教育投入需求量的基础。要建立和完善学前教育办学标准、生均经费标准、生均财政拨款标准。标准包括省定标准和分市标准。标准既要考虑教育发展、教育公平和教育质量提升的要求，也要考虑财政供给的可能。教育是成本递增的行业，标准应是动态调整的。

目前，镇江市各辖市（区）对于民办幼儿园的支持多采用项目拨款的方式，尤其以资金奖补的形式为主，但这不利于幼儿园的长远发展。建议对公办幼儿园、民办幼儿园均采用生均拨款的方式，拨款标准可有所区别。在此过程中，如下问题需要我们考虑：在不同地区（城市、农村）、不同性质（公办、民办）幼儿园之间，学前教育生均投入、生均成本的差异如何控制在合理区间内？财政性学前教育经费如何投入更有效？生均投入是否应建立最低标准？

（2）明确各级政府的投入责任

众所周知，学前教育的社会收益较高。美国哈佛大学儿童发展中心高级顾问杨一鸣指出，投资学前教育的经济收益最大，但却并未得到充分的财政投入。[①] 政府对学前教育负有义不容辞的投入和管理责任。目前，镇江市学前教育政府投入，是以县级财政投入为主，个别辖市（区）在个别年份有省级和市级财政投入。由于县域经济发展不平衡，县级财政能力存在差异，所以学前教育经费投入存在差距。为了在镇江市提供公平、优质的学前教育，实现全市范围内的学前教育均衡发展，建议省、市、县各级政府以生均拨款标准为原则，构建合理的分担制度。如可参照义务教育分项目分担的方式，将人员经费、公用经费等不同的支出项目在各级政府间按比例进行分担。

（3）纳入预算管理，提供制度保障

将政府财政性学前教育经费投入纳入预算管理，这是公共教育投入的制度保障问题。《中华人民共和国预算法》规定："县级以上地方各级政府编制本级预算、决算草案；向本级人民代表大会做关于本级总预算草案的报告；将下一级政府报送备案的预算汇总后报本级人民代表大会常务委员会会备案；组织本级总预算的执行；决定本级预算预备费的动用；编制本级预算的调整方案；监督本级各部门和下级政府的预算执行；改变或者撤销本级各部门和下级政府关于预算、决算的不适当的决定、命令；向本级人民代表大会、本级人民代表大会常务委员会会报告本级总预算的执行情况。""地方各级政府财政部门具体编制本级预算、决算草案；具体组织本级总预算的执行；提出

---

①罗瑞垚. 世行报告：中国学前教育政策达标情况差［EB/OL］.（2015-11-03）［2015-12-20］. http：//child. caixin. com/2015-11-03/100869629. html.

本级预算预备费动用方案；具体编制本级预算的调整方案；定期向本级政府和上一级政府财政部门报告本级总预算的执行情况。"

当生均拨款标准和支出责任确定后，各级政府按支出责任，分别将其纳入各级财政预算，经同级人大审核批准后方可执行，这样就有了学前教育经费稳定增长的法制保障。

3. 促进学前教育治理体系和治理能力现代化

从学前教育制度上看，镇江市形成了较为完善的顶层设计规划、经费保障体制和幼儿教师管理体制。

在顶层设计规划上，镇江市通过《镇江市市区学前教育设施布局规划（2011—2020年）》等相关文件，为学前教育健康可持续发展设定了目标，进行了明确细化的设计，规划了发展道路，对学前教育改革发展起到了强有力的政策推动、制度保障作用。

在经费保障体制上，镇江市加大财政投入力度，建立学前教育成本分担机制、学前教育专项补助机制、政府购买服务和规范收费制度，保障了学前教育经费的投入、使用及结构的合理化，为学前教育的可持续发展提供了经费保障。成本分担制度的初步建立，促进了政府、社会、学校新型关系的萌芽。

在幼儿教师管理体制上，镇江市加强编制管理，发展幼儿教师人事代理制度，落实和健全幼儿教师资格准入制度和专业技术职称（职务）评定制度，完善幼儿教师在职培训体系，提高幼儿教师工资待遇，为学前教育提供了师资和质量保障。

从学前教育组织体系上看，镇江市从一开始就明确了政府职责，建立学前教育体制改革领导小组和学前教育改革发展联席会议制度，构建学前教育组织管理体系，形成了市、县、镇各级政府部门统筹管理学前教育的灵活运行机制。通过明确各部门职责，镇江市创新了工作机制，统一了认识和行动，极大地提高了体制改革的效率，为学前教育治理的现代化提供了组织保障。

从教育治理能力上看，镇江市在学前教育管理体制、经费保障、人员编制等方面取得了制度性突破，有效解决了儿童"入园难、入园贵"这一长期困扰我国学前教育的问题，形成了"优质均衡公益普惠"的学前教育格局和人民群众满意的学前教育公共服务体系。这也是镇江市教育治理能力现代化的根本体现。

从"管、办、评分离"的角度看，以上提到的绝大多数政策、操作与实践都隶属于政府层面，即"管"的层面。长期以来，我国很多政府在教育上既充当学校举办者、行政管理者，又承担了实际办学者的角色，造成了政校不分、教评不分，学校、政府、社会三者关系模糊、边际不清。"管、办、评分离"意味着要区分政府对学前教育的管理与学前教育的日常运营，意味着要加强幼儿园的独立性和办学自主权，具体包括加强在财务制度、日常治理结构、人员管理和幼儿园课程建设方面的自主权。

在"办"的层面上，镇江市的重要实践包括加快幼儿园现代管理制度建设，明确幼儿园独立法人资格，推动幼儿园独立建制，从法律层面上确保幼儿园的办学自主权。在幼儿园课程建设中，镇江市教育行政部门发挥了重要作用，通过制定镇江市幼儿园课程发展的指导性意见，建立健全幼儿园课程方案实施的督导制度，引领幼儿园课程发展，与科研院所进行教研合作，开展市级、区级、园级三级培训，协助支持幼儿园开展符合儿童身心发展规律的课程建设，促进幼儿园的自主发展、内涵发展与特色建设。今后，随着幼儿园日常管理和教研能力的提升，教育行政部门应逐渐减少在办学层面上的参与，要通过规划、指导等形式促进学前教育的质量提升和多样化发展。

在"评"的层面上，镇江市正在引入第三方评估机构，对镇江市学前教育发展进行公正、客观的评价，这也是一项积极有益的探索。今后，镇江市要进一步加强第三方评估，引入第三方评估机构，让第三方力量更多参与对幼儿园质量、政府财政投入绩效的评价和考核。通过第三方评估，我们不仅能够有效地加强对幼儿园办学质量的监管、进一步提升区域学前教育质量，而且有助于为行政部门制定有针对性的政策提供科学、准确的信息参考。

二、镇江经验带来的思考与启示

镇江市在学前教育工作上既取得了丰硕的成绩，也积累了宝贵的经验。同时，镇江市在学前教育体制改革上的探索为我国学前教育的发展提出许多值得思考的问题。

1. 镇江经验带来的思考

（1）在学前教育的经费上，如何进一步完善学前教育财政投入结构，加强经费的合理利用？

必须指出，镇江学前教育发展是与财政投入对学前教育的大力倾斜不可分割的。现在，镇江市对学前教育的财政投入已经处于较高水平。2014 年，镇江市各辖市（区）对学前教育的财政投入均占教育财政总投入的 5% 以上，一些辖市（区）已经达到 7%—8%。显然，继续长期加大财政投入比重是政府财政难以承受的。以高投入创造高产出的学前教育发展模式，不可能长期持续。今后，在学前教育财政投入增长趋缓的形势下，如何通过资源和财政投入的合理化配置，促进学前教育的系统提升，值得我们进一步探讨。同时，由于 2010 年以前国家对学前教育重视不足，学前教育"欠债"严重，所以在过去几年中，很大一部分财政经费用于"还债"，即新建和改扩建幼儿园，满足社会对学前教育资源的需求。那么在今后，特别是根据镇江市的未来规划，在 2018 年幼儿园数量基本达标的形势下，如何合理地将学前教育经费由投入硬件为主转为投向软件为主，从而有效地提高幼儿教师专业素养和幼儿园保教质量，这是一个对镇江市具有重大意义的问题。

（2）在学前教育的价值上，如何进一步促进学前教育的公平发展？

在对义务教育均衡发展的国家战略进行研究时，吴康宁曾指出，基于教育公平的原则，义务教育办学条件的国家标准应当包括两个尺度：第一，所有地区的义务教育办学条件均须达到的最低标准；第二，任何地区的办学条件都不应超过的最高标准，因为一旦超出最高标准，便会产生教育条件的不公平。也就是说，义务教育办学条件的国家标准应当是由最低标准和最高标准组成的一种标准区间。① 学前教育是终身学习的开端，学前教育的公平也是教育公平的起点。如何进一步加强农村地区学前教育建设，不仅关系到学前教育自身体系能否达到均衡普惠，更关系到整个国民教育体系的公平公正。尽管镇江市学前教育发展一直以城乡均衡、区域均衡为目标，但我们必须看

---

①吴康宁. 及早谋划省域义务教育基本均衡发展的国家战略 [J]. 教育研究与实验，2015（12）：6.

到，城乡之间的学前教育资源、师资力量、政府财政投入还存在着差距。农村地区学前教育的布局调整，还存在撤除村办园（班）的情况。外来人口的流入，使得许多地方的乡镇和农村幼儿园还不能满足周边儿童入园的需求。农村学前教育资源仍较为薄弱。同时，学前教育由区县统筹，但区县经济条件的差距必然导致区县学前教育发展的差距。

（3）在学前教育的规划上，学前教育如何应对新的人口形势？

十八届五中全会公报提出，"全面实施一对夫妇可生育两个孩子政策"。根据国家卫计委预测，未来几年，出生人口将有一定程度的增长。尤其是随着0—6岁的学龄前人口增加，作为公共服务体系的学前教育面临巨大挑战。为此，学前教育必须提前布局、做好准备。然而，我们必须看到，人口的变化具有周期性，要避免陷入资源不足与资源过剩的周期式循环，必须改变以往那种"在人口增长期大规模兴建学校（园所）、在人口减少期大规模撤并学校（园所）"的短期做法。如何利用现有资源和市场化手段应对人口结构的变化，合理配置学前教育资源，缓解即将到来的儿童入园压力，不仅是镇江市，更是全国学前教育面临的重大战略性课题。

（4）在办学的层面上，如何进一步提高学前教育的质量？

解决了儿童"入园难""入园贵"的问题后，人民群众的下一个诉求就是儿童"入好园"。仅拥有足够的园所和学位数，不足以满足人民群众对高质量学前教育的需求。要提高学前教育的质量，归根结底在于提高保教活动的质量，而决定保教活动质量的是幼儿教师和幼儿园课程。在过去几年中，镇江市虽然在学前教育师资队伍建设上取得了长足发展，但幼儿教师的专业素养仍有待提高，其中一个现象就是取得幼儿教师资格证的幼儿教师比例仍然偏低。除此之外，在编与非在编幼儿教师的待遇差异较为悬殊，这都不利于幼儿教师队伍的长期稳定和发展。在幼儿园课程建设方面，镇江市已经进行了一些有益探索，但教研制度的发展以及对适合儿童发展规律的多种课程的开发还处于初期阶段，还有很大的提升空间。

（5）在学前教育面临的最本质问题上，如何塑造政府、市场、社会的新型关系？

当前，镇江学前教育以公办幼儿园为主，民办幼儿园为补充。但是，民办幼儿园的财政支持力度过小，还未建立制度化、标准化的支撑体系，民办幼儿园成本压力较大。相比而言，财政对公办幼儿园支持力度大，但各辖市（区）之间差距很大。如扬中市公办幼儿园的保教费用仅占总收入的20.14%，其余均由财政支撑。为促进学前教育的长期持续发展，政府必须建立有效制度，在不放弃政府责任的基础上，由政府和家庭合理分担学前教育费用比例，通过政策倾斜，积极扶持社会力量举办学前教育，促进学前教育市场的多元化。

2. 对未来镇江学前教育体制改革的启示

结合以上问题，学前教育体制改革镇江4.0版可从以下几方面展开。

（1）加强学前教育财政统筹，促进资源的科学合理分配

如前所述，以高投入获得高产出，以幼儿园硬件建设促进学前教育发展的时期不会持久。镇江学前教育的进一步发展必将依靠内涵质量的提升。如何科学分配和使用教育投入和资源，提升学前教育质量？对于政策制定者来说，这是最关键的问题。要回答这个问题，镇江市一方面应利用大数据，对自身的实践经验加以充分总结和挖掘，另一方面应加强与国内外教育研究机构及个人的交流与合作，吸取先进研究成果，增强学前教育政策制定的科学性与针对性。

（2）关注农村学前教育，进一步促进教育公平

要想进一步破解城乡学前教育发展不均衡的难题，真正实现全市学前教育"优质均衡公益普惠"的发展目标，大力发展农村学前教育、完善农村学前教育管理体制、增加农村学前教育资源是关键。镇江市要进一步加大对农村学前教育的投入，财政性学前教育经费投入要最大限度地向农村和经济薄弱地区倾斜，逐步建立起以公共财政投入为主的农村学前教育成本分担机制。充分利用中小学富余校舍和社会资源，改扩建或新建乡镇和农村幼儿园，积极发挥乡镇中心幼儿园对农村幼儿园的示范指导作用，逐步对农村家庭经济困难儿童接受学前教育予以资助，对农村幼儿园园长和骨干幼儿教师进行培训。逐步实现城乡统一的幼儿园编制标准，通过加大财政转移支付，支持农村欠发达地区的学前教育事业发展。对长期工作在农村基层地区的幼儿教师，在工资、专业技术职称（职务）等方面实行政策倾斜，完善津贴补贴标准，对在农村地区长期从教、贡献突出的幼儿教师给予奖励。

（3）积极调整学前教育布局，应对人口结构变化

为应对人口变化，镇江市必须未雨绸缪，对学前教育布局做出科学测算，及早调整。除了考虑出生人口的变化，镇江市还应考虑由于经济结构调整导致的外来流动人口变化。与此同时，镇江市应考虑人口变化的周期性和长期性，避免陷入资源不足与资源过剩的周期式循环。镇江市应充分利用政府、市场、社会的多元化力量，积极鼓励多种社会力量参与学前教育的政策讨论与论证，通过多元化的市场调节机制，灵活、高效地应对学前教育需求的变化。

（4）加强幼儿教师队伍和幼儿园课程建设，全面提升学前教育的质量

镇江市要进一步加强师资队伍建设，提高幼儿教师培养培训质量，全面落实《幼儿园教师专业标准（试行）》，提高幼儿教师专业化水平。完善幼儿教师培养培训制度，促进幼儿教师专业发展和个人成长，加快形成一支素质高、技能强、知识面宽的幼儿教师队伍，为学前教育体制改革提供师资保障。在2016—2020年江苏省实施学前教育五年行动计划期间，镇江市确保2020年之前所有幼儿园补齐配足保教人员，所有人员持证上岗，其中幼儿教师持幼儿教师资格证比例达80%。各地应全面加强对在职幼儿教师的专业发展培养，将非在编幼儿教师全部纳入幼儿教师专业技术职称（职务）评定和幼儿教师培训范畴，整体提升幼儿教师专业素养和能力。加快幼儿教师核编进编工作，全面启动非在编幼儿教师人事代理制度，强化师资队伍培训，优化幼儿教师队伍。

同时，镇江市进一步加强幼儿园课程建设，深化幼儿园课程改革，以《指南》《幼儿园教师专业标准（试行）》为依据，根据幼儿教师的现状及需求开展多元化的园本教研，建立多层次、多形式的园本教研模式，采用理论指导、专题研讨、现场观摩、经验分享等形式，以教研引领幼儿教师开展工作，以研促教，以研促改，促进每名幼儿教师在原有水平上得到不同程度的提高，将幼儿园课程游戏化作为提升学前教育质量的重要途径，牢固树立以儿童为本、以游戏活动为主、以品德行为习惯养成为主的思想，引导全体保教人员更多关注儿童个体身心发展的需要、更多关注儿童直接经验的获得、更多关注儿童整体的发展而不是某个方面的发展，把《指南》的目标转化为

游戏化的活动内容，转化为每名幼儿教师的教育技能，转化为所有儿童的学习和生活体验。

（5）积极推进"管、评、办分离"

镇江市要不断推进学前教育治理体系和治理能力现代化，完善法制和制度建设，建立起协调有效的学前教育组织体系以及灵活的运行机制。在解决学前教育发展中面临的现实矛盾和问题的过程中，镇江市着力建设和提高学前教育治理能力，推进学前教育综合改革。政府以宏观管理为核心，减政放权，发挥幼儿园的办学自主性，更好地激发幼儿园的活力。加强第三方评估，通过第三方评估进一步促进学前教育质量的提升和学前教育政策的完善。由第三方独立机构发挥专业人才和技术优势，对学前教育进行客观、公正、公开、透明的评价，将对幼儿园评估的相关报告纳入公示程序，定期向社会公示，从而促进幼儿园质量监测评估机制的进一步完善，加强对学前教育的社会评估与社会参与。

（6）发挥市场力量和人民群众的社会参与，尊重家长的多元选择

镇江市要完善政府投入、举办者投入、家庭合理分担的投入机制。学前教育是社会公共事业，因此学前教育应以政府投入为主、社会参与和家长分担为辅，结合政府、市场、社会的集体力量，形成多元化的公共服务供给体系，建立责任分担机制。政府通过制定公共政策，确定学前教育公共服务的供给数量和质量标准，以市场机制为杠杆，以公众需求为导向，通过多种方式调动公共部门、私人部门、社会组织的参与，借助各方优势实现学前教育利益最大化。为了实现学前教育"优质均衡公益善惠"的发展目标，镇江市除了要加大政府财政投入以外，还需要积极鼓励行业、企业等多种社会力量参与办园，开展公办幼儿园联合办园、委托管理、政府购买学前服务等实验，探索多种办园形式，推进学前教育治理现代化。

总体而言，镇江学前教育体制改革的目标与意义在于不断探索政府、社会、市场与学校的新型关系，探索既能发挥地方政府权威性、又能保证社会自主性的"强政府、强社会"模式；通过明确政府职责、理顺机制体制，促进政府、社会、市场、学校各方的共同发展，推进学前教育公共服务体系不断完善；通过不断发展和完善学前教育治理体制机制、学前教育

治理组织和学前教育治理运行机制，提高政府教育治理能力，总结形成教育综合改革的经验模式，实现教育现代化。这些也是镇江学前教育体制改革的价值。

本书分别从管理体制、经费投入、幼儿教师、幼儿园课程和区县经验的角度总结了镇江学前教育体制改革的经验。然而，对镇江经验更深一步的认识和理解，还应该从国家教育综合改革的框架出发。

深化教育综合改革的关键在于推进教育治理体系和教育治理能力现代化。教育治理体系和教育治理能力是各种教育体制、教育法律法规和教育制度的管理，体现在有一整套紧密相连、相互协调的教育制度以及对这些制度的执行。教育综合改革的目的是通过综合改革在教育内部形成一个制度化的治理架构，此构架有三个基本要素：一是要有完整和科学的制度安排；二是要建立起协调有效的教育组织体系，形成保障制度和组织体系灵活运行的机制；三是要能够有效形成和充分发挥教育治理能力，解决教育发展中面临的现实矛盾和问题。这三个要素也是衡量教育治理体系和治理能力现代化的主要指标。袁贵仁在《深化教育领域综合改革　加快推进教育治理体系和治理能力现代化——在 2014 年全国教育工作会议上的讲话》中指出："推进教育治理体系和治理能力现代化，就是要适应国家治理体系和治理能力建设，根据教育发展的自身规律和教育现代化的基本要求，以构建政府、学校、社会新型关系为核心，以推进'管、办、评分离'为基本要求，以转变政府职能为突破口，建立系统完备、科学规范、运行有效的制度体系，形成政府宏观管理、学校自主办学、社会广泛参与的格局，更好地调动中央和地方两个积极性，更好地激发每个学校的活力，更好地发挥全社会的作用。"

昔人咏镇江诗云："风波不惮西津渡，一见金焦双眼明。"这句诗似可形容镇江市在学前教育体制改革中秉持的不断克服艰险、锐意进取的精神以及取得的骄人成绩。如今，镇江学前教育已经在较高水平上运行。所谓"百尺竿头，更进一步"。要想在高水平上再取得涓滴进步，就需要付出比之前更大的努力。正如中国的改革一样，镇江学前教育体制改革也正进入"深水区"。

可以预见，镇江必将以其智慧和汗水，交出满意的答卷。以镇江各级政府对人民福祉的高度关怀，以镇江学前教育工作者对学前教育事业的高度热忱与具备的丰富经验，镇江学前教育必将谱写新的篇章，创造新的辉煌，为我国教育综合改革的推进做出卓越贡献。

镇江学前教育体制改革大事记

（2010 年 3 月—2016 年 2 月）

- 2010 年 3 月 22 日，教育部基础教育二司副司长李天顺、教育部基础教育二司学前教育处处长姜瑾、江西省教育厅副厅长王占铭等对镇江市学前教育五年行动计划编制情况进行专题调研，对镇江学前教育体制改革的思路、目标、路径、策略等提出明确要求。

- 2010 年 6 月，润州区人民政府办公室印发《全区民办幼儿园和非法幼儿园专项整治工作实施意见》，明确由区政法委、综治办牵头，联合教育、公安、工商、安监、卫生、物价、消防、城管等部门联合执法。

- 2010 年 6 月 29 日，镇江市人民政府正式提交《国家学前教育体制改革试点项目申请书》。

- 2010 年 7 月起，镇江市教育局印发《关于做好国家学前教育体制改革试点工作的实施意见》，开始了镇江学前教育体制改革制度设计的第一步。

- 2010 年 10 月 24 日，《国务院办公厅关于开展国家教育体制改革试点的通知》确定镇江市为国家教育体制改革专项改革"建立健全体制机制，加快学前教育发展"的试点地区，承担"明确政府职责，完善学前教育体制机制，构建学前教育公共服务体系"的改革任务。

- 2010 年 11 月 24 日，《中共镇江市委镇江市人民政府关于贯彻国家和省中长期教育改革和发展规划纲要（2010—2020 年）的实施意见》（镇发〔2010〕35 号）印发提出"发展普惠优质的学前教育"的改革目标和要求。

- 2010 年 12 月 4 日，镇江市副市长王萍在江苏省人民政府教育工作会议上做了题为《深化学前教育体制改革 强化政府责任 保障幼儿健康快乐成长》的发言，明确表示镇江将以国家学前教育体制改革试点为契机，进一步解放思想，深化学前教育体制机制改革，强化政府责任，切实保障幼儿健康快乐成长。

• 2011 年 3 月 11 日，镇江市人民政府办公室转发《市委组织部市教育局〈2011 年辖市区政府教育工作督导考核暨贯彻落实全市教育工作会议精神督查方案〉的通知》（镇政办发〔2011〕49 号），第一次将学前教育事业发展综合指标纳入考核体系，将学前教育年度考核指标从义务教育体系中分离出来，与义务教育、高中教育、职业教育并列考核。

• 2011 年 3 月 17 日，江苏省教育厅副厅长、党组成员、江苏省委教育工委副书记胡金波率领江苏省教育厅法规、规财、基教、教科等部门的领导以及专家等来镇江市调研学前教育体制改革工作，听取镇江学前教育体制改革思路并做指导。

• 2011 年 3 月底，镇江市编制完成学前教育五年行动计划，明确 2011—2015 年幼儿园园舍新建、改扩建项目的投入经费及幼儿教师配置的目标任务。同时，句容市政府出台《句容市学前教育五年行动计划（2011—2015 年）》。

• 2011 年 4 月 6 日，润州区人民政府办公室印发《关于转发〈润州区学前教育优质健康发展五年行动计划〉的通知》（镇润政办〔2011〕22 号），同期召开润州区学前教育工作会议，明确政府切实履行发展学前教育的责任，建立学前教育改革发展联席会议制度，完善区级统筹、乡镇（街道）共建、以区为主的管理体制，在教育行政部门单独成立幼儿教育科，加强对全区学前教育的管理。

• 2011 年 4 月 12 日，镇江市人民政府印发《关于做好国家学前教育体制改革试点工作的实施意见》，这是进入 21 世纪以来镇江市第一个以政府名义制定的学前教育综合性文件。

• 2011 年 4 月 21 日，镇江市人民政府办公室印发《关于建立学前教育改革发展联席会议的通知》，首次建立以镇江市人民政府分管副市长为组长，教育、财政等 18 个部门为成员的学前教育改革发展联席会议，成立镇江市学前教育改革发展办公室，由镇江市教育局副局长陈国俊兼任办公室主任。

• 2011 年 4 月 25 日，镇江市实施国家学前教育体制改革试点工作动员会在扬中市召开，以此为标志，学前教育体制改革正式启动。同时，体制改革工作由文件层面转入实践操作层面，由市级层面向辖市（区）、乡镇（街道）层面深入。

• 2011 年 5 月 11 日，镇江市教育局印发《镇江市 2011 年幼儿园招生工作意见》（镇教发〔2011〕53 号），首次提出儿童"相对就近，免试入园"的招生原则及工作要求。

• 2011 年 5 月 12 日，镇江市教育局召开推进学前教育体制改革试点工作座谈会。

• 2011 年 5 月 17—18 日、24—25 日，镇江市政协六届三十九次会议首次开展围绕"发展我市学前教育"的专题调研，形成《关于加快我市学前教育发展的调研报告》，以"参政议政专报"形式报市委。

• 2011 年 6 月，镇江市教育局人事处处长孙和平担任领队，组织各辖市（区）教育局的人事干部赴北京市房山区考察学习"小学教师转岗幼儿园教师"实践经验。

• 2011 年 6 月 13—14 日，来自新华通讯社、人民日报社、光明日报社、中国新闻社、中国教育报刊社、新华日报社、江苏卫视等 15 家中央及省级媒体的记者齐聚镇江，通过看现场、访谈等形式，集中采访"推进学前教育体制改革试点工作"。

• 2011 年 6 月 20—23 日，镇江市人大常委会将《关于强化政府主导责任，保障学前教育健康发展的建议》列为重点建议案，首次对学前教育发展情况进行专题调研。

• 2011 年 7 月 20 日，丹徒区人民政府办公室印发《关于建立丹徒区学前教育改革发展联席会议制度的通知》（镇徒政办发〔2011〕79 号），建立以分管副区长为组长、以各部门分管负责人为成员的学前教育改革发展联席会议制度。

• 2011 年 7 月 25—26 日，江苏省人民政府法制办到镇江市进行《江苏省学前教育条例》立法调研。

• 2011 年 8 月 1 日、8 月 15 日，镇江市物价局、市财政局、市教育局联合印发《关于进一步规范本市幼儿园收费行为的通知》（镇价费〔2011〕127号）和《镇江市市区 2011 年秋学期幼儿园保育教育费收费标准》，加强各类公办幼儿园收费管理制度建设，首次提出建立民办幼儿园备案制收费管理制度，明确扶困助学相关补助政策。

●2011 年 8 月 23 日，中共镇江市委、市人民政府在《关于实施民生幸福工程的意见》中第一次明确将学前教育作为民生幸福工程指标，写入市委全委会工作报告、人代会政府工作报告，列入"民生改善行动计划"重点支撑项目、"九大工程、百项任务"考核体系。自此，镇江市人民政府建立学前教育体制改革信息月报跟踪制度。

●2011 年 9 月 8 日，镇江市人民政府办公室印发《关于印发〈做好国家学前教育体制改革试点工作重点任务分解方案〉的通知》，将学前教育改革目标任务分解成 30 项具体任务，分配到市各相关部门，建立学前教育由教育部门主管、各相关部门分工协作的工作机制。

●2011 年 9 月 11 日，《关于举办镇江市首期小学教师转岗培训班的通知》（镇教办发〔2011〕171 号）印发，启动小学教师转岗培训工作。

●2011 年 10 月 8 日，镇江市教育局印发《关于做好镇江市国家学前教育体制改革试点信息报送工作的通知》。

●2011 年 10 月 21 日，镇江市人大常委会第 49 次主任会议听取镇江市人民政府关于"政府主导责任、保障学前教育健康发展"的重要建议办理情况的汇报。

●2011 年 10 月 31 日，镇江市教育局转发《省教育厅关于组织申报学前教育改革发展示范区的通知》。

●2011 年 11 月，各辖市（区）人民政府签发《关于申报创建学前教育改革示范区的请示》。

●2011 年 11 月 3 日，江苏省人大常委会教科文卫委副主任朱正伦到扬中市进行《江苏省学前教育条例》立法调研。镇江市人大常委会教科文卫委主任李照金等参加调研。

●2011 年 11 月 17 日，镇江市教育局印发《关于进一步规范幼儿园保教工作的实施意见》，坚决防止"小学化"倾向，规范优化保教工作。

●2011年12月15—16日，江苏省基础教育论坛（学前教育）暨学前教育五年行动计划推进现场观摩会在丹阳市召开。江苏省教育厅副厅长、党组成员、江苏省委教育工委副书记胡金波对镇江市学前教育改革取得的成绩表示肯定。

●2012年2月27日，镇江市召开市教育系统学前教育体制改革领导小组工作交流会，建立内部工作运行机制。

●2012年4月5日，镇江市教育局、市财政局印发《关于成立实施学前教育五年行动计划协调小组的通知》。

●2012年4月13日，镇江市人民政府召开全市学前教育改革发展推进会。镇江市人民政府第一次与各辖市（区）人民政府签订学前教育改革发展目标责任状。

●2012年5月26日，《镇江市市区学前教育设施布局规划（2011—2020年）（论证稿）》专家论证会举行。

●2012年6月1日，镇江市委书记张敬华与儿童共度六一国际儿童节。此后每年的六一国际儿童节或教师节，市委书记、市长均要走访幼儿园，看望幼儿教师和在园儿童。

●2012年6月4日，镇江市教育局转发《省教育厅办公室转发教育部办公厅关于开展全国学前教育宣传月活动的通知》。以此为标志，镇江市每年均开展学前教育宣传月活动。

●2012年6月20—21日，镇江市教育局在句容市举办省（市）优质幼儿园园长培训班。

●2012年7月13日，镇江市人民政府召开全市教育重点工作推进会。新一届市政府分管副市长接手全市学前教育体制改革领导工作，明确新阶段学前教育面临的问题及任务。

●2012年7月16日，镇江市机构编制委员会办公室印发《关于加强公办幼儿园机构编制管理工作的意见》。

●2012年7月19日，镇江市人民政府办公室印发《关于印发〈镇江市区住宅小区配套学前教育设施建设管理实施办法〉的通知》。

●2012年7月23日和12月28日、2014年5月27日，南京师范大学教育科学学院党委书记、中国学前教育研究会理事长虞永平教授携南京师范大学教育科学学院学前教育专业的博士和硕士研究生来镇江调研学前教育体制改革情况。

• 2012 年 8 月 10 日，镇江市财政局、市教育局联合发文《关于建立健全学前教育经费保障机制的通知》，建立制度化的学前教育经费保障机制。

• 2012 年 8 月 10 日，镇江市副市长曹丽虹首次实地调研学前教育体制改革工作。同期，《关于进一步深化学前教育体制改革试点工作的意见》开始起草。

• 2012 年 8 月 17 日，镇江市教育局召开市教育现代化学校和省（市）优质园创建工作推进会，落实优质幼儿园建设目标与任务。

• 2012 年 8 月 20 日，镇江市人民政府办公室印发《关于印发〈镇江市市区学前教育设施布局规划指导意见〉的通知》。

• 2012 年 8 月 25 日，镇江市人民政府召开各辖市（区）分管区长、各相关部门负责人座谈会，听取意见。

• 2012 年 8 月 30 日，镇江市教育局办公室印发《关于做好 2012 年秋季〈镇江市学前教育事业发展报表〉填报工作的通知》，建立学前教育事业发展信息数据报送制度。

• 2012 年 9 月 10 日，镇江市人民政府办公室下发《关于征求〈关于进一步深化学前教育体制改革试点工作的意见〉修改意见的函》，再一次书面征求各地、各部门意见。

• 2012 年 9 月 10 日，镇江市人民政府办公室印发《关于转发市财政局市教育局〈镇江市学前教育发展专项经费使用管理办法（试行）〉的通知》。市本级财政首次建立专项经费，对幼儿园园舍建设、省优质幼儿园创建和学前教育改革发展示范区建设、幼儿教师队伍建设等进行奖励。

• 2012 年 9 月 10 日，镇江市人民政府印发《关于公布实施〈镇江市市区学前教育设施布局规划（2011—2020 年）〉的批复》，要求各地结合实际，认真组织实施。

• 2012 年 9 月 21 日，江苏省教育厅副厅长、党组成员、江苏省委教育工委副书记胡金波，在镇江市教育局局长赵珏、副局长陈国俊等陪同下，视察扬中市学前教育工作。

- 2012年10月8日，镇江市市长朱晓明主持召开市政府第6次常务会议，认真听取和讨论《关于进一步深化学前教育体制改革试点工作的意见（征求意见修改稿）》的起草相关情况。

- 2012年10月10日，镇江市人民政府印发《关于进一步深化学前教育体制改革试点工作的意见》，镇江模式2.0版完成综合性文件制度设计。

- 2012年10月10日，江苏省第三次全省学前教育改革发展现场推进会在镇江召开，江苏省省长李学勇做出重要批示，江苏省副省长曹卫星出席会议并讲话，认为"镇江的改革有办法、有力度、有成效"。江苏省政府副秘书长、江苏省政府办公厅主任李一宁，江苏省教育厅厅长沈健等出席会议。江苏省学前教育改革发展联席会议全体成员，各市分管副市长及教育、编办、财政、住建等部门相关负责同志，各辖市（区）分管副市（区）长及教育局局长，部分经济开发区（新区、园区）分管负责同志和教育主管部门主要负责同志共350余位代表参加了会议。镇江市副市长曹丽虹在大会作汇报。会后，《中国教育报》《江苏教育报》做了专题报道。陈须才、裴伟、盛冬蕾署名文章《"小伢子就近入园不难了"——镇江推进学前教育体制改革试点工作纪实》在《中国教育报》2012年12月5日发表，凤凰网等多家媒体转载，此文被江苏省教育厅、江苏省新闻工作者协会评为"2012年度江苏教育新闻奖"三等奖。

- 2012年11月30日，镇江市教育局负责人受国家教育行政学院邀请，为第二期全国学前教育管理者高级研修班学员做《镇江市推进学前教育改革发展教育经验》报告。

- 2012年12月12日，镇江市教育局根据《关于对扬中市"省学前教育改革发展示范区建设"进行专项调研的通知》（镇教办发〔2012〕220号），组建专家组，对扬中市创建工作进行现场指导推进，启动了以创建为契机，强化政府责任，大力推进学前教育体制改革的政府工作机制。

- 2013年3月21—22日，江苏省实施学前教育五年行动计划厅际协调小组办公室在苏州昆山召开苏南地区学前教育五年行动计划现场推进会。镇江市教育局副局长陈国俊做《政府主导，明确职责，全面提高学前教育均等化服务水平》的发言。

● 2013 年 4 月 22 日，镇江市教育局、市财政局联合下发《关于转发〈镇江新区扶持民办幼儿园发展暂行办法〉的通知》（镇教发〔2013〕50 号），这是镇江市第一个关于扶持民办幼儿园的专项文件。

● 2013 年 4 月 23 日，镇江市教育局印发《关于做好 2013 年五年制师范学前教育专业免费师范男生招生工作的通知》。

● 2013 年 5 月 9 日，丹阳市委、市人民政府召开了全市学前教育工作会议，向各乡镇（街道）下达学前教育改革发展任务书，通过媒体向社会公布，接受社会监督。会议决定将学前教育发展纳入到"五位一体"建设和党建工作考核体系。

● 2013 年 5 月 22 日，镇江市人民政府召开市区配套幼儿园清理工作会议，以"该建的要建到位、该交的要交到位、该办的要办到位"为目标，以规划控规、土地出让合同等为依据，以"全面排查，规范清理；一园一策，限期整改"为策略，正式启动集中清理工作，促进小区配套幼儿园建设管理常态化、规范化。

● 2013 年 6 月 8 日，镇江市教育局转发《省教育厅关于开展 3—6 岁儿童学习与发展指南实验区建设工作的通知》。同期，扬中市被确定为省、市《3—6 岁儿童学习与发展指南》实验区。

● 2013 年 6 月 9 日，镇江市首次有 12 篇论文获江苏省第五届"早期教育新视野"幼儿教师论文评比一等奖，总数名列全省第二。丹阳市运河幼儿园教师袁玉清连续 5 次获得江苏省"早期教育新视野"幼儿教师论文评比一等奖，两次代表获奖教师在表彰会议上发言。

● 2013 年 6 月 21 日，镇江市教育局负责人受国家教育行政学院邀请，为第三期全国学前教育管理者高级研修班学员做《镇江推进学前教育改革发展新举措》报告。

● 2013 年 9 月 10 日，镇江市市长朱晓明向贾文芬等 10 名幼儿教师颁发"十佳教师"荣誉证书，这是镇江市幼儿教师首次从小学教师队伍序列中分离出来，与中小学教师并列接受评选表彰。

● 2013 年 10 月 9 日，镇江市人民政府教育督导室、市教育局联合印发

《镇江市幼儿园办园水平督导评估实施方案》，将幼儿园日常保教工作管理纳入督学体系，体现政府对学前教育质量的监控管理。

• 2013 年 10 月 10—11 日，镇江市人民政府代表团到浙江省杭州市、上海市闵行区考察学前教育"淡化身份、同岗同酬"的收入分配制度建设和强化政府公共服务职能、提升学前教育公共服务质量等改革经验。在此前后，镇江市人民政府以及经镇江市人民政府同意、市教育局牵头组织的相关代表团先后到山东省青岛市、浙江省宁波市等地进行考察学习。

• 2013 年 10 月 14 日，江苏省十一届政协副主席朱晓进率部分江苏省政协委员来到镇江，开展"加快发展学前教育"民主调研。

• 2013 年 10 月 23 日，丹徒区机构编制委员会印发《关于区公办幼儿园机构设置和编制核定的通知》（镇徒编〔2013〕37 号）。丹徒区 14 所公办幼儿园全部独立建制，园长为独立法人。这是继 2004 年扬中市和 2008 年丹阳市对幼儿园的办学体制和管理机制实行重大改革后，又一个地区实行的以辖市（区）为主的学前教育工作管理体制改革。

• 2013 年 10 月 29 日，镇江市教育局印发《关于公布镇江市〈3—6 岁儿童学习与发展指南〉实验区（园）名单的通知》，扬中市新坝中心幼儿园等 7 所幼儿园被评为首批市《指南》实验园。

• 2013 年 11 月 19 日，镇江市首届《3—6 岁儿童学习与发展指南》专题培训暨实验区（园）启动仪式在扬中市举行，意味着镇江市学前教育改革发展重心由重园舍建设转向重园舍建设和重内涵质量并重阶段。

• 2013 年 12 月，丹阳市、京口区、润州区通过江苏省学前教育改革发展示范区现场验收。

• 2013 年 12 月，扬中市文化新村幼儿园承担的"混龄班区域活动园本课程的建构与实施研究"获江苏省教学成果评比特等奖。

• 2013 年 12 月 30—31 日，镇江市邀请江苏省教育学会副会长杨九俊等专家对本市学前教育体制改革工作进行专项调研指导，进行回顾总结。

• 2014 年 1 月 21 日，镇江市教育局、市财政局、市人力资源与社会保障局联合印发《关于幼儿园非事业编制教师实行人事代理制度的实施意见》，启动非在编幼儿教师的人事改革。同期，镇江市教育局印发《镇江市幼儿教师素质提升培训计划》。

• 2014 年 3 月，为了解全市学前教育发展现状、健全学前教育经费保障机制、规范保教费收费标准，镇江市物价局、市教育局联合在全市开展学前教育机构成本调查。

• 2014 年 3 月 24 日，镇江市教育局在北京师范大学教育培训中心举办首批学前教育拔尖人才专题培训班，开启走进高校的培训模式。

• 2014 年 3 月 31 日，镇江市教育局印发《2014 年深入推进学前教育体制改革工作要点》（镇教办发〔2014〕35 号）。自此，镇江市每年制定印发学前教育年度改革工作要点。

• 2014 年 3—4 月，镇江市人大常委会对镇江市人民政府、各部门及各辖市（区）、幼儿园执行《江苏省学前教育条例》基本情况及存在困难和问题等进行执法检查。

• 2014 年 5 月 15 日，镇江市市长朱晓明现场调研全市学前教育发展情况，召开座谈会，首次提出"优质、均衡、公平、规范"的改革要求，镇江模式 3.0 版启动。

• 2014 年 5 月 23 日，镇江市暨京口区学前教育宣传月启动仪式在江苏大学体育馆内举行，此次宣传月主题为"《3—6 岁儿童学习与发展指南》——让科学育儿知识进入千家万户"，江苏省教育厅基础教育处副处长顾春明到活动现场并讲话。

• 2014 年 5 月中旬至 7 月，镇江市教育局起草《关于加快推进学前教育优质均衡发展的实施办法》，多次向江苏省教育厅基础教育处处长马斌、副处长顾春明等负责同志及南京师范大学虞永平、王海英等专家征求意见。

• 2014 年 6 月 4 日，镇江市机构编制委员会办公室发文《关于同意市教育局增设学前教育处的批复》（镇编发〔2014〕12 号），同意镇江市教育局增设学前教育处，增核处长职数 1 名，成为江苏省唯一增设学前教育行政管理部门的地级市。

• 2014 年 6 月 16 日，江苏省教育厅印发《关于公布国家教育体制改革试点项目阶段评估结果的通知》（苏教改办〔2014〕3 号），表彰镇江学前教育体制改革项目是"本阶段评估成效明显的教改试点项目"。

● 2014 年 7 月 14 日，镇江市辖市（区）人民政府及市相关部门征求意见座谈会召开，镇江市副市长曹丽虹参加会议。

● 2014 年 8 月，句容市学前教育体制改革实现历史性突破，教育系统所有公办幼儿园从小学剥离，实行独立建制。

● 2014 年 9 月 4 日，丹徒区人民政府办公室印发《丹徒区非事业编制幼儿教师实行人事代理制度的实施意见》，明确幼儿园非在编幼儿教师新招聘人员一律实行人事代理。

● 2014 年 9 月 5 日，镇江市教育局、市财政局发文《关于转发〈省教育厅省财政局关于开展幼儿园课程游戏化建设的通知〉的通知》（镇教办发〔2014〕99 号），要求加大幼儿园保教工作改革，推进区域游戏化建设。扬中市新坝镇中心幼儿园、句容市袁巷中心幼儿园、丹阳市练湖中心幼儿园成为首批江苏省课程游戏化项目园。

● 2014 年 9 月 9 日，句容市郭庄中心幼儿园园长朱自梅出席"感动江苏教育人物——2014 最美乡村教师"表彰仪式。她与江苏省其他 9 名教师一起被评为"2014 最美乡村教师"。

● 2014 年 9 月 17 日，镇江市教育局局长赵珏与江苏省教育科学研究院副院长王国强签订《〈3—6 岁儿童学习与发展指南〉实验基地项目合作协议》。镇江市人民政府副秘书长朱金生向南京师范大学教育科学学院党委书记、中国学前教育研究会理事长虞永平教授颁发证书，聘请其担任镇江市学前教育体制改革顾问。

● 2014 年 10 月 20 日，镇江市市长朱晓明，市委常委、宣传部部长曹当凌听取《关于加快推进学前教育优质均衡发展的实施办法》起草情况汇报，将《关于加快推进学前教育优质均衡发展的实施办法》改成《关于加快推进学前教育优质均衡发展的实施意见》。

● 2014 年 10 月 22 日，为推进落实《指南》，镇江市教育局在句容市崇明托幼中心举办《3—6 岁儿童学习与发展指南》实验园现场观摩研讨活动。江苏省教育科学研究院、镇江市教育局、15 所《指南》实验园三方首次合作开展活动。江苏省教育厅基础教育处主任科员殷雅竹到会祝贺。至此，专家团队、院地合作常态化推进《指南》基地建设的合作模式启动。

● 2014 年 10 月 22 日，镇江市教育局召开学前教育体制改革研讨会，就《关于加快推进学前教育优质均衡发展的实施意见》征求意见。

● 2014 年 11 月 10 日，镇江市市长朱晓明召开专题研讨会，就相关核心指标进一步征求意见、统一思想。

● 2014 年 11 月 12 日，江苏省贯彻《3—6 岁儿童学习与发展指南》现场推进会在扬中市召开。

● 2014 年 11 月 25 日，镇江市市人民政府发函征求各辖市（区）人民政府及部门意见，要求各地、各部门将书面意见反馈给镇江市人民政府办公室。

● 2014 年 12 月 2 日，镇江市委组织部、市教育局、市政府督导室联合印发《关于开展 2014 年度辖市区政府教育工作督导评估和考核的通知》（镇教督〔2014〕20 号），将学前教育改革出台的政策文件落实情况纳入考核体系。

● 2014 年 12 月 5 日，镇江市教育局在市教育信息中心召开镇江市学前教育信息公共服务平台专题研讨会。江苏省教育厅基础教育处主任科员殷雅竹、上海市教育委员会基础教育处学前教育专职干部瞿佳杰、镇江市教育局副局长冯章葆及相关科室负责人，就平台建设相关问题进行磋商。

● 2014 年 12 月 14 日，扬中市第一机关幼儿园田素娥、丹阳市开发区幼儿园邱向琴被评为江苏省幼儿园正高级教师。

● 2014 年 12 月 26 日，参加首届全国网络媒体江苏教育行专题采风活动的记者来镇江采访报道，近 40 家网络媒体记者聚焦镇江教育的改革创新，对镇江教育改革创新，特别是对学前教育体制改革进行报道。

● 2015 年 1 月，镇江市教育局在句容市下蜀中心幼儿园召开 2014 年《3—6 岁儿童学习与发展指南》实验工作总结交流会。

● 2015 年 2 月 7 日，《镇江市人民政府关于加快推进学前教育优质均衡发展的实施意见》提交镇江市人民政府第 46 次常务会议审议。

● 2015 年 2 月 8 日，镇江市人民政府办公室印发《关于报送 2015 年民生改善重点项目月度推进计划的通知》，要求幼儿园建设项目经市教育局汇总后，一月一报镇江市人民政府办公室。

● 2015 年 2 月 11 日，《镇江市人民政府 2015 年工作要点》（镇政发〔2015〕1 号）明确要求"深入推进教育领域综合改革和国家学前教育体制改

革"，明确责任领导为曹丽虹，责任单位为市教育局、各辖市（区）人民政
府、镇江新区管委会。

● 2015 年 2 月 12 日，《关于加快推进学前教育优质均衡发展的实施意见》
提交镇江市委第 4 次常委会议审议。

● 2015 年 2 月 15 日，镇江市人民政府印发《镇江市人民政府关于加快推
进学前教育优质均衡发展的实施意见》，完成镇江模式 3.0 版政策制度设计。

● 2015 年 3 月，润州区印发《关于开展润州区幼儿园课程游戏化建设的
通知》（镇润教〔2015〕36 号），要求在全区大力开展"践行《指南》，积极
推进课程游戏化建设"的活动。

● 2015 年 3 月，镇江新区管委会办公室印发《镇江新区普惠性民办幼儿
园扶持管理办法》。

● 2015 年 3 月 4 日，镇江新区印发《镇江新区学前教育优质均衡发展三
年计划（2015—2017 年）》《关于加强镇江新区幼儿教师队伍建设的实施意
见》等文件，召开学前教育改革发展推进会。

● 2015 年 3 月 25 日，句容市教育局印发《关于开展句容市幼儿园课程游
戏化项目建设的意见》（句教办发〔2015〕19 号），启动了句容市市级课程游
戏化项目幼儿园建设申报工作。

● 2015 年 4 月 8—9 日，以国家教育行政学院副院长李文长为组长的国家
教育体制改革中期评估组，对镇江学前教育体制改革情况进行中期评估。李
文长对镇江学前教育体制改革试点所取得的成绩给予充分肯定，认为镇江经
验非常有价值。

● 2015 年 4 月 13 日，全国政协委员、北京师范大学教授刘焱带队的评估
组对镇江学前教育体制改革项目试点工作进展情况进行评估。刘焱认为，镇
江市作为国家学前教育体制改革地区，注重顶层设计，公办幼儿园占比为
71%，普惠性民办幼儿园占比为 19%，覆盖了 90% 的儿童，基本形成公办主
导、公益普惠的学前教育公共服务体系，这是符合当前坚持政府主导、社会
参与、公办民办并举的发展方向的，为如何构建公益普惠的学前教育公共服
务体系做了很好的示范。评估组将会认真总结镇江的学前教育体制改革经验。

● 2015 年 4 月 15—18 日，镇江市教育局学前教育处遵循重点培养、分级

培训、分层落实的工作思路，与南京师范大学教育科学学院合作开展镇江市第二批幼儿教师拔尖人才暨《3—6岁儿童学习与发展指南》市实验基地骨干成员专题培训，开启镇江学前教育落实《指南》精神的南京师范大学学前教育专家引领模式。

• 2015年5月11日，镇江市召开学前教育管理系统上线意见座谈会，听取辖市（区）教育局、幼儿园园长及家长代表意见，进一步修改完善平台建设。

• 2015年6月1日，镇江市委书记夏锦文来到丹徒区驸马山庄幼儿园，与儿童共度六一国际儿童节，随后参加全市幼儿园"家园信约"活动启动仪式。夏锦文说，"家园信约"活动的"给孩子适宜的爱"这一主题，鲜明而富有针对性，每个家庭和每所学校都要结合儿童的特点给予他们适宜的爱。

• 2015年6月17日，《省教育厅关于深化学前教育体制改革试点工作的意见》（苏教基〔2015〕16号）明确将镇江市列为江苏省学前教育体制改革试点地区。

• 2015年6月18日，镇江市人民政府副秘书长朱金生在江苏省学前教育体制改革试点工作部署会议上做《坚持政府主导，加大财政投入，全力推动学前教育优质均衡发展》报告。

• 2015年7月17日，来自联合国儿童基金会农村幼儿园教师培训资源包培训者培训班的90余名幼儿教师来到句容市袁巷中心幼儿园、句容市天王中心幼儿园浦溪分园、句容市下蜀中心幼儿园，参加现场培训。

• 2015年8月11日，镇江市教育局印发《镇江市民办幼儿园设置和管理办法（试行）》，规范民办幼儿园审批程序及设置条件。

• 2015年8月12日，镇江市幼儿园户外场地建设规划制订现场培训及论证会分别在扬中市、丹徒区举行。江苏省教育厅基础教育处主任科员殷雅竹，南京师范大学教育科学学院党委书记、中国学前教育研究会理事长虞永平，镇江市教育局学前教育处副处长贡青参加培训活动。从此，以幼儿园自主申报、行政组织、专家审议为形式的园所场地建设课程审议制度建立。

• 2015年8月和12月，丹阳市和句容市教育局设立学前教育科。

• 2015年9月，镇江市被江苏省教育厅推荐申报国家学前教育改革发展实验区。

●2015 年 9 月 1 日，镇江市学前教育信息公共管理服务平台上线试运行，标志着镇江学前教育信息数据管理迈入"互联网+"时代。

●2015 年 12 月 18 日，句容市教育局、市财政局联合印发《关于推进幼儿园课程游戏化建设的实施办法》（句教发〔2015〕121 号、句财发〔2015〕468 号），以资金奖补的形式进一步推进全市课程游戏化项目的建设。

●2016 年 2 月，教育部办公厅印发通知，镇江市与北京市顺义区等 36 个地区成为国家学前教育改革发展实验区，要求其坚持公正普惠的基本方向，切实履行政府责任，加大改革创新力度，研究出台具体可行的政策措施，认真落实人、财、物条件保障，完善学前教育体制机制，在相应实验任务上取得突破，发挥好示范带动作用。

后　记

　　2010 年 10 月，镇江市被国务院办公厅列为国家学前教育体制改革试点地区，承担"明确政府职责，完善学前教育体制机制，构建学前教育公共服务体系"的专项改革任务。

　　作为多年来一直与改革同行、与民声共振的文化教育名城，我们认为，体制改革不是对原有体制机制的细枝末节的修补，而是对束缚发展的体制性因素进行根本性变革。"十二五"以来，镇江坚持真改、创新改、有序改。全市各级政府、相关部门和广大教育工作者立足实际，创新政策制度抓领导层，强化落实执行抓实效性，优化队伍建设抓关键点，使学前教育工作取得了长足进步，初步形成了"事业发展以公益性为主、办园体制以公办幼儿园为主、经费投入以公共投入为主、师资队伍以在编幼儿教师为主、管理以教育行政部门为主"的学前教育发展格局，政策体系、规划建设等工作在省内外引起较大反响。

　　本书着眼于学前教育均衡发展的国家战略，立足于镇江市特定的历史方位，致力于镇江推进的有利条件，凸显镇江指标的引领导向，突破镇江督政督教机制的创新展望，对镇江推进学前教育普惠优质发展从理论和实践、制度与机制创新等方面进行全面总结和系统研究。全书介绍了镇江市学前教育体制改革循序渐进、逐步深入的改革历程，解读了苏南模式视角下镇江实践的价值，形成了镇江模式 1.0 版至 3.0 版的样本，描绘出以儿童的幸福成长为旨归的未来愿景。

　　"休道三年绿叶阴，五载花依旧。"本书倾注了许多同志的大量心血，凝聚了学前教育体制改革参与者的智慧，是集体智慧的结晶。本书引言由曾晓东（北京师范大学）撰写，第一章、第二章由曾晓东、贡青（江苏省镇江市教育局）撰写，第三章由张绘（中国财政科学研究院）、王海英（南京师范大学）、焦叶飞（江苏省镇江市教育局）撰写，第四章由李敏谊（北京师范大学）撰写，第五章由张晖（江苏省教育科学研究院）、贡青撰写，王海英（扬中）、欧阳爱华、朱巧云、杨华俊、喻兴艳、薛云、朱方以及贾文芬等为本章的撰写提供了基本素材，第六章由周玲（21世纪教育研究院）撰写，裴伟、凌育朵、朱丽云、陈德芳、赵丽娜、王柏平、徐蓓、包文霞以及邱向琴等各辖市（区）的幼教干部参与了本章的撰写，结语由曾晓东撰写，镇江学前教育体制改革大事记由贡青撰写。全书由王海英、贡青与徐明统稿，裴伟对全书文字进行校订。成书过程还得到了张守礼、张旭、张峰、包海芹、田志磊、张伟斌、丁继东、黄勇、丁东全、史雪君、王兰、夏薇、邱向琴、蒋炎、李朝勤、王国华、段志旺、陈隽以及周新华等同志的帮助。

　　南京师范大学教育科学学院党委书记、中国学前教育研究会理事长、镇江市学前教育体制改革顾问虞永平教授多次莅临镇江，对学前教育体制改革发展过程中遇到的重大问题进行学术指导。教育部政策法规司和基础教育二司、国家教育行政学院等相关部门领导以及北京师范大学刘焱、李敏谊等多位专家曾到镇江指导，为镇江学前教育体制改革发展提供支持和帮助。江苏省政府的相关领导对镇江学前教育改革工作多次进行批示并给予大力支持。江苏省财政厅、教育厅的主要领导及分管领导也多次带队到镇江市进行实地调研并提出改革发展的建议。江苏省教育厅政法处、基础教育处、发展规划处、财务处、师资处、人事处和江苏省教育评估院等更是进行多次专题部署，及时化解学前教育改革发展过程中遇到的难题，搭建了有利的资源平台。江苏省、镇江市人大、政协持续对重点议案提案进行办理跟踪，营造了良好的学前教育体制改革发展氛围。镇江市市委、市政府及各辖市（区）的几任领导，市发改委、市财政局、市物价局、市人社局、市编办、市规划局、市住建局等部门，市教育局以及丹阳市教育局、句容市教育局、扬中市教育局、丹徒区教育局、京口区教育局、润州区教育局、镇江新区社会发展局等为本书的编写提供了大量的帮助和支持。

本书的付梓出版，承蒙一直鼎力支持的 21 世纪教育研究院院长、国家教育咨询委员会委员杨东平教授和南京师范大学教育科学学院党委书记、中国学前教育研究会理事长虞永平教授百忙之中写序鼓励，同时得到教育科学出版社领导和责任编辑的倾力支持。在此一并致以谢忱。

小平同志曾说过："改革开放中许许多多的东西，都是由群众在实践中提出来的。"今天，我们推动学前教育体制改革，是因为学前教育体制改革直接关系到儿童能否接受到更优质的教育服务。

"潮平两岸阔，风正一帆悬。"镇江学前教育体制改革永远在路上，这是人民群众的呼声，也是历史的选择。

由于时间和水平有限，本书肯定有若干不足乃至错谬之处，恳请读者批评指正。

江苏省镇江市教育局
2016 年 9 月 1 日

出版人 李东
责任编辑 赵建明
版式设计 沈晓萌
责任校对 贾静芳
责任印制 叶小峰

图书在版编目（CIP）数据

构建普惠优质的学前教育公共服务体系：镇江学前
教育体制改革的探索与实践／江苏省镇江市教育局，21
世纪教育研究院著. —北京：教育科学出版社，2016.9
ISBN 978-7-5191-0451-1

Ⅰ.①构… Ⅱ.①江…②2… Ⅲ.①学前教育—教育
制度—体制改革—研究—镇江市 Ⅳ.①G619

中国版本图书馆 CIP 数据核字（2016）第 100076 号

构建普惠优质的学前教育公共服务体系——镇江学前教育体制改革的探索与实践
GOUJIAN PUHUI YOUZHI DE XUEQIAN JIAOYU GONGGONG FUWU TIXI——ZHENJIANG
XUEQIAN JIAOYU TIZHI GAIGE DE TANSUO YU SHIJIAN

出版发行	教育科学出版社		
社 址	北京·朝阳区安慧北里安园甲 9 号	市场部电话	010-64989009
邮 编	100101	编辑部电话	010-64989365
传 真	010-64891796	网 址	http：//www.esph.com.cn
经 销	各地新华书店		
制 作	北京金奥都图文制作中心		
印 刷	保定市中画美凯印刷有限公司		
开 本	169 毫米×239 毫米 16 开	版 次	2016 年 9 月第 1 版
印 张	20.25	印 次	2016 年 9 月第 1 次印刷
字 数	294 千	定 价	49.80 元